CORRESPONDANCE INÉDITE

DU

COMTE D'AVAUX

(CLAUDE DE MESMES)

AVEC SON PÈRE

L'auteur et les éditeurs déclarent réserver leurs droits de
traduction et de reproduction à l'étranger.

Ce volume a été déposé au ministère de l'intérieur (section
de la librairie) en juin 1887.

CORRESPONDANCE INÉDITE

DU

COMTE D'AVAUX

CLAUDE DE MESMES,

AVEC SON PÈRE

JEAN-JACQUES DE MESMES, S[r] DE ROISSY

(1627-1642)

PUBLIÉE PAR A. BOPPE

PARIS

LIBRAIRIE PLON

E. PLON, NOURRIT ET Cie, IMPRIMEURS-ÉDITEURS

RUE GARANCIÈRE, 10

1887

Tous droits réservés

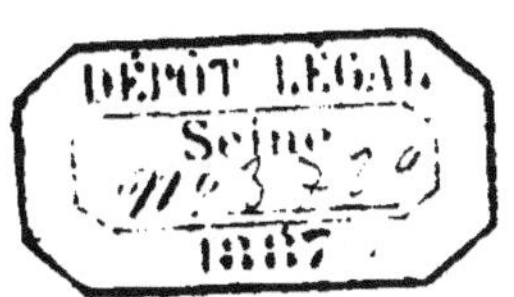

Les lettres que nous publions sont, pour la plupart, tirées des Archives du ministère des affaires étrangères, où elles sont réparties dans de nombreux volumes des Fonds Venise, Danemark, Suède, Pologne, Danzig, Hambourg et Allemagne. Toute la correspondance échangée entre d'Avaux et son père devrait s'y trouver, depuis l'acquisition faite, en 1730, par le ministère, des manuscrits diplomatiques de la famille de Mesmes[1]. Il n'en est malheureusement pas ainsi. Beaucoup de lettres manquent. Nous avons pu en retrouver quelques-unes à la Bibliothèque nationale dans le Fonds Baluze; et nous devons adresser nos plus vifs remercîments à M. A. W. Thibaudeau, qui a eu l'obligeance de copier pour nous, et de nous envoyer une lettre de d'Avaux, conservée dans la riche collection d'autographes de M. Morrisson, de Londres.

Ces documents, sans doute à cause de leur dis-

[1] Voir : *Histoire du dépôt des Archives des Affaires étrangères*, par A. Baschet. Paris, Plon, 1875, in-8°, p. 209-218.

persion, sont peu connus ; ils n'ont guère été cités
que par le P. Bougeant, dans son Histoire des traités de Westphalie ; par M. Jal, dans son étude sur
Abraham Du Quesne, et par M. Avenel, dans son
édition des Papiers de Richelieu.

Nous avons cru devoir donner le texte original
des lettres, en conservant soigneusement l'ortho-
graphe, mais en y ajoutant l'accentuation, lorsqu'elle était nécessaire, et la ponctuation, qui faisait entièrement défaut.

Paris, le 8 mai 1887.

INTRODUCTION

Le nom du comte d'Avaux n'évoque plus guère
aujourd'hui que le souvenir du congrès de Westphalie. L'oubli de ses négociations à Venise
et dans les cours du Nord amoindrit son rôle
politique, et ne nuit pas moins à sa réputation.
Quelques mois de luttes et de contestations avec
un collègue jaloux ont jeté le discrédit sur toute
une vie de courtoisie, de dignité, d'honnèteté.
M. Girard de Rialle, en nous facilitant avec sa
grande bienveillance l'entrée des Archives du ministère des affaires étrangères, nous a permis de
retrouver dans le riche dépôt dont il a la garde
un document qui pourra servir à éclairer complé-
tement la vie de ce grand diplomate. C'est la correspondance échangée entre Claude de Mesmes,
comte d'Avaux, et son père Jean-Jacques de
Mesmes, sieur de Roissy, depuis le départ de

a.

d'Avaux pour l'ambassade de Venise, en 1627, jusqu'à la mort de son père, en 1642. Elle n'est malheureusement pas complète ; mais ce que nous en avons réuni suffit pour faire revivre devant nos yeux ces deux personnages. Curieuses par les détails qu'elles nous donnent sur les négociations diplomatiques et sur les hommes qui y furent mêlés, ces lettres le sont bien plus encore par le tableau que nous y trouvons de la vie intime d'une famille à cette époque. Écrites sans recherche, et cependant précieuses par la forme, elles offrent un charme particulier par la sincérité et l'élévation des sentiments qui y sont exprimés. Elles feront mieux connaître d'Avaux et révéleront la singulière figure de son père.

I

Habitant l'hôtel de la rue Sainte-Avoye, où ses ancêtres avaient réuni tant de trésors artistiques et commencé cette riche collection de livres et de manuscrits que les contemporains vantaient à l'envi, Jean-Jacques de Mesmes, sieur de Roissy, vivait dans une studieuse retraite, loin des affaires d'État, pour lesquelles il n'était, disait-il, « ny né ny noury que fort peu ». Et cependant, nul n'y avait été mieux préparé. Son père, Henri de Mesmes, lui avait donné une éducation aussi soignée que celle qu'il avait reçue lui-même, et dont il nous a laissé le tableau dans ses Mémoires[1]. Le précepteur qu'il lui avait choisi le prouve bien : élevé par un poëte aussi renommé, un latiniste aussi distingué que Jean Passerat, fréquentant les plus grands savants du temps, M. de Roissy égala bientôt en connaissance ses ancêtres, qui, encore enfants, étaient déjà célèbres. Aussi jeune qu'eux, il eut le même succès.

Dès 1581, à peine âgé de vingt ans, il était nommé trésorier et garde des chartes avec tous les droits, titres et prééminences des secrétaires du Roi. Deux ans après, il était reçu conseiller au Parlement « avec honeur, dit son père, encore que ce fust en aage qui eust peu l'excuser ». En même temps, il se mariait. Sa femme, Antoinette

---

[1] Voir *Mémoires inédits de Henri de Mesmes*, publiés par M. E. Frémy. Paris, Leroux, 1886.

Grossaine, fille du lieutenant général au siége présidial de Reims, lui apportait en dot d'importants domaines en Champagne, les terres d'Avaux, d'Irval, etc., auxquels s'ajouta bientôt le château de Roissy, dont il devint possesseur à la mort de son père. Grâce à tous ces biens réunis entre ses mains, il pouvait prétendre aux plus grands emplois. Il devint rapidement maître des requêtes, conseiller d'État, et en 1629 conseiller honoraire, ayant entrée et voix délibérative au Parlement de Paris et aux autres cours souveraines. Estimé de tous, et, de plus, honoré de la confiance du Roi, qui l'avait chargé de délicates négociations avec la Reine mère, il aurait pu espérer mieux encore. « C'était, disait un de ceux qui l'ont le mieux connu, le plus digne sujet du temps pour remplir la place de premier officier de justice de ce royaume. »

Mais, s'inspirant des sages conseils que lui avait donnés son père dans les Mémoires qu'il lui avait dédiés, M. de Roissy avait pris pour règle de sa conduite : craindre Dieu, suivre la vertu et mépriser la fortune. Il ne croyait pas que ces maximes pussent se concilier avec les intrigues de la cour.

Et comme son aïeul, qui avait refusé l'un après l'autre les trois offices de premier président à Toulouse, à Bordeaux et à Rouen ; comme son père, qui, après avoir été tout-puissant, n'avait plus essayé, une fois disgracié, de reconquérir le pouvoir, M. de Roissy voulait s'en tenir à « son office et à ses livres ». Il ne voyait dans la vie « que la maison ». Dans cette période si troublée, il apparaissait comme un véritable sage ; et pourtant, il lui restait encore une ambition : celle de voir ses enfants parvenir.

De son mariage, M. de Roissy eut cinq enfants : deux filles, mariées, l'une à un maître des requêtes, François Lambert d'Herbigny, l'autre à Maximilien de Belleforière, marquis de Soyecourt, lieutenant du Roi en Picardie ; et trois fils, qui faisaient l'honneur de la magistrature. L'aîné, Henri de Mesmes, était président à mortier ; le second, Claude, sieur d'Avaux, maître des requêtes ; enfin, Jean-Antoine, sieur d'Irval, conseiller au Parlement.

L'attention du pouvoir ne pouvait pas tarder à se fixer sur eux, à cette époque où le Parlement était comme l'école de la vie publique, et voyait choisir dans ses rangs tous ceux qui devaient plus tard jouer un rôle dans les affaires d'État. Henri de Mesmes fut le premier distingué. Ses fonctions, sa riche alliance avec mademoiselle de Bussy d'Amboise, son grand renom de protecteur des lettres, le firent désigner un instant pour l'ambassade de Venise[1]. Nous ne savons pour quelles raisons ce projet échoua, mais il fut bientôt après repris, et, cette fois, en faveur de Claude de Mesmes.

II

Les affaires du Mantouan rendaient nécessaire à Venise la présence d'un diplomate habile. Tout indiquait que celui que la cour de France y envoyait remplirait bien ce poste difficile. Aux succès que, tout jeune encore, son esprit et son élégance lui avaient valus, au talent dont il avait fait preuve comme conseiller au grand conseil, puis

---

[1] *Arch. Aff. étrang.*, Venise, 1624, vol. 43, et Ch. OGIER, *Éphémérides*, préface.

comme maître des requêtes, Claude de Mesmes, sieur d'Avaux, joignait une qualité indispensable pour réussir à Venise : il était orateur, et parlait le latin et l'italien avec autant de pureté que le français, et avec cette facilité proverbiale dans sa famille. que les contemporains appelaient *Memmiana facundia*.

Sa conduite heureuse à Venise lui fit donner de plus grands emplois. Après quelques mois passés à Rome auprès du Pape, qui aurait voulu le retenir, il rentra en France, où il trouva une place dans le conseil d'État, « non pas telle que vous méritez, ni que je souhaiterais, lui écrivait Bouthillier, mais c'est ce que vos serviteurs ont pu faire de plus avantageux pour vous pour l'heure présente ». « Avec le temps se fera le reste », disait le garde des sceaux, Châteauneuf, à M. de Roissy.

L'attente ne fut pas longue. Richelieu, qui préparait cette intervention qu'il méditait depuis si longtemps dans les affaires d'Allemagne, l'envoya négocier avec les cours du Nord. Il fallait au cardinal l'amitié du Danemark, l'alliance de la Suède, la neutralité de la Pologne. D'Avaux réussit partout. Représentant la France aux noces du prince royal de Danemark, il rattacha à notre cause ce pays qui tendait à s'en écarter; en Suède, il disposa tout le monde pour nous; puis, passant en Pologne, où des ambassadeurs suédois et polonais essayaient, sans y parvenir, de mettre fin au différend qui séparait leurs nations depuis plusieurs années, il les amena à ses vues, guida la conduite des médiateurs anglais et hollandais, et fit conclure le fameux armistice de Stumsdorf, qui, en laissant les mains libres à la Suède du côté de la Pologne, allait lui permettre de jeter contre l'Empereur toutes ses forces réunies à celles de la France. A peine de retour, il fut envoyé à Hambourg pour surveiller et encourager nos alliés; puis, bientôt après, pour entamer avec eux et avec les Impériaux les négociations qui devaient aboutir au congrès de Münster. Au moment où, après avoir pleinement réussi, il quittait Hambourg et rentrait à Paris, avant de se rendre au congrès, il perdait son père, âgé de quatre-vingt-deux ans.

III

M. de Roissy avait soixante-sept ans, lorsqu'il
avait vu d'Avaux partir pour sa première ambassade. Pendant ces quinze années, il avait sacrifié à
la gloire de son fils, à l'intérêt de la France, son
amour paternel et son bonheur; mais toutes ses
pensées s'étaient reportées vers cet enfant que les
affaires politiques éloignaient de lui. Il n'avait vécu
que pour lui, qu'en lui.

La séparation avait été en effet bien cruelle pour
ce vieillard; en se prolongeant, elle s'était encore
aggravée. Resté presque seul de tous ses contemporains, et comme perdu dans une société nouvelle dont il méprisait les intrigues, « il affectait la
retraite ». Les seules relations qu'il avait voulu
conserver étaient celles que son fils avait formées;
les lettrés, les poëtes, dont son hôtel était les
pénates, les diplomates et les conseillers au Parlement, qui venaient faire leur cour au père de
celui qui paraissait devoir être bientôt le chef du

gouvernement. Tous lui faisaient sentir plus vivement l'absence de d'Avaux. Son intérieur ne pouvait la lui faire oublier.

Sa femme avait toutes les vertus; elle était pieuse, économe, bonne mère de famille; mais elle était aussi âgée que lui, et les années, en s'accumulant, avaient lourdement pesé sur son esprit. Provinciale naturellement morose et chagrine, elle l'était devenue plus que jamais, et rien ne la saurait mieux dépeindre que ces quelques traits de M. de Roissy lui-même : « Votre mère se porte bien, écrivait-il à son fils, quelque abstinence qu'elle ait faite ce carême. Elle se courrouce aussi amoureusement que jamais fit-elle, et va haut et bas dans la maison, *sed gradu senili.* » Et dans une autre lettre : « Elle est déjà aussi colère qu'avant sa maladie, tant elle est bien revenue en sa première santé. »

Le reste de sa famille s'efforçait bien de distraire M. de Roissy des tristesses que sa femme répandait autour de lui. Mais s'il prenait plaisir à voir ses filles et ses belles-filles, s'il admirait « ces sept enfants de la d'Herbigny, tous beaux et sains », s'il était profondément touché par l'amour que lui portait la seconde femme de Henri de Mesmes, « qui lui jurait qu'elle l'aimait plus que son père, et ne l'approchait jamais que les bras ouverts pour l'embrasser », il trouvait malheureusement moins de charmes dans la société de ses fils. Le plus jeune, M. d'Irval, par ses soins respectueux et dévoués, pouvait plaire au cœur du vieillard; mais il n'avait pas l'intelligence assez élevée pour satisfaire aux besoins de son esprit. Il parvint, il est vrai, à de hautes situations; mais ce ne fut que grâce à la mort de ses aînés, et pour justifier le dicton en cours au palais : « De Mesmes, toujours de Mesmes. »

Quant au président Henri, bien qu'il fût doué des plus grandes qualités, son caractère égoïste, froid et hautain, rendait sa fréquentation très-délicate. « Il regardait si fort ses frères de haut en bas, qu'il ne daignait quasi leur ôter son chapeau. Il traitait M. d'Irval, son cadet, comme un écolier, et M. d'Avaux comme un avocat. » Ce jugement de Tallemant des Réaux n'est pas trop sévère, car M. de Roissy, en parlant de son fils aîné, laissait un jour échapper cette plainte : « J'y vois tant de réserve que je dissimule, par charité et ménagement, que si je n'étais pas père, je m'en lasserais. »

Rien ne pouvait donc adoucir le regret que M. de Roissy ressentait de l'absence de son fils : « Croyez-moi, lui écrivait-il, si les vingt-quatre heures du jour et de la nuit vous sont bien pénibles, elles ne sont pas plus douces à qui n'a personne dans le sein de qui y puisse sûrement verser ses souffrances... Mes plus fortes et pures affections sont là où je ne suis pas. » Avec l'âge, ce regret augmentait encore.

La vieillesse de M. de Roissy fut en effet tourmentée par de cruelles souffrances. Une maladie douloureuse l'obligeait à subir des opérations dont les conséquences pouvaient être fatales. Il le sentait. « Nos grands âges, disait-il, n'ont point de demain assuré. » Mais sa ferme croyance en la Providence l'aidait à supporter ces tourments. Peu confiant dans les médecins, « qui tuent par art et guérissent par fortune », il suppliait Dieu de le laisser vivre assez pour revoir encore une fois son fils avant « de chausser les houseaux ». Prenant son parti de tout, au contraire de sa femme qui ne voyait partout que tristesse, il con-

vertissait toutes choses en gaieté, et « s'était ré-
solu à ne pas se croire, tant qu'il lui resterait
quelque intervalle de petite santé au travers de
ses incommodités habituelles ».

L'espérance de revoir son fils le soutenait.
Les lettres qu'il recevait de lui le ranimaient.
Elles faisaient sa seule joie. Leur répondre était
sa seule distraction. Ne pouvant converser avec
d'Avaux, « du moins il l'entretenait en papier ».
Il ne manquait aucune des occasions d'écrire, et
elles n'étaient pas nombreuses, à cette époque où
les communications étaient si difficiles, et le service des postes à peine organisé.

Tantôt il chargeait de ses lettres les courriers
ordinaires, ou plutôt « l'ordinaire », comme on
disait alors; tantôt il les confiait au banquier Lumague, qui, par ses relations dans toute l'Europe,
en facilitait le passage; souvent il profitait des
envoyés de son fils ou de ceux de la cour. Usant
aussi d'autres moyens, il remettait ses lettres aux
voyageurs, aux diplomates que leurs affaires appelaient dans les villes éloignées où résidait d'Avaux;
mais alors quelle colère si le porteur était infidèle,
ou s'il était trop lent! Le marin Duquesne, qui,

après avoir accepté de porter des paquets en
Suède, différait trop longtemps son départ, n'était
plus qu'un traître aux yeux de M. de Roissy.

Le moindre retard pouvant causer une longue
interruption dans cette correspondance, il prenait toutes ses précautions : « J'ai fait dire que
j'ai pris des remèdes pour ma santé, mais c'est
pour n'être point interrompu à vous écrire. » Les
visiteurs l'importunent, en lui prenant toutes « ses
après disnées, jusques au soir tout tard », et ne
lui laissant que « quelque demie heure le matin »
pour écrire. Il en veut même à sa sœur, cette
vénérable dame de Mancy, dont la visite l'a forcé à
écourter une lettre : « Voici ma sœur qui a beaucoup de peine de sortir d'ici, quoiqu'il soit onze
heures, et moi je suis obligé de vous écrire en
hâte, car le messager part à midi. »

Il écrivait tant et si souvent que parfois il en
était honteux. « Je vous plains, disait-il à son fils,
d'avoir affaire à un vieillard qui *senis et ideo garrulitate laborat;* quand mes veines sont ouvertes,
on ne les peut estancher. » Il s'excusait de sa pro-
lixité; ses lettres « lui tombent de la manche en
dictant, sans ordre ni préméditation », et elles

doivent sembler « bien creuses à qui a mieux à
passer son temps qu'à lire ces rêveries ». Mais sa
honte était vite passée. La première lettre qu'il
recevait de son fils l'encourageait à recommencer
plus intimement, plus longuement que jamais.
D'Avaux attendait en effet ces lettres avec impatience ; elles lui donnaient des nouvelles de la
santé de son père : « Je ne désire rien tant que de
sçavoir en quel estat je me dois représenter vostre
personne et vostre disposition qui est le plus ordinaire entretien de mon esprit. » Elles le faisaient
revivre au milieu de sa famille. « Je vous rends
grâce, écrivait-il, pour la communication de tant
de nouvelles qui seroient choses mortes, pour un
exilé comme je suis, n'étoit la charité paternelle
qui agit hors de soy et autant loin que près. »

IV

Cette correspondance avait un autre avantage,
bien plus important. Si les dépêches du cardinal
de Richelieu, si les instructions des secrétaires

d'État lui indiquaient la conduite qu'il devait suivre, les renseignements qu'elles lui donnaient n'étaient pas suffisants pour lui permettre d'agir toujours avec utilité. Pour négocier à l'étranger, il fallait connaître l'état intérieur de son propre pays; il fallait que l'ambassadeur, dont la responsabilité était si grande, fût instruit de l'état réel des esprits à la cour, du jugement que portaient sur ses actes les ministres et leurs favoris. Sur cette matière, les dépêches officielles étaient muettes; la correspondance de M. de Roissy suppléait heureusement à leur silence. C'était, il le disait lui-même, « une gazette qui n'a rien de mieux, sinon qu'elle n'est pas commandée, mais telle que le croit celui qui l'écrit ». Grâce à elle, d'Avaux pouvait démêler les intrigues de la politique intérieure, avec autant de sûreté qu'il déjouait les menées de nos ennemis, les trahisons de nos alliés.

Certes, la charge d'ambassadeur était glorieuse, mais elle avait ses périls; plus elle était soutenue avec éclat, plus elle faisait naître d'ennemis. D'Avaux en fit l'expérience. Ses voyages n'étaient pas seulement un triomphe pour la diplomatie française; ils répandaient partout la gloire de notre

civilisation, de nos belles-lettres. Ne se contentant
pas d'emmener avec lui les secrétaires et les commis nécessaires à ses fonctions, il avait à sa suite
des amis érudits, comme Charles Ogier, qui, par
sa conversation latine et ses poésies, égayait les
longues étapes de Suède ou de Pologne. Il se dé-
lassait de ses travaux en fréquentant les savants,
surtout pendant son séjour à Hambourg. « Il y
avait, il est vrai, dans cette ville, peu de gens de
lettres et de considération, tout le monde s'y
appliquant au commerce » ; mais sa réputation les
y attirait. Ils arrivaient recommandés par Grotius.
ou bien s'autorisaient de leur amitié avec les secrétaires de l'ambassadeur : avec cet Aubery du Maurier dont tous avaient connu le père; avec ce
Stella de Morimont, dont la réputation littéraire,
bien oubliée aujourd'hui, était assez grande alors
pour le désigner un instant, quoique Allemand,
aux suffrages de l'Académie. Le *Tite-Live* de
Gronovius, ses lettres, et celles de Lindenbrog,
montrent assez combien étaient sérieuses ces relations des savants avec le diplomate.

Le nom de Claude de Mesmes était partout
connu ; ses louanges se célébraient de l'Italie à la

Suède, de la Pologne à la Hollande. Cet éclat le dédommageait de bien des peines. Mais si d'Avaux se voyait estimé à sa juste valeur par tous les peuples au milieu desquels il avait vécu, il redoutait le jugement de ses concitoyens, il craignait leurs jalousies, leurs ressentiments. Les renseignements que lui donnait son père lui permettaient de s'en préserver.

M. de Roissy « se tenait lui-même en petite mesure » dans les affaires politiques; mais par son expérience et sa science du cœur humain, il pénétrait les plus délicates intrigues de la cour. Toujours en éveil, il observait avec la plus grande attention les moindres paroles, les moindres gestes des ministres et de ceux qui les entouraient : « M. de Bouthillier ne parle que mystérieusement et très peu, mais Ardier plus et la Vrillière qui témoigne vous aimer fort. » Il cherchait à deviner leurs pensées, celle de Richelieu surtout, qu'il redoutait beaucoup, « car il a la mémoire longue ». Au courant de toutes les actions de son fils, il s'empressait, dès qu'une démarche avait été importante et grave, de connaître quelle opinion en avait la cour. Il transmettait aussitôt à

son fils l'impression que lui laissaient ses conver-
sations. Il s'inquiétait si les éloges étaient trop
forts : « Ne croyez pas que j'aille publier les gratitudes creuses dont le cardinal vous repaist, aussy
bien que beaucoup d'autres à qui il donne des
lunettes d'approche pour faire voir ce qui vient
de luy tout autre qu'il n'est. Mon fils, souvenez-
vous que l'on s'ennivre souvent d'autre chose que
de vin, et dont on se guérist plus tard que de
celuy du Rhin. » Il ne lui cachait pas qu'il avait
« des envieux à l'esclat de sa gestion et des malveillans » ;... « fort peu d'amis solides, mais des
émulateurs et des envieux ». Pendant longtemps,
d'Avaux put mépriser toutes leurs attaques; le
Père Joseph le soutenait; « seul, sans parler, il
leur mettait le baillon à la bouche ». Mais quand
le Capucin fut mort, d'Avaux et son père durent
redoubler d'attention et de prudence; « car toute
la cour ne clôt pas l'œil un quart d'heure en
l'année, veillant continuellement à qui surprendra
son compagnon ».

C'était donc un grand soulagement pour d'Avaux
d'avoir ainsi à Paris quelqu'un qui s'inquiétât de sa
sûreté, et à qui il pût entièrement se confier. A un

autre point de vue encore, M. de Roissy le servait
utilement : il s'occupait de ses intérêts matériels,
« mieux que caissier de Venise, et comme de père
à fils ».

V

Les fonctions d'ambassadeur entraînaient en
effet des charges considérables, et jamais diplomate ne représenta avec autant de dignité et de
grandeur que d'Avaux le roi de France auprès des
cours étrangères. Il rachetait par son luxe et son
train quasi royal le défaut de noblesse qu'on pouvait reprocher à sa famille. « Dans la condition
de sa naissance », disait-il lui-même, il n'avait
rien à disputer avec les princes ou les puis-
sants ambassadeurs qu'il rencontrait; mais dans
la « condition où le Roi l'avait mis », personne ne devait le surpasser. Les missions qui lui
furent confiées comptaient parmi les plus coû-
teuses. A Venise, des visites continuelles « heur-
taient la table et la bourse »; en Pologne, il éton-

nait ces seigneurs dont « les affaires paraissaient
mal en ordre, s'ils n'avaient pas vingt-cinq chevaux » ; à Hambourg, les résidents étrangers, les
diplomates de passage, la foule d'officiers qui venaient se mettre à la solde de la France étaient
ses hôtes. Il les faisait journellement traiter par
son cuisinier, le fameux Vitaut, dont le portrait
était dans tous les cabarets de Paris, et qui, ayant
déjà ruiné deux maîtres, avait juré que le comte
d'Avaux aurait le même sort.

A ces dépenses continuelles, « furieuses, mais
nécessaires », s'en ajoutaient souvent d'imprévues
et d'extraordinaires. Il fallait fêter quelque important événement. A Venise, il célébrait pendant
quatre jours, par des festins et des feux d'artifice,
la prise de la Rochelle ; à Hambourg, les ré-
jouissances qu'il donna à l'occasion de la naissance du Dauphin eurent un tel retentissement
que la *Gazette de France* en publia le compte rendu,
et que la Reine lui écrivit pour l'en remercier.

Jamais d'Avaux ne recula devant ces dépenses;
il les trouvait indispensables. Mais M. de Roissy
s'en inquiétait. « La dépense vous tue », lui écrivait-il. Le Trésor se trouvait en effet dans un état

si lamentable que les appointements étaient mal
payés, toujours en retard, et le traitement auquel
d'Avaux avait droit comme conseiller d'État ne
lui était presque jamais servi. Il souffrait dans sa
dignité de se voir réduit aux expédients pour vivre,
et son honnêteté lui défendant « de polluer ses
mains dans l'argent du Roi », il ne pouvait,
comme le marquis de Saint-Chamond l'avait fait,
se payer lui-même sur les fonds qu'il avait à sa
disposition pour la subvention des alliés. M. de
Roissy lui donnait ou lui avançait bien d'importantes sommes; mais sentant qu'elles ne suffi-
saient pas, il s'efforçait de décider les gens de
finance à payer à son fils ce qu'ils lui devaient.
« Vos mère et frères savent le mal que j'en ai, et
moi mieux qu'eux. » Ses peines étaient le plus
souvent perdues. « On n'a pas voulu rembourser
vos advances; quand on m'en a parlé, on m'a dit:
hon, hon, avec un petit branslement de teste et
gestes négatifs qui ne se peuvent pas représenter,
et puis on a adjousté : Vous m'entendez bien,
quoique je n'entendisse rien; mais j'étois soul
de desplaisir, et ne voulois chercher subject de
m'offenser contre les personnes qui me rient au

nez et cassent les os. » Il s'irritait des « chicanes et
destours des gens d'argent ». « On vous rebutte
de ce qui est très juste et que vous ne refusez pas à
vos valets, qui est vos appointemens. » Il en voulait surtout au cardinal de Richelieu, qui « n'en-
trait en aucune considération de soulagement de
ces grandes dépenses, qui n'étaient faites que pour
le seul honneur de la France, auquel il avait une
des meilleures parts ».

Ces préoccupations matérielles, se joignant aux
jalousies et aux rancunes de la cour, jetèrent
d'Avaux dans le plus profond découragement.
« Je me lasse de servir de corps et de cœur sans
un mot d'agrément, ni de réponse. » Il voulait
« quitter tout » et rentrer en France pour se retirer dans cette terre de Neufchâtel en Champagne,
qu'il suppliait son père d'acheter pour lui.

M. de Roissy essaya d'abord de le réconforter;
il lui faisait espérer que la justice viendrait et le
vengerait de tant de déboires. « Vous n'estes
vieux que de mœurs seulement, qui d'aage n'estes
qu'un enfant à my chemin de celuy que j'ay passé,
vous restant plus à faire que vous n'avez accom-
pli de temps jusques icy. »

Mais quand il vit que, non content de priver d'Avaux de ce qui lui était nécessaire, on le laissait s'éterniser dans le même poste sans lui rendre justice, le découragement le prit aussi; il lui conseilla dès lors de « débander l'esprit et mettre à demain les affaires, de faire toujours bien, mais sans empressement »; puis le pressa de rentrer, et s'employa à lui faire obtenir un congé. Mais tous les personnages auxquels il en parlait lui répondaient « plus froidement que si nous eussions esté au solstice brumal »; tous remettaient son retour « après la paix, c'est-à-dire aux calendes grecques »; et le vieillard maudissait la guerre et les affaires politiques, qui allaient ainsi le faire mourir sans qu'il eût pu embrasser une dernière fois son fils. « Priez Dieu pour moy, et moy pour vous, qu'il nous fasse réciproquement la grâce de nous voir là-haut, puisqu'on nous prive de nous voir icy-bas. » Quelques jours avant de mourir, il lui écrivait : « Je vous attends à bras ouverts pour vous recevoir et embrasser comme mon bon fils. Dieu vous acconduise icy à bon port, et après qu'il dispose de moy quand il lui plaira. Je seray content lors de vous avoir veu. » Les vœux de M. de Roissy furent exaucés; d'Avaux rentra à Paris à temps pour assister aux derniers moments de son père.

Presque jusqu'à son dernier jour, M. de Roissy avait continué à correspondre avec son fils, dictant ses lettres lorsqu'il n'eut plus la force de les écrire lui-même. Combien le comte d'Avaux n'a-t-il pas dû regretter que son père, malgré ses grandes souffrances, n'eût pas vécu quelques années encore! Il aurait pu alors, pendant le congrès de Münster, lui donner les mêmes conseils, les mêmes avertissements qu'il lui avait envoyés pendant quinze années avec tant de sûreté, tant de lucidité d'esprit. Peut-être aurait-il pu prévenir les intrigues qui se tramaient à Paris contre lui, et lui aurait-il épargné la douleur de se voir jalousé, méconnu, et privé de la gloire méritée par ses travaux et son caractère.

CORRESPONDANCE INÉDITE

DU

COMTE D'AVAUX

(CLAUDE DE MESME)

AVEC SON PÈRE

I

Venise, vol. 46, fol. 4.

Du 7 décembre au matin, à Paris, 1637.

MON FILS,

J'ay reçeu deux lettres dattées du 23ᵉ novembre
à Lyon, dont la dernière par Galliché. J'y voy tout
ce que vous et moy pouvions désirer jusques là.
Je me promets que la mesme bonté divine qui
vous avoit mené en ce lieu vous aura conduit
heureusement au lieu de vostre destinée résidence.
De deçà il n'y a nulles nouvelles depuis l'heureux
succès du Roy sur les Anglois et renvoy de leurs
prisonniers, mesme du Milord Montjoye à la Reyne
d'Angleterre, sans rançon, qui peult estre pro-

duira une bonne réconciliation entre leurs couronnes, sans qu'ils s'entremettent cy après des mutins françois que le Roy chastiera comme ils méritent. On parle fort icy de ce Montaigu [1] que M. de Bourbonne a pris en Lorraine dont le duc est fort offensé jusques aux sentimens oculaires, et cela peult aller plus loin. Les papiers dont il estoit saisi sont icy, mais non sa persone. C'estoit une dangereuse fuzée dont on parle diversement. Le Roy pousse son entreprise contre La Rochelle.

Quant aux affaires domestiques, l'on n'offre rien de vostre office [2] ny des semblables, sinon un quidem ces jours-cy XLVIII[m. liv.]. Cela m'avoit fet chercher les moyens de le mettre à couvert afin de sauver l'annuel comme j'aurois faict si la cour estoit icy. Mais M. de Nouviau estant à la cour, Rentilly vouloit que je lui baillasse vostre procuration dont il pouvoit à l'adventure se prévalloir

[1] Lord Montaigu, un des agents les plus actifs de la coalition formée contre la France en 1626. Les ducs de Savoie et de Lorraine, troublés par la saisie de ses papiers, protestèrent contre son arrestation. Pour les calmer, Richelieu, tout en retenant ces papiers si instructifs pour lui, relâcha son prisonnier. V. Cousin, *Madame de Chevreuse*, p. 382 et suiv. — d'Haussonville, *Hist. de la réunion de la Lorraine*, I, p. 175 et suiv.

[2] En devenant ambassadeur, d'Avaux avait dû vendre sa charge de maître des requêtes qu'il occupait depuis le 18 avril 1623. Nous verrons qu'elle fut achetée par le sieur d'Oignon. — (Bibl. nat., f. franç., vol. 14018. Noms de tous les maîtres des requêtes de 1575 à 1722.)

estre nostre intention, et mil autres destours ha-
zardeux outre le péril des chemins, qui m'ont fait
résouldre au payement dudit annuel pour esviter
à toutes faulces prophéties, ce que je feray aussy
tost qu'il sera ouvert. Vostre belle-sœur[1] vient
de partir pour aller à Blois, quérir cette grande
héritière de Montluc que l'on met avec aparat
chez Madame la comtesse de Saint-Pol, car M. le
maréchal de Thémines est mort, comme vous sca-
vez. Hier M. le Chevalier du Guet arresta M. Rem-
bouillet[2], secrétaire du Roy qui est de la R. P. R.
accusé de négocier par deça pour Angleterre.

Vostre bon père et meilleur amy,

Roissy.

Je vous prie de souvenir de vos promesse sy
vous désires que je sois vostre bonne mère[3].

---

[1] Madame de Mesmes, qui était elle-même de la famille de Montluc,
allait chercher Suzanne de Lauzière Thémines, que la mort de son
grand-père, le maréchal de Thémines, laissait sans soutien, sa mère,
fille du comte de Montluc, étant morte, et son père, Antoine de
Lauzières, ayant été tué au siége de Montauban en 1621. — Elle fut
mariée en 1634 à Charles de Lévis, duc de Ventadour.

[2] Sans doute Nicolas de Rambouillet, seigneur du Plessis, conseiller du Roi, et secrétaire de la chambre des finances. Il mourut
en 1664, âgé de quatre-vingt-huit ans. Il était fils d'Antoine de
Rambouillet, conseiller secrétaire du Roi, mort en 1626. V. sur
cette famille la *France protestante*, t. VIII, p. 369 et 370.

[3] Ce sont les seules lignes que nous ayons trouvées, écrites par
madame de Roissy à son fils.

II

Collect. Baluze, vol. 163.

1629, 19 mars.

Mon Fils,

L'ordinaire[1] est mort come je croy, car je n'en ay vent ny nouvelles et je responds seulement à celle que M. d'Herbault[2] m'a envoyée d'Ambrun dattée du 13 febvrier. Elle estoit accompagnée de vostre lettre au Roy et audit seigneur par copie où j'ay veu force choses toutes importantes et

[1] Le mot ordinaire désignait, ou le courrier de la poste qui partait et arrivait à certains jours réglés, ou le jour où ce courrier partait et arrivait. Voir sur l'organisation des postes à cette époque, A. BELLOC.

[2] Après la disgrâce de Puysieux (1624), le département des affaires étrangères avait été partagé entre les trois secrétaires d'État, Phelippeaux d'Herbault, Potier d'Ocquerre et Loménie de la Ville-aux-Clercs. Mais en 1626, pour donner plus d'unité à ce service, le Roi le concentra entre les mains de d'Herbault, qui le dirigea jusqu'à sa mort, à Suze en Piémont, le 2 mai 1629. Claude Bouthilier, qui était déjà secrétaire d'État, lui succéda. En 1632, son fils unique, Léon Le Bouthilier, comte de Chavigny, lu fut adjoint, quoiqu'il n'eût que vingt-quatre ans. A la tête du « département des étrangers », Chavigny joua un rôle très-important sous le ministère du cardinal de Richelieu, qui avait en lui la plus grande confiance. (Voir FLASSAN, *Histoire de la diplomatie française*, II, p. 298, 360 et 401.)

bien traictées. M. de Champigny en a veu quelque
chose qui en a ainsy jugé, et M. de la Force aussy,
qui ce matin est venu à mon levé, mais j'avois
fermé ma porte pour vous escrire. La Reine Mère
à qui j'ay faict voir la fin de celle à Herbault sur les
peurs des Crémonois [1] et les advis qu'on vous
donne pour la persone du Roy en a esté bien
aise et marrie tout ensemble et m'a tesmoigné
plaisir à estre advertie. Nous la vismes hyer sur
la joye de la victoire du Roy au pas de Suze, et
elle dit que ce vous seroit nouveau subjet d'eslever
l'honeur de la France et eschauffer les Vénitiens.
Mais M. d'Angoulesme me dit qu'il croioit
qu'après le siège de Casal levé, le Roy mettroit le
cloud à la roüe et ne passeroit pas plus oultre. Je
croy qu'il devine.

Vous avés peu scavoir que Madame la princesse
Marie est venue au bois de Vincennes avec Madame sa tante pour estre plus près de leurs Ma-
jestés. Elle estoit fort acompagnée des gardes de
la Reine. On interprète ce passage aultrement

[1] Les Crémonais s'inquiétaient des préparatifs du duc de Mantoue.
« Aiant eu alarme de l'artillerie qu'il a fait sortir qu'ils croient estre
à dessein d'attaquer le fort qu'ils ont fait à Piadena, cet esté, avec
tant de soing et de despense, ils ont jugé plus à propos de le razer
et abandonner que de se résoudre à le défendre. » D'Avaux à d'Herbault, 13 fév. 1629. *Venise,* vol. 47, f° 59.

mesme parce que Monsieur qui estoit à Fontainebleau est allé aussitost à Orléans où il est, mais
pour moy je me contente du sens litéral. On a
voulu dire que le jour estoit pris entre culx de se
joindre l'onziesme à Coloumiers, je m'en raporte[1].
Gedoïn[2] seroit mieus en Turquie et son fils puisqu'il le reprend quand il est débourré. Je seray bien
aise d'aprendre le premier service que vous aurez
tiré de telles cognoissances ; car si vous aviez adhéré
à ses erreurs longtemps à vous auriez le turban.

[1] Gaston d'Orléans ayant perdu sa première femme, mademoiselle
de Montpensier, le Roi son frère ne voulait pas lui permettre de se
remarier tant que lui-même n'aurait pas d'héritiers. Il s'opposa donc
à ses projets d'union avec la princesse Marie de Gonzague, fille du
duc de Nevers, récemment devenu seigneur de Mantoue, et comme
le bruit courait que Gaston, sur les conseils de madame de Chevreuse,
voulait enlever sa maîtresse, on la fit venir à Vincennes avec sa
tante, la duchesse de Longueville. Gaston quitta brusquement la
cour et bientôt après se réfugia en Lorraine. (V. V. Cousin, *Madame
de Chevreuse*, p. 390, et d'Haussonville, I, p. 187.)

[2] Nous savons par une lettre de d'Avaux que ces Gédoyn étaient
arrivés à Venise en février 1629 (*Venise,* vol. 47, f° 58). Louis
Gédoyn, sieur de Bellan, qualifié successivement de secrétaire en
la chambre du Roi, puis de gentilhomme de la chambre de Gaston
d'Orléans, avait été agent à Alep. Il se rendait en 1629 à Seide,
auprès de l'émir Facardin. — Il eut de sa femme Jacqueline le Gresle
de Beaupré de nombreux enfants. (V. cab. des titres, *dossiers bleus,*
vol. 7835.) Le P. Lelong, *Biblioth. historiq.*, n°˙ 30476 et 30516,
cite deux manuscrits de la bibl. de Mesmes : *Journal de la négociation de Louis Gédoyn, sieur de Bellan, à Alep, 1623-1624.* —
Journal des dépêches de Louis Gédoyn à Venise en 1629. Tallemant des Réaux, t. III, p. 411, parle d'un Gédoyn le Turc.

Hauterive[1] et force courtisans nous mangeront jusques aux os. Saint-Estiene[2] vous ira voir, mes qu'il ait attrapé en cour où il est, la capitainerie de Chateau-Regnault, car la princesse de Conti l'a vendue au Roy par mon soin et j'ay signé le contrat depuis huit jours avec d'Effiat, Champigny et aultres, et je l'ay dressé. Elle a xvii⁰ xx^m livres en nippes. Saint-Luc est malade près Nancy allant à Mantoue.

Certainement il faut revenir ici après vos trois ans, car la despense vous tue. Mais je trouverois bon que vous prissiez Suisse[3]. Car vostre condition

[1] M. d'Hauterive était le frère de Châteauneuf, qui fut garde des sceaux. Il existe plusieurs lettres adressées par d'Avaux à d'Hauterive; une entre autres du 8 avril 1645, que possède M. Lacaille.

[2] Saint-Étienne, cousin des de Mesmes. Son grand-père avait épousé Nicolle Grossaine, tante de M. de Roissy. Il fut employé à diverses négociations en Allemagne et en Italie. Nous voyons, par une lettre de Richelieu à Bouthillier (9 mars 1630, AVENEL, *Papiers de Richelieu*, III, p. 572), qu'il a obtenu le gouvernement de Château-Renault et qu'il va prier le Roi de le lui.confirmer. La vente avait été faite le 10 mars 1629, en présence du garde des sceaux, Marillac, de Ruzé, gouverneur de Touraine. du marquis d'Effiat. et de Jean Bochart de Champigny, Samuel Spisame sieur de Buisseaux, Jean Aubery, J. J. de Mesmes, conseillers aux conseils d'État et de finances. V. *Collect. Godefroy*, vol. 32, f° 10, et à la Bibl. nat. F. Dupuy, vol. 42, f°⁵ 199 et 207, une copie de l'acte de « vente au Roy par madame la princesse de Conty des terres souveraines de Château-Regnault, Linchamp, Mohon, la tour à Glaire, et autres souveraines, outre et deçà la rivière de Meuse ».

[3] L'ambassade de Suisse.

seroit fort désolée de tout devenir rien en un moment come Miron et Despesses[1], nonobstant le
marquis d'Effiat qui luy laisse le cul enterré, et
puis Suisse n'a pas ces visites importunes et qui
heurtent la bourse et la table tous les jours.

Vous n'avés donc plus vostre maistre d'hostel.
Je ne scay coment son cher amy subsiste sans luy
puisqu'il est dimidius animi et m'estone que la
piété et l'impiété du dit maistre d'hostel aient peu
loger ensemble dans leurs esprits.

J'ay eu lettres de Lyon que Meulles[2] que je
vous envoye pour soubs secrétaire et qui vous
porte des lettres de la Reine de France[3] est encore
là tant les passages sont bouchés.

Montmor prend argent de toutes parts avec

[1] Charles Faye, sieur d'Espesse, conseiller d'État et ancien maître
des requêtes, avait été un instant ambassadeur en Hollande. Il
mourut le 5 mai 1638. (Gui PATIN, *Lettres*, I, p. 55.) M. Miron
était ambassadeur près les cantons suisses en 1616. (FLASSAN,
Histoire de la diplomatie, II, 330.)

[2] Pour M. de Meulles, voir la note de la lettre suivante.

[3] Le 6 mai 1629, d'Avaux écrivait à M. Legras, secrétaire de la
Reine, qu'il venait seulement de recevoir ces lettres « à cause du peu
de vigeur de celluy auquel on les avoit commises pour la première
fois, qui prit l'espouvante en Piémont et creut que toutes les armées
d'Espagne et de Savoye n'estoient que pour luy empescher le passage, tellement qu'après avoir séjourné longtemps sur la frontière,
il s'en retourna courageusement à Paris, quoique desja les armes du
Roy eussent ouvert le pas jusques aux gueux suivans la cour ».
(*Venise*, vol. 47, f° 110.)

Coulon et Choisy. Si j'en avois je luy en refuse-
rois, car c'est un vieillaque [1] et il sçait bien que je
le tiens tel. Vostre seur d'Herbigny luy en baille.
Ongnon [2] ne me dit mot, vos xxii[m. liv.] qu'il doibt de
reste courent toujours interest sur luy. Quant à
vos appointemens, vos mère et frères scavent le
mal que j'en ay eu et moy mieus qu'eulx. Enfin
hyer on a arresté le compte de Briois [3] et vous
estes plaqué sur luy au quartier d'octobre 1628.
Dans huit jours ledit Briois aura l'estat et je
l'iray voir pour aprendre quand il me paiera,
afin de fournir la dite somme à qui vous me
manderés suivant vostre dernière. Quant à vos

---

[1] Ce mot « vieillaque » nous avait fait croire d'abord qu'il s'a-
gissait ici du fameux parasite Montmaur, dont les relations avec la
famille de Mesmes sont bien connues. (V. *Histoire de Pierre de
Montmaur*, professeur royal en langue grecque en l'Université de
Paris, par M. DE SALLENGRE, 2 vol. in-12, 1715, t. I, p. 63 et 88;
t. II, p. 10.) Mais ce qui suit indique que M. de Roissy parlait de
Pierre Habert de Montmor de Cerisy, conseiller au Parlement
en 1628. Il cherchait à emprunter sans doute pour payer sa charge,
de même que Jean de Choisy et Jean Coulon, nommés tous deux
conseillers le 27 août 1627. (V. Bibl. nat., f. français, n° 25150. *Les
Conseillers au Parlement de Paris par ordre de réception*.)

[2] Jean l'Écuyer, sieur d'Oignon, conseiller au Parlement depuis
le 26 juin 1619, avait acheté la charge de maître des requêtes de
d'Avaux. Il fut reçu le 10 mars 1628 et résigna en 1634. (V. Bibl.
nat., f. français, vol. 14018, f° 161.)

[3] Estienne Brioys, fermier général des aides de France. C'était sur
les deniers provenant du prix des fermes qu'étaient payés les ambassadeurs.

appointemens pour l'an présent, je suis assigné
encore par M. d'Effiat sur le dit Briois sur les
quartiers d'avril et juillet par moitié, c'est-à-dire
qu'à la fin d'aoust et de novembre, j'auray par
moitié ce qu'il vous fault, mais c'est-à-dire ix^{mil}
en fin d'aoust et le reste en novembre. Cependant soiés sage et me mandés ce qui vous faict
besoin, *et omnia adjicientia tibi*. Je ne manqueray pas et administreray vostre petit cabal mieus
que quaissier de Venise qui puisse estre et come
de père à fils.

Pour le présent il n'y a aulcune armée destinée
pour Champagne et nous avons icy M. d'Angoulesme, le maréchal de la Force, M. d'Elbeuf et
Marillac pour servir s'il le fault, et xx mil hommes
tous armés.

Vos depesches au Roy et Herbault sont fort
bonnes et succulentes, telles jugées par le dit sieur
de la Force qui en a veu des pièces, car il est mon
amy. Le cardinal Bérulle [1] m'en demande aspre-
ment, mais je fay la sourde oreille, car il veult
aller aux affaires aussi bien que Silhon et ce n'est
pas l'intention des fondateurs. Ainsy je ne pense

[1] Le cardinal de Bérulle, le principal confident de la Reine mère,
était sur les affaires de la Valteline et de Mantoue d'un avis opposé
à Richelieu. (GRIFFET, *Hist. de Louis XIII*, I, p. 647.)

pas pecher de rien ou peu faire. Mère Mag^ne a eu
vostre lettre. Elle vous faict response cy enclose,
je croy que vous ferés service à la Reine de haster
ce relicaire si le chemin se peult trouver seurement, car elle le désire grandement[1]. Il me semble
à propos de vous advertir d'envoyer procuration
à M. Hamiyer ou aultre pour recevoir les arrérages
de vos rentes sur villes et particuliers. Que si
vous luy donnés aussy pouvoir de recevoir vos
appointemens du Roy come ambassadeur à Venise, cela sera bon. Je vous en ay, cy devant,
envoyé le modèle sur celuy de M. Halligre[2] et de
Léon estans là. Néantmoins vostre cadet a faict
vostre nom et il a passé jusques icy et sera effec-
tué quand Briois aura paié. Mandés moy quand
vous aurés receu le paquet de la Reine Mère, que
je vous ay envoyé par la voye de M. d'Herbault,
qui m'avoit faict tenir la lettre à Sa Majesté pour
le relicaire.

Monseigneur le Prince[3] est allé en Bretagne aux

[1] Voir à l'Appendice une lettre de d'Avaux à la Reine, en lui
envoyant ces reliques de saint Roch. (19 janvier 1630. *Venise*,
vol. 49, f° 22.)

[2] M. d'Alligre était prédécesseur de d'Avaux à Venise. Il devint
chancelier de France. M. de Léon, plus connu sous le nom de Brulart
de Léon, après avoir été ambassadeur à Venise et en Suisse, négocia
à Ratisbonne conjointement avec le P. Joseph.

[3] Le prince de Condé avait obtenu la confiscation de tous les biens

Estats tenir la place de M. de Rohan de qui il a
la confiscation. Il aura l'honeur d'estre derrière
M. de Brissac[1], s'il veult estre à l'ouverture des
dits Estats. M. Aubery partit avant hyer pour y
aller. Le surintendant ne peult partir, ny les in-
tendans non plus qui nous donnent tousjours inquiétude. Je croy que ce sera demain ou dimanche.
M. Barada l'aisné m'a visité, il se loue de vous
infiniment et à raison. J'en voudrois bien dire
aultant de luy et de son frère. Les Huguenots du
comté de Foix ont envoyé au Roy des députés luy
faire homage, luy offrir leurs cueurs et les clefs
de leurs villes et offres de desmolir toutes les for-
tifications sans aulcune réserve ny capitulation. Si
Sa Majesté a contentement en Italie come Dieu
semble nous le promettre, le reste des villes de cette
secte ne durera guères. On dit que Madame de
Mesmes[2] a gangné un de ses procès à Rennes. Elle

du duc de Rohan : duché de Rohan, et Pontivy, terres de Gos-
selin, etc. Voir sur cette confiscation et sur les voyages de Condé en
Bretagne, duc D'AUMALE, *Hist. de Condé*, t. III, p. 230, 231
et 512 ; P. GRIFFET, *Hist. de Louis XIII*, t. I, p. 637–638.

[1] Le duc de Brissac, lieutenant général de Bretagne, en était devenu
gouverneur, à la mort du maréchal de Thémines. (GRIFFET, *Hist. de
Louis XIII*, I, p. 577.)

[2] Nous voyons, dans une lettre de madame de Mesmes à d'Avaux
(17 février 1629, Bibl. nat., BALUZE, vol. 163, f° 126), qu'elle est en
procès à Rennes avec madame de Vignory. La comtesse de Vignory,

s'humilie à Dieu de tout son cueur comme elle mande au curé de Saint-Nicolas, parce que (dit-elle) elle a trouvé là un couvent de religieuses très bonnes fondé par une duchesse de Bretagne de la maison d'Amboize, qui la reçoivent avec respect et amour, et cela la porte grandement à s'humilier, et moy je m'en raporte, comme de la Princesse Marie. Le dit curé a esté à la mort, mais après XII pochettes de sang et grosse fiebvre passée à présent il est hors de danger pour ce coup.

Nous sommes en santé grâces à Dieu. Hyer la d'Herbigny estoit céans avec sept enfans tous beaux et sains[1]. La Irval[2] est tousjours en opinion de grossesse et garde le lict. Son mary vous debvoit envoyer les roquentins du temps, qui furent les ponts bretons jadis[3]. Il y a mille sottises et rien

dit le P. Griffet, *Hist. de Louis XIII*, I, p. 511-543, cherchait à s'emparer des biens de son neveu Bussi d'Amboise, tué par Bouteville le 12 mai 1627. Madame de Mesmes était la mère de Bussi.

[1] Jeanne de Mesmes avait épousé, le 2 mars 1615, François Lambert d'Herbigny, conseiller au Parlement, et depuis maître des requêtes et conseiller d'État. Parmi ses enfants nous pouvons citer Henri, marquis de Thibouville, maître des requêtes, né en 1623, mort en 1700, François, seigneur de Mont-Saint-Jean, Jean-Jacques, capitaine au régiment des gardes; Jeanne-Angélique, mariée au marquis de Fouquerolles, et Antoinette, religieuse à Reims.

[2] M. d'Irval avait épousé, le 27 avril 1628, Anne Courtin, fille de François Courtin, conseiller du Roi et maître des requêtes, et de Jeanne Lescalopier.

[3] *Ponts bretons*, noms de plusieurs satires très-violentes contre

de bon ny de vray come je désire, mais assés plaisant. Billé[1] y va pour l'exciter à les vous envoier s'il les a. Le voilla revenu et il respond qu'il n'y a pas pensé et que ce sera pour le premier voiage.

Cependant Dieu conduise toutes vos actions et vous donne aultant de félicités que je vous en souhaite.

Vostre bon père et plus assuré amy,
Roissy.

Ce vendredy XIX mars 1629, à midy.

III

Collect. Baluze, vol. 163.

1629, 2 avril.

Mon Fils,

Le sieur de Meulles[2], présent porteur, s'estoit

la cour, parues en 1624. (V. Brunet, *Manuel du libraire*.) Quant aux *roquentins*, Littré les définit : Espèces de vaudevilles satiriques, la plupart du temps en quatre vers.

[1] René de Billé, secrétaire de M. de Roissy. M. Lacaille, dans sa riche collection d'autographes, possède un reçu signé par Billé pour le compte de d'Avaux.

[2] M. de Meulles (il signe quelquefois de Meules du Tartre) était, après M. Noyer, le plus fidèle secrétaire de d'Avaux. A Venise, puis en Danemark, en Suède, en Pologne, enfin à Hambourg, c'était tou-

offert il y a deux mois pour vous servir soubs
M. Noyer. Je l'accepté, il partit, fut à Lyon, à la
cour, et jusques à Chambéry où le Prince de Piedmont luy fit peur lors des Barricades forcées. Il revint aussy tost sur ses pas, me pria de luy permettre
de retourner voiant les chemins ouverts. Je jugé
que dans ceste grande longeur de temps perdu vous
en auriez pris en ceste place et mesme par ma dernière du 30 du passé je le vous conseillois. Néantmoins l'ardeur qui le portoit d'aller en Italie luy
continue, et l'a convié à désirer la présente pour
vous présenter son service et le vous rendre fidè-

jours lui qui était chargé d'écrire les dépêches à la cour, et qui était
envoyé en courrier quand l'ambassadeur avait une affaire importante à traiter à Paris. Ses services furent récompensés ; car nous
avons trouvé dans le vol. *Allemagne*, 15, f° 158, une lettre du
7 décembre 1638, où il remercie M. de Chavigny de l'avoir fait
mettre « sur l'estat du Roy ». « Je vous supplieray d'aggréer ces
lignes (dont le caractère ne vous doit pas estre inconnu)..... je vous
demanderai s'il vous plaist l'honneur de vostre protection mesme
après cette ambassade. Il y a douze ans que je sers le Roy sous
M. d'Avaux, et j'oze bien dire avec assurance qu'il n'y a point de
ministre hors de France qui serve sa Majesté avec plus d'affection et
d'industrie que luy, et qu'un secrétaire qui a esté si longtemps en
une telle escole pourrait peut estre après cela prétendre à quelque
petit employ séparé. » Lorsque d'Avaux quitta Hambourg, de Meulles
y resta comme résident de France. On parla un instant de lui pour
remplir à Munster les fonctions de secrétaire du Congrès, qui furent
attribuées à M. Brasset. En 1650, il était encore à Hambourg.
(V. *Hambourg*, vol. I, et *Collection Baluze*, vol. 172.) Nous publions
dans l'Appendice deux lettres fort curieuses de M. de Meulles.

lement et sans charge si vous l'avez agréable, car
il est de bon lieu; sinon passer plus oultre pour
aprendre ce qu'il n'a pas acquis par deça. Je n'ay
peu luy refuser ce sauf-conduit et perdre ceste
occasion seure quoyque longue pour vous dire ma
vieille chanson que je suis jusques au bout

Vostre bon père et meilleur amy,

Roissy.

Dieu vous assiste. C'est du 2 avril 1629, à Paris.

IV

Venise, vol. 47, fol. 196.

A Fontainebleau, le 20ᵉ septembre 1629.

Mon Fils,

J'ay à vous respondre à deux lettres des 21 aoust
et 4 septembre. Ce que je feray par ordre. Pre-
mierement je nay point receu ce pacquet dont
vous parlés et qui à mon advis fut mis ès mains
de M. le Cardinal auquel estoient lettres à la Reine
Mère et je m'en suis plaint à Sa Majesté long-

temps a. Et je vous ay ja mandé quelle ne veult
plus des statues comme elle m'a dit, mais seulement les tableaus. Je croy qu'elle vous l'a escript
ainsy [1]. M. de Saint-Estiene qui vent des fumées
plus que du feu a mandé à sa femme [2] que le
P. Joseph vous procuroit les $\text{II}^{\text{m. liv.}}$ du conseil qui
est une bagatelle et qui tiendra lieu de beaucoup
n'estant rien. Je seray fort aise que vostre cahier
de frais vous mette hors de vos profusions, dont
M. le Cardinal m'a parlé avec honeur et ma dit
qu'il falloit que je vous eusse fort secouru. Je luy
dy que ceste année je vous avois envoyé L^{m}.
oultre ce que le Roy vous donne. M. de Rohan
n'a eu que $\text{C}^{\text{m. liv.}}$. content, le reste luy est deub.
M. Boutillier ne parle que misterieusement et très

----

[1] Par une lettre du 5 avril 1629, la Reine avait chargé le comte
d'Avaux de lui procurer des statues et des tableaux ; il s'en était
occupé avec un marchand, nommé Daniel Nizze, et il avait trouvé
entre autres « neuf tableaux des triomphes de Jules César faits par
un nommé Mantegna, qui sont admirés de toute l'Italie, comme à la
vérité ils sont sans comparaison, non pour la délicatesse de la main
et de la peinture, qui me semble y manquer, mais pour une parfaite
proportion que cet homme a gardée dans la profusion de mille choses
qu'il a peintes en chaque tableau, et il n'y en a pas un des neuf qui
ne paroisse de plus long travail que la vie d'un homme ne peut porter ». Ces tableaux furent achetés par Charles Ier d'Angleterre et
sont maintenant dans la galerie de Hampton-Court, près de Londres.

[2] Saint-Estienne avait épousé une sœur du Père Joseph, Marie
le Clerc du Tremblay.

peu, mais Ardier[1] plus et la Vrilliere[2] qui tesmoigne vous aimer fort.

Je prevoy par vos lettres que bientost M. de Rohan sera à charge à soy mesme, l'estant si fort à auctruy. Je vous renvoye son traicté qui est imprimé icy, mais un peu diversement. Je croy que M. de la Vallette[3] est homme de bien et il se picque d'estre creu tel. Je trouve bonne la comedie de ces deux ducs et leur comitive, mais paier tousjours les violons, cela est important.

Nous cherchons un maistre d'hostel, mais cela est fort difficile; pour un secretaire minor vostre mere vous envoye Groussy fils de Martine qui escript fort bien et est fort docile; c'est à dire fort sot, mais il se peult faire. Chateauneuf[4] est

[1] Louis Ardier, sieur de Vineuil en Blaisois, comte de Villemur, premier commis du secrétaire d'État des affaires étrangères. Il quitta sa charge en 1632. (V. coll. Godefroy, vol. 270, f°s 351 et 356, deux lettres à M. de Césy, auquel il annonce sa retraite.) Il était fils de Paul Ardier, trésorier de l'Epargne, et de Suzanne Phélipeaux. (Bibl. nat., fonds franç., vol. 14018, f° 201.)

[2] Louis Phélipeaux, sieur de la Vrillière, second fils de M. d'Herbault.

[3] Le duc de Rohan, par le traité d'Alais, venait de faire la paix avec le Roi. Il obtenait cent mille écus et la restitution de tous ses biens. Mais il était obligé de se retirer à Venise. « Le Roi lui donna M. de la Valette pour le conduire en sûreté à Marseille, et là une galère pour le mener à Livourne. » (P. GRIFFET, I, p. 675.)

[4] Le marquis de Châteauneuf avait été envoyé en Angleterre pour la ratification du traité du 24 avril 1629. Le chevalier Thomas

encore en Angleterre, je croy qu'il revient il s'y
ennuye bien fort. Je ne sçay si le président Aubery
vous a degagé pour son fils, car il ne m'en a rien
mandé. Il vous a escript, ce me semble, par l'ordinaire precedent.

Je croy que madame d'Irval fera un enfant
dans quatre jours, et son mary est parti d'icy y a
trois heures pour l'aller trouver et secourir. Vostre
mére se porte assez bien, car rien ne luy faict
mal en particulier, et c'est beaucoup, aprés tout
elle et moy sommes vieus, pensés y. Votre aisné a
gangné 3 procès, ce dit on, et il en a cinq en
ce semestre distribués à quatre rapporteurs, car
le champ de sa feme est fertile en orties et en
ronces qui piquent bien fort, elle prend la devise
de la Maison de France : *Nul ne sy frotte*, et pour
emblesme un chardon fleury. Gedoin père et fils
ne m'ont pas trompé, mais eulx mesme et vous
aussy tant qu'ils ont vescu, mais *volenti non fit
injuria*. Je croy que le P. Lucian [1] est à vous à

Edmond était venu en France pour le même objet. (FLASSAN, *Hist.
de la diplomatie*, t. II, p. 353.)

[1] Le P. Lucian, dit de Patiance, était un Capucin qui voulait
quitter son Ordre pour entrer dans un autre moins sévère. Cela ne
se fit pas sans difficultés, si nous en croyons une lettre adressée à
M. Noyer par Gueffier, qui s'occupait de cette affaire à Rome. « Ces
bons moynes pensent qu'il n'y a qu'à jetter le froc aux horties pour
se mettre à leur aise, et ne considèrent pas la peine qu'il y a de les

present, c'est pour luy que je vous plains, car il vous donnera de la peine si vous n'y donnés ordre par honeste severité et diligence à luy procurer ce qu'il demande de Rome.

J'attens icy M. de Vignolles pour luy consigner le petit Ravignan [1], qui est sur mes bras depuis 4 mois entiers. M. de la Force est durcy en la conférance, qui à dire vray a esté fort mal entreprise et plus mal conduite.

J'ay faict sçavoir à M. Boutillier la mort de Gedoin [2] come vous me mandés afin qu'il y donne ordre pour ses commissions. Presentement M. Ardier me mande qu'il part un courrier extra-

---

y mettre, et cestuy-cy peut bien s'assurer que sans l'honneur qu'il a d'appartenir à **M.** l'ambassadeur, il falloit ou qu'il retournast aux Capucins, ou qu'il demeurast au mesme estat qu'il est. » (*Venise,* vol. 49, f° 241.) Lucian obtint sa dispense du Pape, et entra dans l'Ordre de Saint-Benoît. Il en remerciait d'Avaux, le 26 juin 1631. (*Venise,* vol. 50, f° 10 et 11.)

[1] Ce Ravignan appartenait à une autre branche de la famille de Mesmes, les de Mesmes Ravignan. Joseph de Mesmes, sieur de Ravignan et de Lusson, avait épousé, par contrat du 11 novembre 1603, Jeanne de Vignoles, fille de noble Jacques de Vignoles, sieur de Frestillon. Il en eut deux fils, Bertrand et Alcibiade. (V. MORÉRI, *Dict. historique.*)

[2] V. à la *collect. Godefroy,* vol. 270, f° 301, une lettre de Louis XIII à l'émir Facardin, lui recommandant Gedoyn, gentilhomme de la chambre du duc d'Orléans. (22 décembre 1628.) Voir aussi au Cab. des titres, *Pièces originales,* vol. 1305, une autre lettre de Louis XIII, de la même date, recommandant au duc de Lorraine Gédoyn, qui, se rendant en Levant, devait passer sur ses États.

ordinaire pour Venise, si je puis ceste lettre ira
par luy, sinon demain par l'ordinaire. Pour
M. Silhon [1], le P. Joseph verra vostre lettre, car
je le veus destromper, s'il est possible, et vous
voiés si je perse des jeus de lesprit les montagnes
pour voir Silhon s'advantageant à vos despens
dont vous n'avés rien creu, mais vous l'avés senti
aprés le coup seulement. Ce pére m'a dit ce matin
qu'il s'occupoit aux paroles et vous aux choses, et
je luy ay repliqué que vous n'aviés jamais usé de
luy pour l'un ny pour l'autre. Vous craignés dans
ladite lettre que je sois en garde quand vous
parlés de vos despenses excessives, mais vous
vous trompés, non parce que vous ne me de-
mandés rien pour ce coup, comme vous dites,
mais parce que je vous ay devancé par ma dernière, portée par le précédant ordinaire, où je
vous ay faict sentir si je devance vos désirs ou si
je les suis à pas tardifs et selon mon âge. Je feray
sçavoir à M. de Soyecourt [2] qu'il peult tirer secours

[1] S'agit-il de Silhon, secrétaire de Richelieu, puis conseiller du
Roi et membre de l'Académie française? Il est l'auteur de trois apo-
logies : du traité de Monçon, de l'acquisition de Pignerol, et de la
guerre que la République de Venise a faite aux archiducs de Gratz,
publiées dans les *Mémoires concernant les dernières guerres
d'Italie*. Paris, Cramoisy, 1669, 2 vol. in-12.

[2] Judith de Mesmes avait épousé en 1618 M. de Soyecourt, marquis de Belleforière, lieutenant du Roi en Picardie.

au besoin de M. de la Vallette en vostre considération. Vous aurés un maistre d'hostel si tost qu'il
se pourra trouver grand et sage, mais je ne sçay
si en voulés un sçavant, au lieu dudit Silhon, et
je tarderay jusques à vostre première depesche
sur cela.

Pour les affaires du monde aultant que la basse
cour en peult sçavoir, il y a eu rumeur à l'armée
de M. le Cardinal, qui s'est persuadé que la Reine
Mère luy avoit fes froid [1], sur quoy icy tous deux
passe la nuict avecque quelques inquietudes, et le
landemain le Roy y a sy puissamment travaillé et
se sont sy bien esclaircis, que l'intelligence est
rafermie plus que jamais, à ce qu'on dit. A sadite
arrivée, il se plaignit à [cette] Princesse de cecy
qu'elle avoit dit en son absence quelque chose de
luy, dont elle s'excusa le mieux qu'elle put, et
depuis, l'Evesque de Nantes luy est venu dire de
la part dudit Cardinal, qu'il ne croioit rien de tout
ce qu'on luy avoit dit et qu'il la serviroit aussy
volontiers que jamais. Le Roy se porte fort bien
et vit fort gayement avec la Reyne *et dat operam
liberis*. On luy rend plus d'observance que par le

---

[1] Sur cette brouillerie, survenue à Nemours le 13 septembre entre
le cardinal et la Reine mère, voir LEVASSOR, *Hist. de Louis XIII*,
t. VI, p. 199; *Mémoires de Bassompierre*, IV, p. 681.

passé, et les plus grands luy font la cour. Comme le garde des sceaux qui est regardé. Monsieur est toujours à Nancy, et Dieu veuille qu'il n'aille point plus loing. La Reyne sa mère luy a escrit de sa main dont on dit qu'il n'a pas fet l'estat qu'il doibt. M. de Couvouges pére est icy de la part de M. de Lorayne, qui offre son service au Roy en cet occasion et son entremise vers Monsieur pour le ramener à la cour[1]. C'est aujourd'huy l'affaire qui touche plus au cœur, car il parle bien de sa mère et son frère, mays il charge rudement sur le grand Ministre. On dit qu'il demande que ses pensions soyent converties en appanage, qu'on luy donne les gouvernemens de Bourgogne et de Champagne et quatre places de seureté avec quelque dignités pour les deux[2] qui le servent, qui soyent capables de les asseurer et peult estre que ce sera là une des plus grandes difficultés, à son occasion. M. de Vendosme, qui avoit presque l'asseurance de sortir, en a esté totallement refusé et a-t-on dit que Monsieur se plaignant du mauvais traictement qu'il recevoit, a mis en jeu la personne du

---

[1] Sur la mission de M. de Couvonges, voir D'HAUSSONVILLE, *Hist. de la réunion de la Lorraine à la France*, t. I, p. 183 et suiv.

[2] Antoine de l'Age de Puylaurens, son conseiller, et le président le Coigneux, son chancelier.

Grand Prieur mort, cela mesme se dit-on a causé la responce du Roy à ceux qui luy demandoient sa liberté de celle Roucy et son beau frere la Suze [1], disant qu'il y avoit assés de brouillons par le monde sans y en mettre davantage. Madame de Bouillon est en apréhension que le Roy veuille accorder Sedan, quoy que pour de l'argent. La paix avec l'Angleterre fut jurée le dimanche 16° de ce moys à vespre dans l'Eglise du Bourg icy, avec toutte apparente alegresse du Roy, qui avoit disné en publiq dans la grande salle du chateau et l'ambassadeur d'Angleterre avec luy et bu à la santé du Roy son frère [2].

La veille, on avoit fet le reglement pour la sceance et rang des Princes, affin que le Roy fust accompagné sans plus de difficulté, et a esté jugé

[1] Louis de Champagne, comte de la Suse, et le comte de Roussi, accusés d'avoir tenu des assemblées pour soulever les huguenots dans les provinces de Picardie et de Champagne, avaient été mis à la Bastille. (P. GRIFFET, I. 285. — *Mémoires du marquis de la Force*, III, 307 et 309.) « MM. les comtes de Roucy et de la Suze n'ont pu encore avoir la liberté, et M. le Grand Prieur de Vendôme n'est plus en état de l'avoir, car le bruit est qu'il est mort en prison. » (*Lettre du marquis de la Force*, 3 mars 1629.)

[2] Elle avait été signée le 24 avril 1629, à Suze, par la médiation des ambassadeurs de Venise. (FLASSAN, *Histoire de la diplomatie*, t. II, p. 350 et suiv.) Sur les préparatifs de la cérémonie du serment, voir une curieuse lettre de Marillac à Godefroy. (*Collection Godefroy*, vol 270, f° 315.)

que les quatre maisons qui tiennent rang de
Princes de France, marcheront selon leur aage
ainsy qu'on dit se pratiquer en Italie, tellement
que le comte de Saint-Paul se trouve le premier,
mays M. de Longueville s'y oppose et dit que ceux
de sa maison ont un brevet de succéder à la couronne, au cas que les males de sang viennent à
faillir, ce que je ne sçay pas. Pour le secours à
l'Italie, M. de la Force est commandé d'aller
promptement à la frontiere, pour y donner l'ordre
à xvi mil hommes de pied que le Roy y fet marcher et dont les troupes de M. du Hallier font
parti, qui y sera marechal de camp, et le maréchal de Marillac y sera près ledit sieur de la
Force sans aucune authorité, sinon de commander
à l'armée en cas d'absence, mort ou malladie dudit
Sieur de la Force. Le Roy y ordonne aussy deux
mil chevaux et xxii canons montés sur roues avec
provisions de vivres, d'argent et de toutes munitions necessaires. Le mesme marechal de la Force
a ordre que sy le Duc de Savoye fet aulcun acte
autre à ce qu'il a promis, qu'il entre dans la Savoye
et se rende maître d'aultant de places qu'il pourra
aquérir. En mesme temps le Roy commande que
les trouppes de M. de Créquy et M. de Thoiras
soyent renforcies d'hommes et d'argent, et ce matin

le P. Joseph me disoit misterieusement et avec des demies parolles que je me tinsse asseuré que tout iroit bien ; sy les Espagnols imperiaulx pouvoient s'enfuir au son de ses parolles, j'en enfermeray une douzaine dans une fiolle pour les vous envoyer.

M. Mesmin [1] est venu beaucoup de foys ceans, mays je ne l'ay pu voyr. M. le Prince vient à la cour dans peu de jours asseurement, mays aussy je croy quil y sera bien peu de jours et passera comme un esclair [2]. Après tout, prenés telle part qu'il vous plaira à la prise de Bolduc [3] que vous avez en peinture, mais effectivement il est pris et je croy que vous l'aurés sceu avant avoir receu la presente, à mon advis que ce ne sera pas une desplaisante nouvelle à la Seigneurie et j'ay dit ce matin à ce père que les soings de la France debvoient estre à present d'empescher la tresve aux Pays Bas. Et ce faisant donner quelque contente-

[1] M. Mesmin, ambassadeur près les ligues des Grisons ; il mourut le 17 juin 1638. (*Gazette,* 1638, p. 288.)

[2] Après l'avénement au pouvoir de Richelieu, Henri de Bourbon, prince de Condé, était tenu à l'écart. Il devait solliciter une autorisation pour pouvoir venir à Paris, et elle lui était toujours refusée. Cependant, le 18 septembre 1629, le Roi lui permit de venir à la cour pour les couches de sa femme qui lui donna bientôt un second fils. (Voir duc D'AUMALE, *Hist. des Condé,* III, p. 229.)

[3] Bois-le-Duc avait capitulé le 11 septembre.

ment aux Holandeys de peur qu'ils ne s'accordent avec Espagne, faisant tout fondre sur nos bras et sur l'Italie, ce qu'il a bien pris et promis y donner ordre quoy qu'à mon advis, il me tienne en petite mesure, par ce que je n'entends ny n'estime les intrigues du monde que l'on appelle les affaires d'Estat, à quoy je ne suis, ny nay, ni norry que fort peu.

J'ay veu ces jours passés M. le comte de Soissons[1], qui me dit trop de bien de vous et que depuis cinquante ans nul ambassadeur de Venise n'avoit esté en telle consideration que vous estes; ce qu'ayant redit deux ou troys foys, M. de Champigny[2], avec qui j'estois, voulut eslever les prouesses de son temps pour se tirer de la presse. J'estime plus ce que M. le Cardinal m'en a dit,

---

[1] Louis de Bourbon, comte de Soissons, venait de visiter Venise. M. A. Baschet, *Hist. de la chancellerie secrète à Venise*, p. 493, cite un extrait des archives de la République. « Il signor Conte di Soissons venne incognito a Venetia, e prese allogio col suo sequito a san Toma alle Colone e visito la citta senza voler essere scoperto. »

[2] Bochart de Champigny avait été nommé ambassadeur à Venise en octobre 1607, en remplacement de Philippe du Fresne-Canaye. (V. Flassan, *Hist. de la diplomatie française*, II, p. 193 et suiv.) Depuis, conseiller d'État, intendant de justice en Poitou, contrôleur général, surintendant des finances, premier président du Parlement; il mourut le 27 avril 1630, « pas plus riche après avoir passé par ces grands emplois que son père l'avait laissé ». (Bibl. nat. fonds franç., vol. 14018, fo 14.)

car il vous peult estre plus esficace, et puis Boutillier et Ardier, mays je vouldrois bien que d'Es-
fiat y mit un peu la patte pour vous tirer du bour-
bier où vous estes. Je voy bien que sy la guerre
dure, vous ne bougerez de là quelle ne soit finie,
et ces messieurs me le disent tout hault. Et sur
cela je prie le bon Dieu qu'il vous conserve en ses
saintes graces. Nous avons cuidé perdre depuis
huit jours le bon P. Suffren [1] par un colera morbus
tel que jeus y a tantost xii ans.

Vostre bon père et meilleur amy,

Roissy.

V

Venise, vol. 50, fol. 74.

Du 13ᵉ may à midi, 1631, à Paris.

Ma lettre cy enclose debvoit partir samedy par
Lumagne [2], mais les paquets interceptés des 12ᵉ
avril et 3ᵉ may où estoient mes lettres et les

[1] Sans doute le confesseur de la Reine mère.

[2] On retrouvera constamment ce nom dans cette correspondance.
Jean-André Lumagne (ou Lumague), seigneur de Villiers et de Saint-
Loup, était un riche banquier qui par ses relations dans toute l'Eu-
rope pouvait faciliter l'envoi des lettres dans des pays éloignés. Il

siennes pour son trafic, luy ont faict renoncer à
la peinture *sic*), et refuser ma lettre qui s'en va
presentement par Lyon, au hazard.

J'ay verifié avant hyer, que s'estant parlé de vos
appointemens au Conseil pendant vostre legation,
on a resolu neant, nonobstant les exemples, mais
l'urgente necessité presente a prevalu, idem du
remboursement de vos advances qui n'ont point
esté considerées, et quand on m'en a parlé on m'a
dit *hon hon* avec un petit branslement de teste et
gestes negatifs qui ne se peuvent pas representer,
et puis on a adjousté : Vous m'entendez bien,
quoyque je n'y entendisse rien, mais j'estois soul de
desplaisir et ne voulois chercher subject de m'offenser contre les persones qui me rient au nez et
cassent les os. Or il est vray que toute la paix
d'Italie est rompue a platte cousture. Le Roy
d'Espagne donne II milions d'or à l'Empereur et il

mourut en 1637, à soixante-treize ans. Baudier, l'historien du maréchal de Toiras, parle de sa famille dans les termes suivants : « Les
Lumagne sont de longtemps en possession de générosité et de courtoisie envers les hommes de valeur et de mérite, et j'ai vu souvent
pratiquer ces bonnes qualités aux sieurs Jean André, Marc Antonio,
Bartholomeo et Carlo, personnages recommandables de cette mai-
son-là, lesquels maniant le plus noble de tous les commerces, comme
le plus précieux de tous les métaux, le font par toute l'Europe avec
probité et courtoisie. » (Voir TALLEMANT DES RÉAUX, édit. Monmerqué, IV, p. 167.)

luy baille Mantoue et les places de la Valteline.
Toiras mande qu'il fault haster de luy envoier des
forces pour resister au mal qui nous menace en
Italie. Je tire de là celuy de ne vous revoir de
long temps et crains bien fort la continuation
d'un mauvais traictement pour ce qui vous con-
cerne, mais Dieu sera nostre recours.

Hier grand Conseil chés le Roy, presens M. le
comte de Soissons, les Cardinaux de Richelieu et
la Vallette, six Princes, six Marechaux de France,
force Ducs, où je raporté l'afaire du *partage inter-
venu au Parlement* sur l'enregistrement de la decla-
ration du Roy contre les absens avec Monsieur
hors le Royaume, où tout fut de mon advis, et
aujourd'huy à trois heures tout ledit parlement
en corps viendra au Louvre ouir sa condemnation
en la cassation dudit partage, defense de s'entre-
mettre des afaires de l'Estat, evocation dudit regis-
trement et renvoy ailleurs où il plaira au Roy,
J'avois deux arrests tirés des registres en 1527, et
en 1563, qui ont statué la mesme chose. Je suis
bien marry qu'il m'a fallu porter la parole, mais il
m'a esté commandé sans me donner lieu d'en dé-
libérer [1].

---

[1] Le Parlement avait rendu le 25 avril un arrêt de partage sur la
déclaration du Roi traitant de criminels de lèse-majesté ceux qui

Après tout songués à vostre santé, et coulés ces
temps cy le plus doulcement que vous pourrés,
en faisant toujours bien mais sans empressement,
et me croiés jusques au bout,

Votre bon père et meilleur amy,

Roissy.

VI

Venise, vol. 51, fol. 23.

Du 29ᵉ janvier 1632, à cinq heures du soir.

Je viens presentement d'aprendre que la rupture
du traicté avec Monsieur s'est faicte sur la diversité
d'advis devant le Roy, entre M. le Cardinal et M. le

avaient suivi le duc d'Orléans hors de France. Voir sur l'irritation
causée au Roi par cette décision, et sur le conseil du Louvre, Henri
Martin, XI, p. 351; *Mercure français*, t. XVII, p. 172-178, et surtout Levassor, t. VI, p. 699. Ce dernier juge très-sévèrement le
rapporteur M. de Roissy : « De Mesmes de Roissi, ce magistrat adu-
lateur doyen des conseillers d'État, dit que les tribunaux ne pouvaient connaître des affaires d'État qu'après une commission
expresse du Roi..... il tâcha d'appuyer son sentiment par plusieurs
exemples..... Les autres ayant opiné comme le lâche Roissi, Louis
ordonna que le Parlement viendrait le lendemain 13 mai au Louvre
en corps et à pied..... On obligea les magistrats à se tenir à genoux
en présence du Roi..... L'arrêt de partage fut déchiré et mis en mor-
ceaux par le Roi. » Le P. Griffet, I, p. 146-148, est bien moins
sévère que Levassor, et il donne le résumé des arrêts de 1527 et 1563.

G. de S., le premier disant quil falloit marier Monsieur à la Princesse Marie, l'autre à Madame Marguerite, nonain à Remiremont et Puislaurent à la sœur aisnée de Falsbourg, ce que l'opinant a mandé à son ancienne amie, et que M. le beau frere d'elle debvoit ce faisant, estre le chancelier de Monsieur; Molé, president en sa place, et Grignon[1] procureur general. Sur cette diversité d'opinions l'afaire s'est rompu et Monsieur en Luxembourg qui cuira ça ou la. Et croit on que meshuy les deux opinans en si haulte matière c'estans ouverts ne se rejoindront pas aisement cy après. De plus que le Cardinal a dit au premier president qu'il se conduisoit mal, poussant à contretemps des afaires légères et faisant cabrer les esprits de ses confrères desjà altérés et se tenant trop mol aux occasions importantes qui ruinoit les afaires du [maistre]... Monsieur peult estre fera une diversion qui nous obligera d'aller à luy pour empescher son entrée dans le Royaume, mais je ne voy pas que je porte l'eau à la mer, aussy ne vous escris-je cecy que pour occuper M. Noyer un quart d'heure à le lire. Je finiray donc pour escrire à M. Noyer trois mots.

---

[1] Pierre de Bellièvre, sieur de Grignon.

VII

Venise, vol. 51, fol. 133.

Du 17 aoust 1632, à Paris.

MON FILS,

Il y a XV jours que je n'ay de vos lettres, et si j'escry sans scavoir où mes lettres vous trouveront, ou si elles seront perdues; car par mon calcul vous partirés d'aujourdhuy en XV jours de Venise, et partant celle cy vous trouvera à Rome pour le mieus. Or je vous diray en teste de mon entretien, que Briois a eu afaire de moy ces jours cy bien fort, et je lay engagé de me paier vostre dernière demye année samedi prochain, qui sera le XXI· de ce mois, si cela est je suis content pour vous de ce costé là, car de celuy de la Cour je ne le suis pas, qui me joue par belles paroles qui ne signifient rien, et si un des haut hupés a fort à faire de moy pour Pont sur Saine [1] où je travaille aujourdhuy, quand vous serés icy je seray de-

___

[1] Bouthillier était seigneur de Pont-sur-Seine.

3

chargé de ces soins [1]. M. de la Tuilerie [2] m'a visité et apris le temps de votre partement, que j'ay termé au premier septembre, et conclud qu'il debvoit attendre icy jusques au XV ou XX septembre que nous aurions nouvelles de vostre partement de Venise. A quoy il ne m'a pas satisfait ponctuellement, mais bien qu'il vous verra à Lyon ou Thurin.

Le Roy est parti pour Languedoc, le Papenheim est passé pour faire lever le siége de Mastric, mais n'a pas grosses trouppes. Henry de Berg s'y oppose, et les assiégés sont pressés.

Nous attendons vostre frère qui ramène sa femme malade. Le Roy fut au Parlement jeudy où y eut rumeur [3] à cause qu'il commanda aux

---

[1] Dans le vol. *Venise*, 46, fᵒ 189, nous trouvons, à la date du 13 octobre 1632, une lettre de M. de Roissy au garde des sceaux « touchant le semestre ». Voir cette lettre à l'Appendice.

[2] M. de la Thuillerie remplaça d'Avaux comme ambassadeur à Venise. Précédemment, il avait été conseiller au Parlement en 1618, maître des requêtes en 1624, puis conseiller d'État. Il avait épousé en 1626 Anne Lescalopier, qui mourut à Venise en 1633.

[3] V. GRIFFET, *Histoire de Louis XIII*, t. II, p. 291-294. « Avant de partir pour le Languedoc, le Roi vint tenir son lit de justice au Parlement le 12 août. Il avait écrit la veille au procureur général que son intention était que tous les présidents à mortier se levassent pour saluer le garde des sceaux lorsqu'il entrerait, avec ordre de leur faire savoir sa volonté. » Les présidents répondirent que ce n'était pas conforme aux usages, et le lendemain, quand le garde des sceaux Châteauneuf entra, le premier président lui dit,

Presidents de se lever à l'arrivée du G. de S., ce qu'ils firent, mais avec paroles d'aigreur, disans que c'estoit au seul commandement du Roy qu'ils rendoient ce debvoir et non à sa personne ny à sa charge a qui ils ne devoient rien. Il respondit et mihi et Petro. Il y en a d'autres et autres ensuitte, mais j'ay haste de finir et vous dire que je suis

Vostre bon père et plus assuré amy,

Roissy.

VIII

Danemark, vol. 1, fol. 293.

De Calais, le 24 juillet 1634.

Monsieur mon Père,

Enfin je m'en vais faire voille tout présentement [1], quoy que le vent y résiste encore, mais

« lorsqu'il alla prendre sa place, que s'il les trouvait debout, ce n'est pas qu'ils fussent obligés de lui rendre cet honneur ; qu'ils n'en usaient ainsi que pour se conformer aux ordres absolus du Roi, et que Sa Majesté avait trouvé bon qu'il en fût fait mention dans les registres, afin que ni lui ni ses successeurs ne pussent se prévaloir de ce qui se passait aujourd'hui. Le garde des sceaux se contenta de répondre qu'il croyait que cet honneur était dû à sa charge. Le premier président répliqua que le Parlement croyait le contraire. L'arrivée du Roi fit cesser la contestation. »

[1] D'Avaux avait quitté Paris le 11 juillet. Il s'embarqua à Calais

ce n'est pas droit en face comme ces jours cy, je
n'en ferais pas autant pour mes affaires, car c'est
aller pour moitié contre vent et marée. Le vaisseau qui nous attend, est à la rade à demy lieue
d'icy, car il craint la terre et je m'en vais dans une
chalouppe jusques là. L'autre jour quatre de mes
gens y furent par curiosité et en ce petit trajet ils
ne laissèrent pas de rendre le tribut à la mer,
mais comme je ne seray pas le plus sain de la
trouppe, je crois que je ne seray pas aussy le plus
malade. Mon cocher vous en pourra dire des
nouvelles, car je le mène jusques au grand vaisseau où ils m'ont conté qu'il y a deux pieces de
canon braquées dans ma chambre, l'un desquels
est proche de mon chevet, si une fois ils tirent je
suis sourd, mais je ne pense pas qu'il en vienne
occasion; car les Dunquerquois n'ozent sortir,
à cause de 14 ou 15 vaisseaux de Holande, qui
rodent autour du port de Dunquerque. On voit
cella de celuy ci, et j'ay pris plaisir à le veoir; il n'y
en a pas tant d'ordinaire; mais c'est à cause que les
vaisseaux qui ont amené douze cent Espagnols à

le 26. Son instruction est datée du mois de mai. « Instruction au
sieur d'Avaux, conseiller du roy en son conseil d'Estat, s'en allant
ambassadeur extraordinaire en Danemark, Suède et Pologne. » (*Aff.
Étr., Danemark*, vol. I, fº 281.)

Dunquerque, se mettoient à la voille pour aller
faire un second voiage, et s'ils paroissent, les Holandois ont ordre de les combattre; tellement que par
hazard je pourrois estre de la partie, car mesme
le capitaine de mon vaisseau fait son conte sur
vingt huit hommes que j'ay, et les adjouste nette-
ment à cent cinquante qu'il a, il y en a des miens
à qui cella ne plaist point, mais chacun fait bonne
mine, et au fonds c'est une moquerie. On dit icy
tout haut que les Dunquerquois ne s'y joueront
pas [1]. Cependant le port de Calais en proffite à
veü d'œil, car tous les vaisseaux marchands y ar-
rivent, et nul n'est si hardy que de tourner vers
Dunquerque encore qu'ils soient à des marchands
Dunquerquois.

Au surplus, Monsieur mon père, je vous envoie
mon *testament :* je vous supplie de me faire l'honneur de le garder, il est cacheté pour la seureté des
chemins ; mais s'il vous plaist l'ouvrir vous estes le
maistre, vous ne verrés rien à mon advis que de

---

[1] On peut rapprocher ces lignes du passage suivant d'Ogier (*Éphé-
merides*, p. 20) : « *Gestiebat avebatque mirum in modum navar-
chus noster si forte in Hispanos pugnandi occasio daretur. Jacta-
batque gloriosus miles vel unius bracchii amputatione atque
jactura hanc gloriam se cupere mercari : ego vero inquibam apud
me tacitus ne pilo quidem uno mihi honorem illum participari
velim. Satis est nunc nobis negotii cum Neptuno quondam etiam
cum Marte depugnabimus seorsim, si fors tulerit.* »

bien reglé, tout à mes frères et sœurs inegalement
et quelque chose en œuvres pies et à mes anciens
serviteurs. En voilla la substance, dont je [vous
supplie très humblement ne faire part à personne [1].

Je viens de la messe et m'en vais desjeuner
pour partir : nunc ingens iterabimus [æquor.
M. Oger m'a donné des vers latins sur mon passage à Saint-Denys [2] lesquels je vous envoie, je vous

[1] Ce passage est en contradiction avec ce que dit Tallemant des
Réaux (IV, p. 417 et 418) : « Il ne fit pas de testament, peut-être ne
croyait-il pas mourir sitôt..... Le président de Mesmes donna si peu
aux valets dont il y en avait tel qui avait servi vingt ans M. d'A-
vaux, que c'était une chose honteuse. »

[2] Nous trouvons ces vers dans les *Éphémérides*, p. 3 :

> « Adspira inceptis, Deus Optime Maxime, nostris :
>   Pande vias, nimbos comprime, sterne mare.
> Rex Francorum agitur. Francæ o tutela coronæ
>   Huc ades, et precibus sis, Dionyse, favens.
> Ista nec immerito tibi condita templa, nec ara
>   Nequicquam assiduo plur'ma thure ca'et.
> Augurium hinc Franci consuerunt poscere Reges,
>   Seu bellum, seu pax constituenda foret.
> Sumpserit hinc etiam felix si Memmius omen,
>   Adjutus tanta lætior ibit ope.
> Si tua forte juvant solos suffragia Reges,
>   Nec te cura potest sollicitare minor ;
> Memmius hic animis Rex est, ut cætera desint,
>   Me fovet ; huic faveas postulo. Rex meus est. »

Charles Ogier était, comme son frère, le prieur François Ogier,
depuis longtemps lié avec la famille de Mesmes. Né en 1595, il
avait d'abord été avocat ; mais n'ayant pas obtenu au barreau le

supplie d'en faire part à Monsieur de Mesmes et
de permettre que Boitel luy fasse des baisemains
en mon nom. Je crois M. et madame d'Irval ab-

succès qu'il attendait, il avait cherché une autre carrière. Un instant, en 1624, il avait espéré partir pour Venise avec Henri
de Mesmes ; mais l'ambassade n'eut pas lieu. Il fut plus heureux
avec d'Avaux et l'accompagna dans les pays du Nord comme secrétaire, ou plutôt comme ami, pour causer et disserter des choses lit-
téraires. Ogier écrivit au jour le jour les actes de l'ambassade, et
forma ainsi un diaire ou journal très-précieux qu'il comptait publier
en rentrant en France. Mais d'Avaux ne le permit pas. Ce contretemps, joint aux maladies qu'il avait rapportées de son voyage,
altéra profondément la santé d'Ogier le Danois (c'est le nom qu'il
garda depuis son retour). Il le dit lui-même dans son épitaphe :

> Abit ad Danos, ad Suecos atque Polonos
> Memmiademque sequens
> Per mare, per terras, vires amisit eundo.

Il se retira chez les chanoines réguliers de Sainte-Geneviève, puis
chez son père, où il mourut le 11 août 1654. Voici ce qu'écrit Gui
Patin le jour de sa mort : « ...était mort ici un savant avocat,
nommé Ogier, frère du prieur; il était extrèmement savant en
grec, en latin, en droit, en humanité, en géographie, ès pères de
l'Église, et surtout bon poëte latin » (III, p. 36). Son frère publia
en 1656 le journal dont voici le titre exact : *Caroli Ogerii Ephemerides, sive iter Danicum, Suecicum, Polinicum, cum esset in
comitatu illust. Claudii Memmii comitis Avauxii, ad septentrionis reges extraordinarii legati. Accedunt Nicolai Borbonii ad
eumdem legatum Epistolæ hactenus ineditæ.* Paris, Pierre le
Petit, 1656, in-12. Ce livre est beau et plein de curiosités, dit
Gui Patin (II, p. 252). Ce journal s'arrète au 1er janvier 1636. Le
reste est conservé en manuscrit au British Museum. (Voir sur Ogier
le Danois une très-curieuse lettre du prieur à Balzac, à l'Appendice,
et TALLEMANT DES RÉAUX, IV, p. 111, 112, 418, 420.)

sens, c'est pourquoy je me contenteray de vous assurer que je suis,

Monsieur mon Père,

Vostre très humble, très obéissant et très obligé fils et serviteur,

Avaux.

Je vous envoie douze blancs signés d'autant que je crains que mon frere d'Irval ne soit pas à Paris pour en signer au mois de septembre, et durant son absence il suffira, s'il vous plaist, que quelqu'un de vostre part les porte au P. Joseph, selon l'ordre qu'il m'a donné luy mesme.

J'ay donné ma petite haquenée à mon cocher pour aider à vivre à sa pauvre famille.

IX

Danemark, vol. 1, fol. 297.

D'Elsenor le 8e jour d'aoust 1634.

Monsieur mon Père,

Je suis arrivé le 4 de ce mois en cette ville qui est le port célèbre du Sunt [1], qui fait la meilleure

[1] Ce péage du Sund rapportait alors au moins deux millions de livres par an. (Ogier, *Éphémérides*, p. 3.)

partie du revenu de ce Roiaume de Dannemarc; elle est distante de cinq lieues de Copenhagen, ville capitale où le Roy fait son séjour, qui valent dix lieues de France, lesquelles je feray par terre.

Mon voyage par mer a esté assez heureux, Dieu mercy, car depuis Calais jusqu'icy, où je suis venu tout droit sans desbarquer nulle part, nous n'avons esté que dix jours, et si, il y a cent cinquante lieues d'Allemaigne qui valent le double des nostres. Nous y avons eu trois rudes journées, où chacun a beaucoup pati et moy comme les autres; mais non comme quatre ou cinq de la trouppe qui invoquoient la mort, renversés sur des paillasses, sans boire ny manger chose quelconque et jettant quelque fois, jusqu'au sang. Je fus malade la première journée et trois jours après; mais la troisième fois qui fut la veille de nostre arrivée en ce lieu, la tourmente fut si grande durant dix-huit heures, que je fus abattu et n'eus en ma vie tant de mal, dont il m'a resté une migraine qui ne s'est passée qu'après deux jours de terre ferme. Maintenant j'en suis très bien remis, grace à Dieu, et tout prest à recommancer dans un mois pour aller en Suède.

Je mande bien à la Cour comme je suis arrivé icy le 4 de ce mois, mais non pas que je n'ay esté

que dix jours sur mer, car ils ne trouverroient
pas le conte à le prendre du jour qu'ils me croient
estre parti de Calais, c'est pourquoy je vous supplie que cette vérité n'aille pas jusqu'à eux. Je ne
vous scaurais envoier les copies des despesches
que je leur fais, acause que presque tout est chiffré
et que j'ay un chiffre séparé avec le P. Joseph,
tellement que mes yeux sont fort occupés; mais je
vous en manderay ce qui se pourra escrire sans
grand peril.

J'apprends que le port des paquets coustera
bien cher, mais je ne puis refuser quelques lettres
de ceux qui sont avec moy, comme il est malaisé
que vous en refusiez par dela, je les advertiray
seulement d'en user avec moderation. Pour cette
fois vous n'aurés à paier que depuis Calais à Paris,
car on m'a dit qu'il y a un navire qui part ce soir
d'icy pour Calais.

Le Roy de Dannemarc m'a envoié visiter par un
gentilhomme [1] et prier de m'arrester quelques
jours en ce lieu, acause que son palais où il me veut
loger n'est pas en bon ordre. Il y logera aussy les
autres ambassadeurs qu'il attend en si grand

---

[1] Pierre Vibes, qui avait été précédemment agent du roi de Danemark en France. (V. *Aff. étr.*, *Danemark*, vol. I, f° 288, et OGIER,
Éphémérides, p. 29.)

nombre, qu'il pourroit bien arriver du trouble en
cette feste sur le subjet des preseances ; mais il se
promet de nous accommoder en ce différend, et
moy je lui ay mandé que je n'escoute point d'accommodement en cette matière, et que sans condition, j'entens avoir toujours la première place ou
la seconde en cas qu'il vienne un ambassadeur
de l'Empereur, mais que n'estant pas venu icy
pour les nopces, s'il luy plaist m'expédier auparavant comme il le peut faire, je m'en iray volontiers ; non pour eviter cet inconvenient que je ne
crains point et dont je scaurois bien me desméler,
mais pour continuer mon voyage, qui presse a
cause des affaires et acause de la saison. J'attens
response ladessus, et suis bien resolu de n'en rien
relascher quelque peril qu'il y eut, car cette Cour
ne nous est pas favorable. L'air ny les vivres de
ce pais ne sont guere differens jusqu'à present de
ceux de France, hormis le pain et le vin qui y sont
bien mauvais à mon gré. Les temples sont tout
pareils à nos églises, et quand j'y ay veu des autels avec les images des saints à l'entour, le chœur,
la nef, un crucifix audessus, une chaire, des orgues
et des bans disposés comme les nostres, j'ay eu plus
de regret de l'erreur de ces gens cy que des calvi-
nistes qui sont bien plus esloignés du bon chemin.

C'est ce que vous peut dire un homme arrivé depuis trois jours en un nouveau monde, et qu'avec vostre permission, il baise très humblement les mains à Madame, et à M^r et Madame de Mesmes, comme aussi à Madame de Mancy [1], à M^r et Madame d'Irval et à M^r et Mademoiselle d'Herbigny, sans oublier Mr de Soyecour s'il est à Paris. Pardonnez moy cette importunité et me faittes l'honneur de croire que je suis parfaittement,

Monsieur mon Père,

Votre très humble, très obéissant et très obligé fils et serviteur.

Avaux.

Monsieur mon Père,

Je vous adresse le paquet de la cour pour plus de seureté, mais si le P. Joseph est à Paris, je vous supplie de l'ouvrir et luy envoier la lettre que vous y trouverés adressante à Mr Esechiel, car c'est son nom de guerre entre nous ; mais si luy et Mr Bouthillier sont absens, il suffit d'envoier à la cour le paquet comme il est, et en cas que vous separiez les deux lettres, je vous prie que

---

[1] Madame de Mancy, sa tante. Judith de Mesmes, mariée à M. de Barillon de Mancy, dont elle eut deux fils, MM. de Morangis et Barillon.

le P. Joseph ayt la sienne aussy tost que Mr Bouthillier.

X

Danemark, vol. 1, fol. 308.

Du 6e jour de septembre 1634. à Paris.

Mon Fils,

Voicy le paquet, que j'avois baillé longtemps à
pour vous porter, au sieur du Quesne[1] et puis
retiré de luy, parce qu'il n'a bougé d'icy, lequel
je luy rends, estant sur son partement sans plus de
remise. Il vous le rendra avec les lettres que lors
je vous escrivi, et à présent je n'ay rien à vous
mander, sinon que je poursui de faire viser vostre
ordonnance pour septembre et octobre par
Mr Bullion[2], que je crains, quoy que pour cela

[1] Abraham Du Quesne, père du célèbre marin. M. Jal a fait de
minutieuses recherches pour reconstituer sa vie, et savoir si, comme
le disait Moréri, Du Quesne avait été au service de la Suède. Tout
ce qu'il a pu apprendre, c'est que Du Quesne devait y aller, et c'est
dans les lettres de M. de Roissy qu'il l'a vu. (*Abraham Du Quesne
et la marine de son temps,* I, p. 43. Abraham Du Quesne mourut
en juillet 1635.

[2] Claude de Bullion, sieur de Bonnelles, partageait avec Bouthillier la surintendance des finances depuis la mort du marquis
d'Effiat, en 1632

Mr Tubeuf[1] soit venu ce matin m'en parler en mon lict; et semble qu'on ne prend pas plaisir de vous advancer. Le mariage a été declaré en Parlement non legitimement contracté[2], S. A. condemnée à en demander pardon à S. M., ses biens mouvans de France acquis et reunis, son frère et sa sœur à y assister et le moine qui l'a faict à la mort. C'est L. G. D. S. qui me l'a dit.

Tout est icy en santé, Dieu grace, et moy qui suis

Vostre bon père et assuré amy,

Roissy.

XI

Danemark, vol. 1, fol. 309.

A Paris le jour Saint Michel, 29ᵉ septembre 1634.

Mon Fils,

Paix en N. S. — Je receu hier matin par M[r] Lu-

---

[1] Jacques Tubeuf, baron de Blansac, devint en 1643 président en la chambre des comptes, puis surintendant des bâtiments. Il mourut en 1670.

[2] C'est le 5 septembre que le Parlement rendit cet arrêt au sujet du mariage du duc d'Orléans avec Marguerite de Lorraine. (V. *Mercure françois,* année 1634, p. 849 et 868.) Le moine qui avait fait le mariage se nommait Albin Thelier.

magne [1], vostre lettre du 3ᵉ de ce mois, qui me
consola; n'en ayant qu'une jusques là escripte à
Elsenor, car pour le paquet qu'un homme de
Copenhagen s'est chargé de me rendre, il est à
venir, et partant celles pour la cour incluses au
dit paquet. Je les attends neantmoins avec desir
d'y voir les sottises de vos gens, dont vous parlés
par la vostre. Quant aux lettres joinctes à icelle,
j'ay mis en main seure celle qui s'adresse à Madame
de Chalais [2], qui est à Chalais y a trois semaines.
Pour celle que Mr l'ambassadeur de Pologne
escript à Mr son fils, je la luy ay envoyée par un
de mes secretaires au lieu prescript par vostre memoire, on a respondu qu'il est à present à Louvres
en Parisis, près Roissy, avec les gardes du Roy qui
y sont en garnison. Je cherche à luy faire rendre
en main propre et tirer response, je ne manqueray
pas de lui faire offrir toute assistance et service s'il
en a besoin. Je suis, encore un coup, bien marry
des desordres de vostre famille, mesmement hors
d'icy, je ne scay qui c'est, mais sa faute est plus
grande par le lieu et vostre charge. Mr Noyer a

[1] Sur Lumagne, voir la note de la lettre du 13 mai 1631.

[2] Madame de Chalais avait sans doute demandé à d'Avaux de
rechercher ce qu'était devenu son fils, le marquis d'Exideuil, prisonnier en Moscovie depuis 1631.

mon advis vous y sert, mais le mal n'est pas petit puisque vostre main y est necessaire. Quant à vostre blanc pour 7bre et 8bre, l'home que scavés m'a faict mille difficultés et specialement 2, l'une que vostre premiere ordonance estoit pour juillet et aoust, *quod falsum,* ainsy que je luy ay esclaircy par la Baziniere [1] et Tubeuf, mais à cela xv jours s'y sont passés. Puis il m'a adjousté pour 2me difficulté, que vous estiés parti en juillet et non en juin, j'ay soutenu que vostre partement est du 24 juin. Il m'acorda de grace (ce sont ses mots) tout le mois, au cas qu'il fust vray que vous fussiez parti dans juin. Et hyer que nous disnions chéz Cornuel [2], G. D. S. surintendants et 4 du conseil, je luy ay monstré vostre lettre à moy, dattée à Calais le 7e juillet, et partant que vous estiés parti dans juin, à quoy il fit contenance d'aquiesser. Presentement Tubeuf m'a promis de luy porter dimanche à la Grange, près Corbeil, où il fut coucher hyer, vostre ordonnance pour la viser; s'il le

[1] Macé Bertrand, sieur de la Bazinière, trésorier de l'épargne, mort le 10 novembre 1642. C'était, dit Tallemant des Réaux (IV, p. 425), « le plus rustre et le plus avare de tous les hommes ».

[2] Cornuel, président à la cour des comptes. Pendant que Bullion fut surintendant des finances, il conduisit tout le détail des affaires. Sa belle-sœur, madame Cornuel, est célèbre par ses bons mots. (COUSIN, *la Société française,* II, 230 et suiv. Madame DE SÉVIGNÉ, TALLEMANT DES RÉAUX.)

faict, c'est un chemin pour les autres. Mais Gedouin [1], commis de la Bazinière, luy avoit maintenu qu'il vous avoit payé l'ameublement au mois de juillet, et j'ay dit qu'il est faulx, car vous l'avés reçu pour vos gens, non pour vous. Je croy que Mᵣ d'Irval eust esté plus empesché que moy jusques la, mais l'amour mesmement paternal ne froidit point pour hyver, ny pour absence. Tout se porte bien ceans, c'est à dire père et mère, qui se recommande à vous, car pour Mᵣ d'Irval et sa femme ils grenouillent à Cramoiau [2], il y a huit jours, et Mᵣ de Mesmes et sa femme à Mogneville, y a trois semaines, Mᵣ d'Herbigny en Normandie et Soyecourt à Tilloloy, Morangis [3] en Barrois avec

---

[1] Denis Gedoyn, frère de Louis Gedoyn, dont on a parlé plus haut. Il était alors premier commis de l'épargne. En 1642, il succéda à la Bazinière, comme trésorier de l'épargne. (*Lettre d'Arnauld à Barillon*, 10 novembre 1642.) Il mourut le 25 août 1651 à soixante ans. Il avait épousé Louise Rollot, dont il eut quatorze enfants. (V. cab. des titres, *dossiers bleus*, n° 7835.)

[2] Cramayau ou Cramoiselle, dans le Soissonnais, ne comptait que huit feux. Mogneville, dans le Verdunois, dépendait du parlement de Metz. Henri de Mesmes était marquis de Mogneville depuis 1633. Tilloloy, à quinze kilomètres de Montdidier (Somme). Après la triste affaire de Corbie, le château de Tilloloy fut rasé (voir à l'Appendice). Il fut rebâti en 1646 sur des plans magnifiques et subsiste encore maintenant. Il appartient actuellement au comte d'Hinnisdal. La chapelle (*Mon. hist.*) renferme, entre autres tombeaux, celui du beau-frère de d'Avaux, Maximilien de Soyecourt.

[3] « Le 17 partit d'ici le sieur de Morangis Barillon, maistre des

toute autorité. Le Roy se porte très bien et fut avant hyer une lieue à pied à la chasse, M' le cardinal est à Conflens fort gaillard. Je croy que l'hyver passera sans rumeur. Dieu nous benit bien au printemps, si mes prieres estoient bonnes, vous auriés tout succès de ce que vous negotiés. Je vous ay envoyé avec ma derniere par M' Lumagne, une lettre de M' L. C. Barberin [1] ouverte, car M' le Nonce me l'avoit ainsy envoyée. Ce beau Duquesne qui vous porte un gros paquet de M' Priandy et deux ou trois de moy, et qui deb-voit partir y a 2 mois, est encore icy, et se cache de moy. Si je le puis relancer, je lui osteray les-dits paquets et les vous envoyeray par Lumagne. J'en suis fort offensé, mais toute colère à part, je croy que vous ne doubtés point que je ne sois,

Mon Fils,

Votre bon père et plus assuré amy,

ROISSY.

requêtes, pour aller à Saint-Mihiel y faire prester au Parlement de Lorraine le serment de fidélité au Roy. » (*Gazette de France*, année 1634, p. 300.) M. de Morangis était le fils de Judith de Mesmes, sœur de M. de Roissy.

[1] Le cardinal Antoine Barberini, neveu d'Urbain VIII. Il avait été chargé de négociations en France au moment de l'affaire de la Valteline. M. Priandi était le ministre du duc de Mantoue à Venise.

XII

Danemark, vol. 1, fol. 310.

A Coppenhagen le 9 octobre 1634.

MONSIEUR MON PÈRE,

Je vous écrivis hier par un marchand linger[1]
qui s'appelle Louis Caqué, demeurant à Paris au
bout du pont S' Michel, chés le sieur Boursier
huissier des requettes, ou chés un marchand drapier,
nommé Cointel, vis à vis Racine. Il s'en est allé par
mer jusqu'à Calais, et j'ay pris volontiers cette occasion pour vous faire tenir force paquets et lettres
de ceux de ceans, qui seroient bien pesans par la
voie de M. Lumagne.

J'ay receu la lettre dont il vous a pleu m'honorer
le dernier d'aoust, je vous remercie très humblement du soing que vous prenés de mes appointemens et de l'advis qu'il vous plaist m'en donner, car
ce sont deux graces, dont l'une charge ma bourse

[1] Ogier écrivait le 8 octobre, dans ses *Éphémérides*, p. 18 . « *Litteras nostras Luteticam serendas mercatori cuidam dedimus, qui
mare redibat in Galliam et in Daniam venerat, ut in Gallie pro-
hibitos venderet lineas pretextas ; points coupez et passemens.* »

4.

et l'autre soulage mon esprit. Je vous remercie fort aussy des beaux vers que vous m'avés envoiés ; ils m'ont resjoui infiniment, car j'en aime le sujet et l'autheur, qui est aujourdhuy le premier homme de l'Europe en ce genre d'escrire [1]. Mr Oger les a fait voir à quelques gentis hommes sçavans de ce pais cy, qui les ont admirés; et cela n'a pas nui à Mr Bourbon, ny à M^r l'ambassadeur. Du Quesne n'est point encore venu, mais le paquet que vous luy avés fait bailler ne me presse pas. Je suis bien obligé à ma mère, qui vous sembla la plus resjouie des nouvelles de mon desbarquement; sa bonté est telle que je ne doute point de cella, mais pourtant il m'a esté bien doux de l'apprendre par vostre lettre, dont je vous rens graces très humbles et à elle avec vostre permission, et prie Dieu qu'il vous donne à tous deux, santé et contentement. La petite verole de ma niepce d'Erbigny me des plaist fort ; ce m'a esté une fascheuse nouvelle, mais on ne peut pas avoir tou-

---

[1] Nicolas Bourbon (1574-1644), célèbre par ses poésies latines. Après avoir été lecteur royal en langue grecque au Collége de France, il entra à l'Oratoire. Très-lié avec la famille de Mesmes, il dédia, en 1621, la préface d'une édition latine de Sextus Empiricus à M. de Roissy, et de nombreuses poésies à ses fils. Plusieurs de ses lettres à d'Avaux ont été publiées à la suite des *Éphémérides,* d'Ogier. Il en existe d'autres aux Aff. étrang. et à la Bibl. nationale. Voir sur la vie et les œuvres de Bourbon une étude de M. René Kerviller, Paris, 1878.

tes choses à souhait, il y a une lettre pour elle dans
le paquet que j'ay baillé à ce Louis Caqué. (Elle
sera en celuy cy, car elle fut oubliée hier.)

J'ay encore icy quelque affaire, mais le principal
est terminé et assez bien, si ce grand succès des
Imperiaux devant Norlinghen ne renverse tout[1].
Enfin un dom Baltazar de Teveré, Marquis de la
Fuenté, ambassadeur d'Espagne, m'a cedé la place
et s'en est allé honteusement, la veille des nopces,
comme vous verrés par un extrait de ma despeche
en cour, qui en contient l'histoire. Je pense avoir
gaigné une bataille, car il avoit icy du support; et
si je n'eusse tenu bien ferme, j'aurois receu l'a-
front, mais en ce cas je vous assure que j'estois très
resolu aux extremités[2].

Tout va demain au devant de la Princesse de
Saxe, qui vient avec soisante carrosses et cinq cens
chevaux; elle est accompagnée de ses deux freres
et amenée par l'Électrice sa mère, Le Duc de
Holstein, ambassadeur de l'Empereur, est arrivé
avec un sien frère et deux autres Princes, outre

[1] 6 septembre 1634.

[2] Voir, sur cette contestation, FLASSAN, *Hist. de la diplomatie*,
t. III, p. 17 et 18, qui cite ces paroles de d'Avaux aux ministres
danois : « Je donne à choisir à l'ambassadeur d'Espagne la place
qu'il jugera le plus honorable, et lorsqu'il l'aura choisie, je l'en
expulserai afin de la prendre moi-même. »

ceux qui sont desja venus avec les ambassadeurs, tellement que la compagnie sera grande. Vous avés deviné quand vous m'avés escrit que je changerois bientost de langage au subjet de l'air et des vivres de ce pais, non que le temps ne soit fort beau; mais pour la vie, elle y est fort miserable, je n'ay ny pain, ny vin, ny eau qui vaille; et cella provient de ce qu'il ne croist chose du monde icy, et il leur faut apporter de dehors et de bien loing, jusques aux farines, qui sont presque toutes gastées quand elles ont passé la mer, aussy bien que le vin et la biere qui y ont des gousts de beste. On n'y voit pas un seul morceau de fruit ny cru ny à cuire, mais j'espere de m'y accoustumer par force et je vous confesse qu'il n'y a invention que je ne cherche pour adoucir cette pénitence.

Je vous supplie très humblement me permettre que je fasse mes baisemens à M^r et Madame d'Irval et que je leur mande en conscience qu'il est bien plus doux d'estre leur voisin à petit bruit, que de loger icy dans le chasteau d'un Roy parmy tant de Princes. Je suis,

Monsieur mon Père,

Votre très humble, très obéissant et très obligé fils et serviteur.

AVAUX.

XIII

Danemark, vol. 1, fol. 313.

Du 12 octobre 1634, à Paris.

MON FILS,

Je vous envoye la gasette extraordinaire de ce jour pour y voir l'heureuse nouvelle du retour de Monsieur en France [1]. Il est apresent à Soissons, attendant l'ordre du Roy. M^r d'Elbene [2] sort de ceans pour seconde fois, qui m'a conté tout le detail pour me faire voir que Monsieur ne fut jamais espagnol, ny beaucoup des siens; il a laissé la Princesse Margueritte si avec plaisir ou autrement, je n'en scay rien; tant est que cela relève nos cœurs sans mesure, car apresent il ne nous chaut si nous rompons avec Espagne, puisque nous sommes tous ensemble sans division.

J'ay vostre ordonnance pour septembre et octo-

---

[1] V. *Gazette de France*, année 1634, p. 433, n° 107. Extraordinaire du 12 octobre.

[2] M. d'Elbène fut l'agent dont le cardinal se servit dans cette négociation avec le duc d'Orléans. V. D'HAUSSONVILLE, III, 16.) Il était allié aux de Mesmes. Une tante de M. Roissy, Antoinette de Mesmes, avait épousé François d'Elbène, seigneur de l'Épine.

bre visée, mais non payée; car celuy sur qui on m'a assigné m'a remis à huitaine. Ainsy j'auray passé lesdits deux mois à vaqueter sans rien faire d'utile, s'il fault aultant de peine à l'advenir, je regretteray Venize qui m'estoit bien plus facile. Je n'ay point eu de vos lettres depuis celles du 4ᵉ septembre, qui parloient d'un paquet qui n'a point eu de pieds. Vostre aisné m'a escript de Mogneville où il a fait serment de fidelité au Roy, en mains de M. de la Nauve [1], dans Bar, qui trapasse fort M. de Morangy à ce present, lequel passe pour un petit garçon, et s'il avoit du cueur il s'en reviendrait, mais il veult parvenir et moy demeurer jusques au bout.

Vostre bon père et meilleur amy,

ROISSY.

XIV

Danemark, vol. 4, fol. 325.

A Paris le 2ᵉ novembre 1634.

MON FILS,

J'ay receu vos lettres du 24ᵉ septembre à Co-

[1] M. de La Nauve, conseiller en la grand'chambre, était allé à Bar faire exécuter l'arrêt de la Cour contre le duc de Lorraine. (*Gazette de France*, année 1634, p. 300.)

penhagen avec copie de la relation de vostre arrivée audit lieu, audiance et reception, que j'ay communiquée à vostre frère à son retour de Mogneville ;
et baillé à sa femme les lettres que vous luy escri-
vés. Je suis fort aise de la magnifique reception et
aceuil particulier que le Roy de Dannemarc vous
a faict, et le goust qu'il a pris en vostre conferance,
j'espère que cela produira du bien au service du
Roy et à vous de l'honneur. Je ne voy qui que ce soit
de la Cour, ny des finances ; car ils affectent tous
l'invisibilité et moy la retraite ; ainsy quoy que je
n'aye pas perdu une heure pour toucher les vi^m liv.
de septembre et octobre, neantmoins j'en suis encore là par les destours des gens d'argent, quoy
que cela doibve venir au premier jour sans difficulté, et demain je feray presenter à M. Bouthillier
l'ordonnance pour novembre et décembre et pour-
suivray incessamment, sans m'aider que de moy ou
des miens, et non du chapeau pointu, qui me gela
le cueur du premier coup par sa froide response.

Quant aux nouvelles de ma maison dont le soin
vous occupe avec raison, puisque en vérité (oultre
celuy que je prens de faire dire tous les jours la
sainte messe par les religieux anglais à vostre
intention) je vous recommande à la bonté divine
de toutes les forces de mon ame plus d'une fois le

jour. Je veux vous éclaircir à espresent que je suis,
graces à Dieu, au port de salut temporel de l'ex-
tresme peril où la maladie très perilleuse de vostre
mère nous avoit mis...

Du 3e novembre au matin.

Je fus hyer rompu par vostre frère qui me vint
dire que le P. Joseph luy venoit d'envoyer le
Tremblay[1], luy dire quil avoit 3000 liv. pour vous et
que l'on luy envoyast vostre homme d'afaire pour
luy dire comme il se comporteroit pour les toucher;
il adjousta que M. Vialar, ambassadeur en Suisse[2],
estoit mort d'apoplexye en escrivant une lettre, et
sembloit qu'il eust quelque dessein de le regarder
pour y succéder, dont il me demanda advis, et
come ils entroient en plus grands discours ils furent interrompus. Soudain j'envoyé Henin audit
P. qui après l'avoir faict attendre jusques à 3 heures
après midy, luy dit que ladite somme estoit destinée pour vos appointemens, et que vous luy aviés

---

[1] Le Père Joseph avait deux frères dont il se servait également :
l'un, Charles Leclerc du Tremblay, qui fut gouverneur de la Bastille
jusqu'en 1649; l'autre, François, qui avait été employé dans les
négociations de la paix de Ratisbonne en 1630. Nous ne savons duquel il s'agit ici.

[2] Le président Vialar mourut subitement à Soleure le 27 octobre 1634.

mandé par vos lettres avoir grand besoin d'argent.
Henin luy respondit que j'avois donné ordre pour
septembre et octobre, que nous toucherions dans
peu de jours, et il luy dit qu'il s'en alloit à Orleans
avec le P. Magnan et aultres pour trouver Monsieur
sur son mariage, et au retour qu'il le vist et il feroit
merveilles, dont toutesfois je ne me promets rien.
Quant à ce que j'avois entamé hyer par la présente,
il est vray que vostre mère a esté tenue morte par
nous et les medecins, d'un colera morbus et autres
accidents survenus, mais la bonté de Dieu et nos
soins d'Irval et moy et les nostres, avec son bon
naturel, l'ont remise en toute bonne santé, elle a
dormi toute la nuict sans resveiller. Il y a 3 jours
qu'elle se lève et mange comme nous, se promène
par la chambre, et en un mot elle est desja aussy
colère qu'avant sa maladie, tant elle est bien revenue en sa premiere santé. M. Seguin [1] dit qu'elle
est pour vivre encore xv ans. Or durant ce peril-
leux mal, j'envoyé en poste à vostre frère qui vint
à grandes journées avec sa femme, lesquels l'ont
trouvée toute hors de danger il y a xv jours, et

---

[1] Il y avait deux médecins du nom de Séguin : l'un, Claude, médecin
de la Reine, puis pourvu d'une abbaye après avoir vendu sa charge ;
l'autre, Michel Seguin, médecin du Roi et professeur au Collége de
France. (V. les *Lettres de Gui Patin*.)

l'ont assistée aultant qu'ils ont peu. Ainsy mon fils loués Dieu avec nous ; car tout est remply ceans de ses graces, et je le supplie qu'il les estende sur vous à qui vostre mère et moy nous recommandons et me croiés

Vostre bon père et meilleur amy.

ROISSY.

Je vous envoye un gros paquet cy enclos. J'ay grand regret de tant de paquets dont on m'accable, et il n'y a pour vous qu'une petite lettre de ma part. Aidés moy à rompre ce commerce.

XV

Danemark, vol. 1, fol. 327.

A Paris le 10ᵉ novembre 1634.

MON FILS,

Je receus hyer au matin par la voye de M. Lumagne vos lettres du 9ᵉ et au soir celles du 8ᵉ par Caqué, ausquelles j'ay voulu respondre promptement pour vostre satisfaction et ma descharge. De ces 2 lettres, celle du 8ᵉ est la plus succulente, quoy que plus courte, car elle serre le bouton à tous afaires. Ainsy sera la presente pour vous moins occuper, qui ne l'estes que trop, bien souvent. Je suis très aise du hault succès que vous avés eu avec l'Espagnol, quoy que cela aye à mon advis blessé ceulx de cette Cour à qui vous aviés afaire, mais l'honneur de la France et le vostre sont plus considerables et importans. Quand M. Bouthillier sera de retour, il aura vostre pacquet et j'essayeray d'aprendre come cela aura esté receu de M. le Cardinal. Ledit Sieur Bouthillier est allé à Orleans accompagner six docteurs, qui vont prouver en point de conscience à Monsieur, que son mariage est nul par l'escriture et les conciles, et ledit Bouthillier par raisons de M. de Chavry[1]. Lesdits docteurs sont Lescot, Magnan confesseur du Roy, Joseph capucin, l'ancien confesseur de mondit Sieur qui est superieur de l'Oratoire, et deux aultres[2]. Je suis fort aise s'il est vray que soiés apresent hors de

[1] M. de Chevry, contrôleur général des finances, greffier des ordres du Roi et président à la chambre des comptes. Il mourut le 18 septembre 1636. (Voir son historiette, TALLEMANT DES RÉAUX, t. I, p. 120-129.)

[2] Le 17 novembre 1634, Guy Patin écrivait : « Deux docteurs de Sorbonne, savoir MM. Ysembert et Lescot, deux Jésuites, l'un desquels est confesseur du Roy, nommé P. Maillan, deux Capucins, l'un desquels est le P. Joseph, sont de retour d'Orléans où ils étaient allés conferer avec Monsieur pour rompre son mariage avec la princesse Marguerite. C'est à quoi sur leur relation on va travailler. » (*Lettres*, I, p. 30.)

Copenhagen et en Suede si m'en plaist; car ainsy
Dieu vous aura liberé de ceste maladie dont le
Prince de Dannemarc a esté malade, et de l'usage
de mauvais vin, pain, et eau, ce qui affligea vostre
mère quand elle l'a apris par moy hyer à table, où
elle vint à la salle pour la premiere fois depuis sa
griefve maladie avec meilleur visage quelle navoit
y a 3 mois et de vigueur, où je vous souhettois pour
entendre ce qu'on disoit de vous et manger avec
nous du cottidien avec un potage de santé, M. Barrois à la barbe y disna et François Lamber [1] à qui
je veus donner un precepteur que nous entendions.
J'ay veu et devoré les vers de M. Ogier [2] qui m'ont
bien pleu dabord, je les reverray à loisir, car ils le
meritent, et le subjet m'en plaist comme vous
croiés aisement. Je vous envoie une lettre de
M. Bourbon [3] qu'il m'envoya hyer au soir. Vostre
niepce recepvra vostre lettre dimanche prochain,
car elle est partie ce matin par le messager. Ce
traistre de Duquaisne est encore à Dieppe où Caqué
l'a veu depuis 3 jours, comme il a dit à mes gens.

[1] François Lambert, seigneur de Mont-Saint-Jean, le second fils de
M. Lambert d'Herbigny.

[2] C'est la pièce de vers intitulée « *Adventus in Daniam* » et
publiée parmi les *Poemata ad legationes Memmianas pertinentia.*
(*Éphémérides,* p. 494-531.)

[3] Cette lettre de Bourbon datée *pridie nonas novemb.* est publiée
par Ogier dans les *Éphémérides,* p. 453.

J'ay envoyé et débité promptement toutes les lettres des 2 paquets à qui elles s'adressoient, hors
celuy audit Boutillier qui est absent et sera encore
dix jours, et je desire qu'il luy soit rendu en main
propre, affin qu'il me signe votre ordonnance pour
novembre et décembre, dont j'espere paiement en
mars, puisque je n'ay peu encore toucher les mois
de septembre et octobre, quelque diligence que j'y
aporte, jusques aux contraintes par corps sur les
debiteurs où je suis assigné. Vostre niepce d'Herbigny n'est aulcunement tachée ny gastée de sa
verole [1]. Vostre mère vous aime tendrement et
faict ses charitables recommandations et moy
aussy et à M. Noyer, qui m'a regalé d'une lettre
toute galante à son acoustumée, et je prie Dieu qu'il
vous donne succès en ce penible voyage, tel qu'il
soit servi le premier et le Roy après ; et que je puisse
vous donner ma benediction avant partir pour un
plus grand voiage que le vostre.

Vostre bon père et plus assuré amy,

ROISSY.

Je vous escrivis il y a 8 jours par cette mesme
voye.

---

[1] On peut lire dans la *Jeunesse de mademoiselle de Longueville,*
par V. Cousin, p. 168, 296, etc., combien la petite vérole était alors
redoutée.

XVI

Danemark, I, fol. 344.

M. Noyer a M. de Roissy [1].

A Coppenhagen le 9 octobre 1634.

Monseigneur, il y a fort longtemps que j'ay un extrème désir de vous escrire pour vous supplier trés humblement d'excuser la liberté que j'ay prise jusques icy de mettre dans vostre paquet mes lettres pour Orléans, sans scavoir au préalable si vous le trouverriés bon, mais n'aians aucun subjet qui pust adoucir mes excuses et vous rendre mes lettres moins importunes, je me suis advisé de desrober à M. l'Ambassadeur, mon maistre, une partie du plaisir qu'il prend à vous informer de tout ce qui se passe en cette Cour, où ensuitte de ce qu'il vous a mandé touchant les expédiens qu'on a voulu apporter entre luy et l'ambassadeur d'Espagne, pour le regard de leurs scéances aux cérémonies du mariage du prince de

---

[1] Nous donnons ici, au lieu de la rejeter à l'Appendice, la curieuse lettre du secrétaire de d'Avaux à M. de Roissy.

Dannemark, ausquelles celuy de France n'aiant
sceu souffrir aucune égalité, enfin Espagne a esté
contraint de se retirer, en prenant congé du Roy,
ce qu'il fist il y a quatre jours et s'ambarqua dès
le lendemin pour Dantzic avec un vent si contraire, que du depuis il n'a fait que trois lieue,
encore dit-on, qu'il sera possible contraint de revenir à la rade. Sa place a esté immédiatement
remplie par celuy de l'Empereur, qui c'est rendu
en cette ville avec une commitive si grande qu'il
faut confesser que c'estoit chose curieuse à veoir.
Aussy en a-t-il le moien estant souverain du duché
d'Holstein en partie avec le Roy de Dannemark, qui
pour cette raison ne le veoit pas volontiers, quoy
qu'il soit son propre nepveu et ayt espousé l'aisnée dont le prince son fils espouse la cadette, qui
s'arreste en cette isle dès la sepmaine passée, à
cause de l'indisposition de son serviteur qui n'est
pas en estat de le recepvoir, y aiant tantost
une semaine qu'une purésie luy fait garder la
chambre.

Cependant les plaisirs de courses, de bagues,
de rompre et tirer les trois testes et mesme
course avec la lance, le pistollet et l'espée, ne
laissent pas de continuer, non plus que celle de la
boisson qui mesme n'est espargnée dans les

dances; car qui s'en veut mesler et conduire le
bransle, il faut qu'il fasse estat de prendre une
dame de la main droitte et un verre plein de vin
de l'autre, et en cette façon vont à la cadence fort
modestement, puis vide son verre à la santé de sa
dame, laquelle avec celles qui l'accompagnent,
dance avec une allégresse si grande qu'il semble
que leur souverain bien consiste en cette liqueur
bachique. C'est là en partie, Monseigneur, les plaisirs de cette cour, où nous n'avons pas grands
avantages. Mais si Dieu nous fait la grâce de pouvoir jamais regaigner Paris et y jouir de la douceur de la vie, nous nous estimerons aussy contens
qu'eux et moy particulièrement qui auray pour
lors le moien de vous dire que je suis

Votre très humble, très obéissant et très obligé
    serviteur.

Noyer.

XVII

Danemark, vol. 1. fol. 320.

A Paris le 22ᵉ décembre 1634.

Mon Fils,

Je vous advoue que toute nostre famille est en
soin de vous et où vous estes, non que le temps
de vostre derniere lettre soit si eslongné, car je la
receu le 23ᵉ du passé et la precedante avoit distance d'un mois de sa date pour la longeur du
chemin ; mais c'est que vous disiés debvoir partir
le 24 d'octobre de Dannemarc, et nous redoutons
la mer Baltique qui est fort orageuse mesme en
ceste saison, et puis le froid mal comode à vostre
naissance et complection. C'est pourquoy, ne pouvant mieux vous secourir que par voeus et prières
à qui peult heureusement vous conduire, nous
l'en importunons incessamment, et veuille sa bonté
eternelle vous ramener icy au plus tost, affin de
vous voir encore un coup avant que nous faisons
un plus long voiage soubs son ordre et sa grace.
Ce n'est pas neantmoins que père et mère, frères et
seurs ne soient en fort bonne santé, mais nos
grands ages n'ont point de demain assuré. Ainsy

toute la famille va bien graces à Dieu et souhait-
tons qu'ainsy soit de la vostre. Tout le public à ce que
nous voions est au dela, car dabondance daize (*sic*),
on a faict trois mariages de trois Ducs avec trois
damoiselles du siecle [1] et toute resjouissance pour
eulx; mais ce que j'estime bien aultant, ce sont les
vers de M. Bourbon que je vous envoye et qui
valent bien le port. Il me les envoya hyer, et peu
de gens les ont ancore veus. Je croy que les Ge-
lous les admireront s'ils ont révéré ceulx d'Horace. Et sur ce, je finis n'ayant rien de meilleur à
vous dire, sinon que je suis de cueur et d'affection
cordiale,

> Vostre bon père et plus fidèle amy.

> ROISSY.

Irval ne vous escrira point à ce voiage, car il est
à Cramayau et Henin absent pour ce matin, qui
peult avoir quelque pacquet pour M. Noyer. Ce
sera à la 8re.

---

[1] « Il se fit, dit le P. Daniel (IX, p. 506), trois mariages célèbres à
la Cour. La fille aînée du baron de Pont-Château épousa le duc de
La Valette; la cadette, le sieur de Puylaurent; et mademoiselle
du Plessis de Chivray, le comte de Guiche, fils du comte de Gram-
mont. Elles étaient toutes trois cousines germaines du cardinal
de Richelieu. » Voir le *Mercure français*, année 1634, p. 879, et
la *Gazette de France*, l'*Extraordinaire* du 30 novembre, « conte-
nant les magnificences des nopces..... faites à l'Arsenal, le mercredi 28
du mesme mois ».

XVIII

Suède, vol. 3, fol. 334.

A Stocholme le 7 avril 1635 [1]

MONSIEUR MON PÈRE,

Ce n'est pas Dieu merci que mon mal d'yeux
continue qui me fait prendre une autre main,
mais il y a si peu que j'en suis gueri que l'un des
deux s'en ressent encore, joint que voilla neuf
heures du soir qui sonnent, tant les affaires et les
justes dévotions de ces jours cy m'ont occupé. Je
vous escrips à la veille d'un grand jour [2] que je
prie Dieu qu'il vous soit heureux, et presque aussy
à la veille de mon partement pour Prusse ou Po-
loigne, selon que je jugeray plus necessaire quand
je seray sur les lieux. La mer n'est pas encore na-
vigable et ne le sera de fort longtemps en tous ces

[1] D'Avaux avait quitté Copenhague le 4 novembre (*Éphémérides*,
p. 112). Il n'était arrivé que le 18 au port de Calmar, en Suède
(p. 116). De la il lui fallut aller par terre à Stockholm. Le voyage en
cette saison rigoureuse fut très-pénible; mais l'ambassadeur sut l'é-
gayer par un échange continuel de vers latins avec Charles Ogier.
(V. *Éphémérides,* p. 116 à 142.) Ce ne fut que le 14 décembre qu'il
fit son entrée à Stockholm.

[2] C'était la veille de Pàques.

quartiers ; tellement qu'encore qu'elle soit à ma porte, il fault que je l'aille reprendre à Calmar et peut estre plus bas, où l'on me fait esperer de trouver les glaces fondues quand j'y arriveray. C'est un estrange pais que celuy cy, et si j'ay eu du mal à y entrer, je n'en auray guere moins à en sortir. J'ay receu hier seulement la lettre qu'il vous a pleu m'escrire le xvi fevrier, qui respond à deux des miennes, mais avec usure, y aiant quatre grandes pages de vostre main, et forces nouvelles de la maison et autres, dont je vous remercie très humblement ; je n'en ay pas tant eu de la Cour en neuf mois consecutifs [1], mais en recompense on vous porte mes appointemens jusques chés vous sans que vous en preniez aucune peine, du moins je vous puis assurer qu'on me l'a promis ainsy *disertis verbis* en me congediant ; et j'en faits resouvenir M. Bouthillier et le P. Joseph par les depesches que je leur fais aujourdhuy, me plaignans des mauvaises et reculées assignations que l'on me donne et qui pis est, après que vous avez esté trois mois à les solliciter.

Je suis tres satisfait de mon petit travail quand

---

[1] *Éphémérides*, p. 226 : *Sub noctem plures litterœ Parisiis nobis allatœ sunt, in quibus de Puylaurentii prehentione referebatur.*

il vous aggrée; et je vous jure, Monsieur mon Père,
qu'après l'acquit de mon debvoir je n'en tire ny
espere autre douceur que celle là. Or si mon latin
vous a pleu comme vous m'escrivez, possible pour
ne me pas rebuter, cella me donne la liberté de
vous en envoier d'autres : c'est celuy qui m'a fait
mal aux yeux avec le froid de Suede et j'espere
qu'il vous sera plus aggreable, par ce que c'est un
discours des affaires presentes et qu'il ny a qu'un
peu d'ornement, à la faveur duquel j'ay creu me
pouvoir insinuer plus aisément. Je l'envoie à Monseigneur le Cardinal, non par affectation aucune,
mais pour luy rendre quelque debvoir du moins
une fois à chaque Ambassade, selon le conseil de
ceux qui l'approchent de plus près. Si le temps le
permet, je feray aussy mettre en ce paquet la copie
de la lettre [1] que je luy escris et ne crains point de
charger vos paquets, car la Cour paiera tout selon
la coutusme, sinon j'en feray avec M. Lumagne.
Je suis bien resjouy que le mariage de ma niepce
d'Herbigny soit si avancé; les conditions de la
personne, de la maison, et des biens de son futur

---

[1] Par une lettre du 30 mars 1635 (*Suède,* vol. III, f° 333 , d'Avaux
envoyait au cardinal l'important discours en latin qu'il avait pro-
noncé quelques jours auparavant devant les régents et les états
généraux de Suède. (Copie de cette harangue. *Suède,* vol. 3, f° 325,
B bl. de l'Arsenal, vol. 4532, p. 105.)

espoux, me font souhaitter qu'il ne si trouve point
de difficulté à la conclusion [1]. Si cella est, vous y
aurez contribué vingt mil francs à ce que je vois, qui
n'est pas peu ; mais c'est encore plus d'en prester
vingt cinq mil et ne vouloir pas qu'on vous les
rende ; pour moy je ne m'y oppose point ; j'en loue
Dieu et un si bon père qui previent mesmes mes
desirs ; car je vous proteste à bon jour que je
m'attendois bien de rembourser cette partie de mes
appointemens ; mais puisqu'il vous plaist de differer, j'accepte la grace et vous en rends un milion
pour celle la, demeurant à jamais,

Monsieur mon Père,

Vostre très humble, très obéissant et très
obligé fils et serviteur.

AVAUX.

[1] Il s'agit ici du mariage de Jeanne-Marie-Angélique Lambert
d'Herbigny avec Charles de Rune, marquis de Fouquesolles, colonel
d'infanterie et maréchal de camp. Ce mariage se fit le 10 décembre 1635. (V. Cab. des titres, *dossier bleu*, nº 10122.) La conduite de madame de Fouquesolles causa beaucoup de chagrin à la
famille de Mesmes. « Cette dame, dit Gui Patin, nièce de M. le
président de Mesmes, fille et sœur de MM. d'Erbigny, maistres
des requestes, faisoit icy la dévote et la trésorière des pauvres.
Elle a emprunté plus de 700,000 livres à des particuliers, et après
elle a fait un trou à la nuit. » — « Elle est morte misérable dans les
pays estrangers où elle avoit esté obligée de se retirer pour soupçon
de poison. » (*Dossier*, nº 10122.)

XIX

Suède, vol. 3. fol. 330.

A Stocholme le 21 avril 1635.

MONSIEUR MON PÈRE,

Je versay l'autre jour tant de larmes à la lecture de vostre lettre du 9ᵐ mars, que je ne puis y faire response de ma main, tant je suis infirme de la veue, et aussy pour vous dire la verité, je fus demy heure à lire une page que vous avés deigné m'escrire de vostre main, tant vostre bonté est excessive, car il me la falust laisser et reprendre à plusieurs fois, pour la grande esmotion qui me vint, laquelle veritablement me noyoit les yeux à chaque ligne. La subite nouvelle de l'extremité où vous avez esté, le ressentiment des maux que vous avés soufferts, la joye de vostre guerison, la crainte et les soupçons d'un absent, la tendresse excitée par vostre lettre qui fendroit le coeur dune pierre, et tant de justes passions occupèrent mon esprit en mesme temps, que je demeuray tout confus et vous confesse que je le suis encore, desirant impatiemment l'arrivée d'un autre ordinaire. Cependant j'ay grand subjet de remercier le bon Dieu comme j'ay faict avec toute la preparation possible à un chrestien [1]. M. de Fleuri[2] a dit aussy la messe à cette intention et continura, car comme me mande Monsieur de Mesmes, la grace que nous avons receuc du ciel en cette occasion est la plus grande qu'il ayt versé sur nous depuis vostre naissance; cella est bien dit et bien vray; je veois que luy et mon frere d'Irval en sont ravis comme de raison et je le suis avec eux; mais j'ay grand regret de n'avoir pas aussy participé à leurs soings et à l'honneur et satisfaction qu'ils ont eue de vous servir, et de consoler ma mère qui sans doubte en a eu bon besoing, et je vois mesme par vostre lettre qu'il la fallut saigner. Je reçoips ses recommandations à grande faveur et suis cordialement

[1] « *Fuerat in familia Avauxii legati dum apud Succos ageret, Fleurius quidam qui cuncta quæ expiscari poterat ad cardinalem Barberinum transcripserat. Cujus operæ mercedem is postea opimum Vireduni beneficium nactus est.* » Puffendorf, *Commentaria de rebus Suecicis,* in-fol., p. 205.

[2] Nous trouvons dans le journal d'Ogier, p. 231, à la date du 14 avril : « *Litteræ Parisiis allatæ sunt legato, quibus de illustrissimi illius Patris morbo, ac recepta valetudine pariter nuntiabatur; at ille quasi cum fortuna summo jure decertare velle videretur, nec ullius officii, quod virum bonum deceat, esse debitor, et pii parentis ægrotationi lacrymis et pro restituta salute lætitiam, et sequenti die Deo Optimo Maximo summam gratulationem, Dominicum corpus communicando testatus est.* »

son serviteur très humble. Mes frères me mandent
tous deux et je crois que c'est sans concert, que
vostre constitution se trouve si bonne et si forte
que les medecins nous en promettent encore beaucoup d'années, qui m'est une grande consolation.

J'ay receu la lettre qu'il vous avoit plu m'escrire
quinze jours auparavant, par laquelle vous me
mandés le mariage de ma niepce d'Herbigni, dont
je fus très aise ; je luy escrivis aussy tost pour luy
tesmoigner la part que je prends à son contentement, et luy mande que je luy envoie un diamant
que le Roy de Dannemarc m'a donné ; mais c'est à
vous, Monsieur mon père, à qui je l'adresse par
honneur et pour plus de seureté, vous suppliant
très humblement qu'elle le recoipve par vos mains
et qu'il vous plaise ne differer point à mon retour,
il est accompagné du mot de lettre que je luy ay
fait et je soubmets néantmoins le tout à vostre volonté.

Je vous mandois par ma derniere, du samedi de
Pasques, que je partirois d'icy incontinent après les
festes ; mais le temps y a resisté de telle sorte qu'il
ny a point eu de chemin, ny par mer, ny par terre.
Ce sera asseurement pour la semaine prochaine et
je n'escriray plus de Suede, comme dès apresent
je n'escrips point à la Cour en aiant pris congé le

mesme samedi de Pasques, c'est pourquoy je datte ma lettre à M. Lumague du landemin des festes, affin qu'il presume que je suis desja parti. Pendant cella, le pauvre Grossi [1] est mort le xxme jour d'une fiebvre continue. M. de Fleuri la assisté fort assiduement et avec toute charité, dont je suis bien content; je le suivis la derniere fois qu'il luy porta nostre Seigneur soubs le manteau, car on ne scauroit autrement *in terra aliena,* du sejour de la-

[1] Groussy avait été envoyé à Venise, au comte d'Avaux, par M. de Roissy, pour lui servir de secrétaire. Il ne l'avait pas quitté depuis. Sur sa mort, voir OGIER, *Éphémérides*, p. 227 et 232, et le panégyrique du comte d'Avaux, par le prieur François Ogier (p. 11) : « Dans Stockolm, il fit enterrer avec toutes les prières et les cérémonies de l'Église catholique un sien secrétaire, à la vue de tout le peuple, avec l'indignation des ministres luthériens, mais avec les larmes de quelques vieillards qui pleuraient de joye de revoir l'image de la piété ancienne que le temps n'a pas encore effacée de leur mémoire. »

OGIER, *Éphémérides*, p. 233, nous a conservé l'épitaphe qui fut gravée sur sa tombe :

Regnante seren. Christina, Gustavi Magni et Mariæ Eleonoræ filia, cum Illust. Cl. Memmius, comes d'Avaux, ad disceptanda Suecorum ac Polonorum dissidia a Ludovico Rege Christ., extra ordinem legatus per durissimam hyemem Stockolmi destineretur.

Joannes Baptistus Grossius, Parisinus, alter ex illius secretariis obiit, XVIII aprilis M. D. C. XXXV; hic illi locus a Legato pie optatus, a Regina atque a quintumviris pie concessus est, ingensque lapis, ubi Jesu Christi crucem gestantis signum ab antiquo insculptum erat, corpori contegendo advolutus est. Hunc insuper lapideum ambitum serenissima Regina, quo suum in catholicos Gallos amorem testaretur, religiose extrui curavit, R. I. P.

quelle je suis bien las et de ne voir depuis huit
ou neuf mois aucune face de catholicité. On ne
comte cella pour rien à la Cour, mais pourtant il
me semble facheux, et il y a des deboires et des
sottises à souffrir sur ce subjet; outre le peril de
la vie et de la santé d'un ausmonier, qui nous re-
duiroit à vivre et peut estre à mourir comme des
bestes; et cella est si vray, que j'ay eu cent fois
regret de n'avoir pas amené encore un homme
d'Esglise. Mais je vous ennuye et beaucoup d'affaires me retirent de la douceur de vostre entretien que j'aimerois beaucoup mieux, si j'en avois
le choix. Je prie Dieu de toute mon ame qu'il con-
firme la grace qu'il nous a faitte à tous en vostre
personne, vous donnant, Monsieur mon bon Père,
en parfaitte santé, longue et heureuse vie.

Vostre très humble, très obéissant et très obligé
  fils et serviteur,

AVAUX.

Je vous demande vos bonnes prières et celles
de quelque monastère pour le defunct, n'aiant pas
icy moien de luy rendre cet office.

XX

Pologne, vol. 2, fol. 210.

De Marienbourg, le jour de la Pentecoste (27 mai) 1635.

Monsieur mon Père,

Pour vous donner plus ample relation de ce que j'ay fait depuis mon arrivée à Dantzic[1], d'où je vous escrivis le jour mesme par Monsr Luma-gne, et aussy pour soulager mes yeux qui sont bien rouges de travail et voiages mesmes de nuit, je fais copier par Gambier ma despeche en Cour laquelle j'y envoie exprès par la Valée pour des raisons qui me touchent autant que le public, mais enfin je me lasse de servir de cœur et de corps, sans avoir un mot d'agrément ny de response. J'ay si haste qu'il revienne, qu'à mon advis il sera contraint de vous envoier ce paquet par

[1] Parti de Stockholm le 11 mai, d'Avaux était arrivé à Danzig le 17. (V. *Éphémérides*, p. 259. V. aussi, p. 489, une lettre latine d'Ogier à Bourbon sur l'arrivée de l'ambassade à Danzig.) Il en était reparti le 25 pour Mariembourg. C'est de là qu'il se rendait à Stumsdorf, village peu éloigné, lorsque les plénipotentiaires s'y réunissaient.

voie assurée, car j'estime que la Cour est bien loin
de Paris. Je viens de relire les lettres que vous
m'avés fait l'honneur de m'escrire, ausquelles je
n'ay pas entièrement respondu par ma dernière
de Dantzic, et je trouve partout à vous remercier
comme je fais très humblement, de vostre bonté à
m'escrire dans les premiers jours de vostre convalescence, de vos soings à me faire paier des
ordonnances visées, et en faire viser d'autres et
mesme à faire taxer le voiage pour le bon homme
Noyer, qui est veritablement bien vieilli en ce
penible voiage, où d'autres sont morts et d'autres
malades.

J'ay receu depuis quatre jours vostre dernière
du 20 avril, par laquelle vous me commandés de
vous escrire à peu près sur le cours des affaires
quand j'espère mon retour. Je l'espère dans la fin
de cette année, et plus tost, si je puis venir à bout
d'une paix ou d'une trêve entre ces deux Roiaumes;
mais le message que le père Joseph vous a fait
faire, me laisse en incertitude et me menace de
nouvelles courses, à quoy je ne prens nul plaisir
et qu'il n'y ait point d'autre recompense à mon
travail que le travail mesme. Si j'ay assés de temps
(dont je doubte), j'escriray par la Valée à M. L. G.
D. S. seulement pour me faire repasser en son

souvenir [1]. Cependant, avec vostre licence je baiseray très humblement les mains à Madame et me diray,

> Monsieur mon Père,
> Vostre très humble, très obéissant et très obligé fils et serviteur.

Avaux.

J'ay esté aujourdhuy à une Église my partie, depuis six heures jusques à neuf avec les catholiques, car depuis neuf jusques à mydy c'est pour les lutheriens, ce que j'ay eu grand peine à souffrir; mais il n'y a que ce temple, et dans la mesme chaise où nous avons oui prescher l'Evangile, une heure après, on a presché l'heresie, mais les autels sont separés, deux servent aux catholiques et deux autres aux lutheriens [2].

L'autre jour, pour ma récréation, je fis response à Mr Bourbon [3], laquelle je vous supplie de luy envoier fermée, par Mr Henin, avec ma harange

---

[1] Le garde des sceaux était alors Séguier, qui avait succédé à Châteauneuf, le 25 février 1633.

[2] Cf. Ocier, *Éphémérides*, p. 270.

[3] V. cette lettre à l'Appendice. D'Avaux répondait à la lettre de Bourbon du 7 des calendes de mars 1635, publiée par Ocier. (*Éphémérides*, p. 456.) Nous avons retrouvé une copie de la harangue latine de d'Avaux aux états de Suède à la Bibliothèque de l'Arsenal, dans le vol. 4532, p. 105. (Papiers de Conrart.)

aux Estats de Suède au cas qu'il la demande. Je
vous envoie aussi copie de ma lettre au G. D. S.
parce qu'il y a quelque nouvelle que je ne vous
ay pas mandée.

XXI

Pologne, vol. 2, fol. 215.

A Marienbourg, le 16 juin 1635.

MONSIEUR MON PÈRE,

La dernière fois que j'ay eu l'honneur de vous
escrire a esté par la Valée, qui ne pourra neantmoins aller jusqu'à Paris si le Roy en est fort
esloigné. J'ay receu depuis son partement la lettre
qu'il vous a pleu m'escrire le 4 may, que je ne scaurois me lasser de lire pour les marques de la bonté
paternelle qui y paroist partout; mais je me resjouis bien aussy d'y voir la mesme main et aussy
assurée que de coustume. Pour nous, je vous puis
dire que nous sommes fort eclopés; les maux du
Sieur Noyer l'ont repris jusques à compassion,
Mons' Alego[1] ne se peut non plus remuer;

---

[1] Sans doute ce Jacques Allego, avocat au Parlement de Paris,
dont nous avons trouvé la mention au cab. des titres, *Dossiers
bleus,* n° 295. Allego fit partie de toutes les ambassades de d'Avaux,

chacun crie contre l'air, la bière et les mauvais vins, M[r] d'Avaugour[1] a la fièvre et est au lit bien malade, l'ambassadeur d'Angleterre[2] l'est aussy et un de ceux de Holande. Il n'y a que celuy de France qui tient bon, mais je vous confesse qu'il est bien las de courir matin et soir et travailler tout le jour, encore est ce inutilement jusqu'à cette heure; car les deux partis sont en termes de tout rompre; et j'ose vous dire que sans le flegme italien qui me fait digerer leurs aigreurs qui deversent parfois sur nous mesme, on auroit desja rompu. Le Chancelier de Pouloigne[3] qui est de

et fut avec lui au Congrès de Munster. Il appartenait à une bonne famille de l'Orléanais, qui a fourni plusieurs conseillers au bailliage et siége présidial d'Orléans.

[1] Le baron d'Avaugour, qui avait été d'abord employé auprès de Feuquières en Allemagne, fut envoyé par ce dernier à d'Avaux pour se tenir à sa disposition. Ayant rejoint d'Avaux à Copenhague, le 20 août 1634 (*Mémoires de Feuquières*, II, p. 395; OGIER, *Éphémérides*, p. 41), il l'accompagna en Suède, puis en Pologne, où il l'assista dans les négociations de la trêve. Il fut envoyé en Suède pour en surveiller l'exécution. (V. son instruction *Suède*, vol. III, fol. 446, et *Pologne*, vol. II, fol. 355.) Il revint de Suède pour résider à Danzig lorsque d'Avaux rentra en France. (V. *Pologne*, III, fol 80.) D'Avaugour mourut en 1657, ambassadeur auprès du roi de Suède.

[2] L'ambassadeur anglais était lord Douglass. Il y avait trois plénipotentiaires hollandais, van der Honaert, André Bicker et Joachim André.

[3] Ogier nous donne le nom de ce personnage : *Jacob Zadich, episcopus Culmensis et Pomeraniensis, nominatus Cracoviensis cancellarius regni.*

l'aage et de cette dignité de feu Mr de Sillery [1], a
dit à plusieurs, que si j'estois seul, il y auroit plus
d'esperance d'accommodement. Mais s'il vous plaist
scavoir l'estat de l'affaire, je l'ay escrit au long à
mon frère; j'aime mieux vous conter une gentille
response que me fit l'autre jour le Palatin de Belz,
l'un des commissaires et grans Seigneurs de Pouloigne; il me pressoit en presence des autres pour
scavoir une chose que je ne voulois pas dire, et
comme j'eus respondu que sans mentir je n'en
scavois rien, il me repliqua [2] : « Pace tua Memmi
nihil ignorare videris », et puis, dit tout haut que
vostre maison est bien cognue en Pouloigne et en
parla avec eloge; se plaignant des noms d'Avaux
et autres qui empeschent aux estrangers de recognoistre ceux qui sont des familles illustres de
France [3]. Voilla comme il en parla, jusques à me
faire prendre un peu de vanité. C'est le paiement
de mes peines et de ma despense sans mesure; je

---

[1] Nicolas Brulart de Sillery, chancelier de France, né vers 1544,
mort en 1624.

[2] OGIER (*Éphémérides*, p. 273) raconte ce fait un peu diffé-
remment.

[3] C'était, en effet, comme d'Avaux le rappela dans son discours
au roi de Pologne (*Éphémérides*, p. 301), son aïeul, Henri de
Mesmes, qui avait traité à Paris avec l'ambassade polonaise, qui
était venue offrir la couronne au prince Henri de Valois.

fais de belles parties à Mr Pepin [1]; car qui n'a icy que vingt-cinq chevaux, il est mal en ordre, et les Polonois sont dans un luxe et une pompe incroiable. Il y a beaucoup de seigneurs qui sont suivis de cinq et six cent valets, et le Palatin de Belz cy dessus mentionné aiant perdu sa femme depuis peu, a donné à ses gens deux mille habits de düeil. Or je suis à la veille, Monsieur mon Père, de m'en aller faire mon troisième ambassade près du Roy de Pouloigne, qui doit arriver aujourd'huy à une de ses villes distante seulement de trante lieues d'icy [2]. Messrs ses commissaires [3] m'ont tesmoigné que sa Majesté sera bien aise de me voir en ce lieu là, et partant il faut marcher, en quoy j'ay peine pour nos malades qui tascheront à se trainer; mais il faudra que M^r d'Avaugour demeure, qui honoreroit la comitive et m'in-

---

[1] M. Pépin était l'intendant et le fondé de pouvoir du comte d'Avaux. V. *Lettres de Voiture*, édit. Ubicini, I, p. 332; et Tallemant des Réaux, édit. Monmerqué et Paris, IV, p. 418 et 428.

[2] D'Avaux partit, le 21 juin, pour Thorn et Elbing (*Éphémérides*, p. 295), et eut, le 26, une audience du roi de Pologne (p. 301).

[3] D'après Ogier, ces commissaires étaient, outre le chancelier Zadich : « *Christophorus Radziwill, palatinus Vuilnensis, magni ducatus Lithuaniæ generalis; Raphaïl de Lesno, palatinus Belzensis; Ernestus Doenhoff, castellanus Pernau; Remigius Zaleski, regni referendarius-cancellarius uti nostri episcopi indutus est ; Ernestus Doenhoff, more nostro aut Germano; cæteri tres in veste polona.* »

commode parfois ailleurs; mais je suis resigné à
la volonté de maistre qui en disposera. Je partiray
apres demain au plus tard et seray de retour
dans quinze jours, pendant lesquels le traitté de
paix ou trève est sursis du consentement commun. Je vous supplie ne dire point ce voiage à
gens de Cour; car je ne leur manderay qu'à mon
retour que j'y auray esté; d'autant que le seul
moien de me renvoier promptement la Valée sera
à mon advis, s'ils croient qu'il puisse venir à temps
avant que j'aille en Pouloigne. Je baise très humblement les mains à ma mère et luy dis adieu avec
vostre permission, comme aussy à M^r et Madame
d'Irval, car l'embarras de ce nouveau voiage ne
me permet pas de leur escrire.

Je suis,

Monsieur mon Père,

Vostre très humble, très obéissant et très obligé
fils et serviteur,

AVAUX.

Monsieur mon Père, je vous envoie une belle et
curieuse lettre du roy d'Angleterre au Pape. Mais
le sang ne luy a point sauté dans les veines pour
sa propre sœur et ses nepveux qui sont encore en
misère.

XXII

Pologne, vol. 2. fol. 226.

A Paris, le 5e juillet 1635.

MON FILS,

Aujourdhuy à midy est arrivé la Valée, après avoir esté arresté quinze grands jours en Holande comme il dit, et avoir hazardé le pacquet dans un vaisseau marchand qui a surgi à Calais, au hazard des Dontkerquois avec qui nous sommes en guerre ouverte. Soudain après disné je luy ay faict donner un cheval et envoyé coucher à Essonne, pour demain matin bailler son pacquet à Mr Boutillier à Fontainebleau. Tandis j'ay veu celuy que m'avez adressé, leu vos lettres à moy et distribué celles des autres, et demain j'enverray à Mr Bourbon celles que luy escrivez et luy donneray coppie de vostre action en Suede. Je commanceray par vous dire que la lecture de vostre despesche en Cour m'a frappé à l'esprit, pour y trouver les frequents heurts que vous avéz avec l'ambassadeur d'Angleterre; car ceste nation est fort infidele, glorieuse et insupportable, et ne scay pas bien quel gré on

vous scaura icy de tant de fatigues de corps et
d'esprit que vous donne vostre employ, que l'on
me faict valloir par deçà pour fort relevé, avec des
tesmoignages de grande satisfaction que m'en
donnent le P. Joseph et le G. D. S. [1]. J'ay veu
aussy dans ladite despesche le peu de soing qu'on
a par deçà de vous tenir adverty de ce qui se
passe, dont je ne m'estonne pas si vous estes assez
souvent en peine, et volontiers je vous escrirois
des nouvelles ; mais l'ouverture de guerre entre les
couronnes me faict tout craindre [2]. Je vous plains
bien d'avoir si peu d'heures de repos que vous
n'estes pas trois heures au lit à mon advis et vingt
heures de travail avec continuelle agitation et
peine. Toutte la Cour est à Ruelle et à Fontainebleau, à cause de la maladie de M. le Cardinal
qui maintenant est comme güary [3]. Cependant la
guerre est ouverte partout en Flandres, Allemagne
et Valteline, où nous avons eu forces advantages
et esperons que Dieu les continuera. Il y a six

---

[1] Le 11 août 1635, on écrivait de la cour à d'Avaux (*Aff. étr.*,
Pologne, vol. III, f. 267) : « Sa Majesté a vu avec plaisir le bon
succès qu'a eu le sieur d'Avaux pour maintenir la dignité de son
ambassade à l'égard de l'ambassadeur d'Angleterre, ainsi qu'il l'a
fait en Danemark avec celui d'Espagne. »

[2] La France venait de déclarer la guerre à l'Espagne le 5 juin 1635.
(*Mercure français*, année 1635, p. 947.)

[3] Sur la maladie du cardinal, voir AVENEL, V, p. 55 et suiv.

jours qu'il est party d'icy un courrier, qui vous va trouver et vous porte commission scellée pour aller en basse Saxe, au cercle qui s'y doibt tenir bientost[1]. Sy de là vous aviez congé de revenir, ce seroit bien selon mon desir; mais je crains qu'on vous renvoye en Pologne, tant vostre employ me pèse à present, quoy que toutte la peine en soit pour vous : au reste tout se porte bien, Dieu mercy, en ma famille et en celle de ma sœur, où nous n'avons desir plus sensible que de vous revoir au plus tost par deça. M^r le Comte[2] et Mr de Longueville m'ont aujourdhuy demandé de vos nouvelles, ils se disent grandement vos amys, et moy je le suis plus que tout le monde ensemble, puisque je suis

Vostre bon père et parfaict amy,

ROISSY.

Je travaille à vos appointemens aultant que si c'estoit vous mesme.

[1] Le 21 août, d'Avaux mande à M. de Rorté que ce courrier, M. de la Tour, vient d'arriver. (Bibl. nat., fonds franç., vol. 15935.)
[2] Louis de Bourbon, comte de Soissons.

XXIII

Pologne, vol. 2, fol. 305.

A Marienbourg, le 25 septembre 1635.

MONSIEUR MON PÈRE,

Je suis bien en arrière avec vous à qui je n'ay point escrit depuis longtemps; cella est arrivé par une necessité jurée dont je ne fais que de sortir, et je tiens encore le loup par les oreilles; mais Dieu soit loué qui m'a fait la grace de finir un travail incroiable et un traitté très difficile [1], c'est avec tant d'avantages, tant d'agremens et de satisfactions des deux partis que certes, encore que je

[1] Le 12 septembre, avait été conclu à Stumsdorf le traité ou plutôt la fameuse trève de vingt-six ans, entre la Pologne et la Suède. C'était un grand succès pour la politique française, car la Suède avait maintenant les mains libres pour combattre l'Empereur. Richelieu en ressentit une vive satisfaction, et le P. Joseph en informait M. d'Avaux, dans une lettre du 9 octobre : « ... Le cardinal a reçu de la trève un contentement que je ne puis vous exprimer... il veut que vous soyez un de ses meilleurs amis; il a dessein de vous employer dans l'assemblée de la paix générale, si elle se fait. » (AVENEL, t. VIII. p. 302.) Pour le texte de ce traité de Stumsdorf, voir *Suède*, vol. III, fol. 427, et DUMONT, *Corps diplomat.*, t. VI, p. 115.

Nous publions à l'Appendice une curieuse lettre de d'Avaugour sur le rôle du comte d'Avaux dans cette négociation.

sois accablé de mal et de fatigue, j'ay plus besoing de moderation que de patience. Je vous envoie les copies de mes despesches qui vous en diront une partie qui est si veritable, que la honte m'a retenu d'y adjouster d'autres verités à mon avantage; j'en ay rendu graces à Dieu qui est l'autheur de tout bien, et m'en resjouis maintenant avec vous, Monsieur mon Père, qui estes tousjours le premier que je me propose, *in principio lætitiæ meæ*. Je m'en vais à Dantzic y attendre des nouvelles du baron de Rorté [1] qui est auprès de l'Électeur de Brandebourg, pour sçavoir si je suis encore necessaire en basse Saxe [2], et si ledit Électeur et le chancelier Oxestern qui m'ont souvent demandé, persistent en ce desir; car cella se rencontrant avec les ordres que j'en ay eus du Roy, il faudra marcher, bien que je sois si emmaigri et abbattu que rien plus. Il y a quatre mois que je cours et agis

---

[1] Le baron de Rorté, d'abord employé en Allemagne, puis ministre en Suède, et chargé de nombreuses missions dans les cours du Nord. (V. à la Bibl. nat., fonds franç., vol. 15934 et 15935, un recueil de ses dépêches de 1633 à 1648, et la correspondance de d'Avaux et de Meulles avec M. de Rorté et son secrétaire Fleutot, de 1633 à 1642.) Le fils de Rorté, M. de Malpierre, fit plus tard partie de la suite de d'Avaux.

[2] Le comte d'Avaux n'eut pas besoin de se rendre à cette assemblée. Le 22 août 1635, le Roi avait ordonné à M. de Saint-Chamond d'y aller en sa place. (AVENEL, VII, p. 1013.)

sans cesse et que je couche sous des tentes ou
dans des granges ruinées, pesle mesle avec les ani-
maux ; je crois qu'il m'en coustera bien tost une
seconde dent, outre qu'il me vient des coliques
que je n'ay jamais senties, aussy les eaus de ces
pais cy sont très dangereuses au dire des habitans
et medecins du lieu, mais je ne m'en sçaurois passer,
et quand on la fait bouillir, elle est tout à fait
puante. Toute fois il faut que je remercie Dieu et
vous de ma bonne constitution, encore qu'elle ne
soit pas forte ; car sans ce grand travail je me sau-
verois. J'ay soing du pauvre Noyer comme vous
me commandés, je luy ay offert de luy bailler
mon paquet à porter sans obligation de revenir,
mais il a eu crainte de ce long voiage et des dan-
gers de la mer et des Dunquerquoys. Celuy ci
que je despeche est le consul des François à
Dantzic[1], qui en a fait part audit Sieur Noyer, et
ainsy je fais plaisir à tous deux ; je vous supplie
de l'avoir pour recommandé en cas de besoing, et
me permettre de finir pour l'expedier sans plus
de retardement. Vostre dernière lettre est du

[1] Par une lettre du 25 juin 1634 (coll. Clairembault, vol. 381),
le Roi avait nommé Henri de Canazilhes consul des Français à
Danzig, et avait en même temps donné l'ordre à d'Avaux de recevoir ce serment. Ce serment fut reçu le 18 mai 1635.

10 aoust, je n'ay point receu le precedent paquet où estoit l'original de la consultation pour Mr Noier, je vous remercie très humblement de vos soins pour moy qui seray toute ma vie,

 Monsieur mon Père,

 Votre très humble, très obéissant et très obligé fils et serviteur.

Avaux.

<hr>

XXIV

Pologne, vol. 3, fol. 26.

A Dantzic, le 3 avril 1636.

Monsieur mon Père,

Pour n'avoir pas subjet d'escrire à la cour je ne puis obmettre de vous rendre ce devoir; je respondis le jeudy absolu à vostre derniere lettre avec quelque impatience d'en recevoir de plus fraisches, acause de ces brouilleries du Parlement [1]

---

[1] Le 20 décembre 1635, le Roi avait porté au Parlement quarante-deux édits bursaux dont la plupart étaient des créations d'offices de la vente desquels le gouvernement espérait retirer de grosses sommes. Le Parlement s'émut, moins pour l'intérêt du public que pour le sien propre lésé par l'accroissement du nombre des charges. Les chambres des enquêtes, composées des membres les plus jeunes et

qu'il vous a pleu me mander; mais deux ordinaires
sont arrivés depuis sans lettres pour moy, dont
je ne m'estonne pas du costé de la cour, car c'est
leur coustume; il seroit pourtant bien necessaire
qu'ils me fissent sçavoir leurs resolutions dans l'incertitude où je suis de beaucoup de choses, ou
que pour mieux dire, ils me permissent de m'en
retourner, comme je les en ay suppliés. Cependant
je donne douze pour cent de l'argent que je prens
icy, c'est une grosse perte; et mes chevaux me
consument, dont la seule escurie couste de louage
quarante francs par mois. Pour les chameaux [1], ils
sont tous deux morts, la femelle d'avoir avorté et

les plus remuants, voulurent revenir sur un enregistrement qui
avait été forcé par la présence du Roi. Elles protestèrent opiniâtré-
ment et firent toutes sortes d'affronts aux premiers d'entre les nouveaux conseillers qui se présentèrent au Parlement. L'exil de quelques-uns des meneurs n'effraya pas les autres, et le gouvernement,
craignant que cette lutte n'empêchât la vente de nouvelles charges,
montra plus de ménagements qu'à l'ordinaire, et supprima, pour
avoir la paix, quelques-uns des nouveaux offices. (Henri MARTIN, XI,
442-443. — Omer TALON, *Mém.*, VI, 41-59. — GRIFFET, II,
659-680.)

[1] Ces deux chameaux avaient été, disent la *Gazette extraord.* du
26 nov. 1635 et les *Éphémérides*, p. 405, donnés à l'ambassadeur,
avec un Tartare pour les gouverner, par un grand seigneur nommé
Potoski. A la date du 26 septembre 1635, nous trouvons dans le
journal d'Ogier (p. 412) : *Ipse utique legatus ut animum a gra-
vioribus curis relaxaret, camelorum suorum spectaculo vacavit;
indeque quid de camelis Plinius narraret, evoluimus.*

le masle de regret de l'avoir perdue, celuy cy estoit le plus haut et le plus laid animal qui se peust voir.

Je viens d'escrire à Mr Bourbon quoyque j'aie datté ma lettre du dernier jour de mars; mais c'est que j'ay eu peur de me tromper aux ides de ce mois; je vous l'envoie ouverte, m'y estant plus estendu pour vous divertir que luy. Dimanche dernier aux jacobins, le Predicateur polonois me fit un honneur que je ne merite pas, appliquant les paroles de l'Évangile de ce jour là à l'Ambassadeur de France qui *stetit in medio Polonorum ac Suecorum et dixit Pax vobis,* mais j'ay esté bien content de ce que j'ay appris, qu'ensuitte il fit prier Dieu pour ledit Ambassadeur et pour Mr de Roissy son père, qui est, dict il, le premier senateur du Roiaume de France, ce qui est encore de plus grande consideration icy que parmy nous, pour ce qu'en Pouloigne il n'y a aucune dignité si relevée que celle de premier senateur [1]. J'ay pris

---

[1] Ce fait se renouvela à Munster dans un sermon de François Ogier, le frère d'Ogier le Danois, et Servien s'en offensa vivement, et dans une de ses lettres il rappelle « ce prédicateur qui a ozé publier en chaire, que cet advantage (la monarchie dans la négociation de la paix) vous estoit deub, après avoir exhorté le peup'e de prier Dieu pour ceux qui estoient chargés de traicter la paix au nom du Roy. Il eut l'impertinence d'ajouter en désignant vostre

occasion ce matin après avoir oui sa messe de
l'amener disner ceans avec le fratin qui l'avoit
servi à l'autel, car jusques là je n'avois pas encores
faict cognoissance. Je suis contraint, Monsieur mon
Père, de vous entretenir de ces petites choses faute
d'affaires de plus grande consequence, et de fait
je n'ay pas de quoy remplir un autre foeillet à
Mr de Mesmes, je me contenteray pour ce coup
de vous supplier que quelqu'un des vostres luy
aille faire mes humbles baisemains et porter à ma
belle sœur les souhaits que je fais pour sa santé.
Mais avant tout je me recommande particulierement à la bonté de ma mère et à l'honneur de
vostre commun souvenir, puisque je suis,

Monsieur mon Père,

    Votre très humble, très obéissant et très
    obligé fils et serviteur,

AVAUX.

personne, principalement pour celuy qui tient le caducée d'icelle,
et vous ne peustes pas vous empescher de baisser les yeux, escou-
tant un discours si ridicule qui scandalisa tous ceux qui m'en
vindrent faire rapport. Mais je suis certain que vous ne luy en avez
point faict de réprimande qui ait peu faire connoistre qu'il vous ait
depleu. » (*Lettres de MM. d'Avaux et Servien*, 1650, in-12,
p. 83.)

XXV

Pologne, vol. 3. fol. 98.

A Paris, le premier aoust 1636.

Mon Fils,

J'ay receue de M' Noyer la lettre qu'il m'a escripte de Amsterdam du 22 du passé qui me fut rendue le 30, qui me donna de la satisfaction de vous voir aprocher de ce climat, quoy qu'il soit aultre que je ne voudrois pour vous et nous [1];

---

[1] En rentrant à Paris dans les derniers jours du mois d'août (*Gazette,* 1636, p. 540), d'Avaux trouva en effet sa famille affligée par une « bien fâcheuse affaire ». (*Lettre à M. de Rorté,* Bibl. nat., fonds franc., vol. 15935, f° 15.) Son beau-frère, M. de Soyecourt, qui était gouverneur de Corbie, avait capitulé et livré sa place aux Espagnols, alors que la défense était encore possible. (V. sur sa conduite une lettre de M. de Charrost, *Aff. étr. France,* vol. 1578, f° 296.) Il s'était ensuite réfugié à Amiens, puis en Angleterre. (V. P. Daniel, *Abrégé d'hist. de France,* t. X, p. 36.) Son procès n'en fut pas moins instruit. Il fut écartelé en effigie, sa tête mise à prix, et son château de Tilloloy fut rasé, malgré les supplications de M. de Roissy, qui cherchait à conserver ce domaine pour sa fille. Voir à l'Appendice la lettre que M. de Roissy écrivit à ce sujet, le 5 novembre, au chancelier Séguier. (*Coll. Godefroy,* vol. 272, f° 97.) Nous verrons plus tard que lorsque cette affaire fut un peu oubliée, le sort de M. de Soyecourt s'améliora. V. *Aff. étr., France,* 1578, p. 406, le jugement rendu en conseil de guerre, le 26 octobre 1636, contre Soyecourt.

mais Dieu peult tout; celle-cy donc ne servira que
pour accuser ladite reception et vous dire que
Mr l'Ambassadeur extraordinaire de Pologne desire fort de vous voir avant partir [1]. Madame de
Mesmes l'a regalé de fruicts et confitures excellentes,
et Mr d'Irval l'a visité. Mr Boutillier dit du bien
de vous, mesme au refus de xx^{miir.} à Hambourg pour
ne prejudicier au service du Roy. Vous les verrés
au retour. Tout se porte bien en ma famille, sinon
madame de Soyecourt qui est à Roissy y a xv jours
indisposée à ce qu'elle dit, et n'avoir pas la force
ou la volonte de venir à Piqpuce. Ce sera quand
il luy plaira ou qu'il sera necessaire, quant à moy
je tasche à me bien porter pour vous embrasser encore un coup et dire à Dieu *Nunc dimittis*.
Puisque en ce temps aussy bien longue vie est
longue misere et qu'après lxxvi ans comptés il est
temps de chausser les houseaux.

Vostre bon père et parfaict amy jusques au bout.

ROISSY.

[1] Cet ambassadeur. nommé Jean Zawacki 'Lettres de créance datées
du 22 février 1636. *Aff. étr.*, *Pologne*. vol. III, p. 197, était arrivé
à Paris dans les premiers jours de juillet et avait eu une audience
du Roi le 14. (*Gazette de France* p. 346.) Étant tombé malade, il
fut obligé de rester à Paris jusqu'au mois de novembre. V. dans
ce vol. III de *Pologne*, f° 103, une lettre latine (25 octobre) de
d'Avaux à Zawacki, en lui envoyant de la part de Richelieu une
chaine d'or.

XXVI

Hambourg, vol. 1, fol. 305.

De Hambourg, le 5 juillet 1637 [1].

MONSIEUR MON PÈRE,

J'eus l'honneur de vous escrire il y a huit jours par l'ordinaire, maintenant je baille celle cy à M[r] de St Romain qui est un fort sage et honneste gentilhomme que M. de St Chamond [2] despeche à la Cour et à Paris pour ses affaires particulières, dont j'ay quelque desplaisir, car c'est pour luy

---

[1] Le comte d'Avaux était envoyé à Hambourg pour négocier avec les Suédois et les autres puissances les bases du congrès de la paix. Il avait quitté Paris le 24 avril 1637. (*Gazette de France,* 1637, n° 61.) Le 7, il avait reçu du Roi le cordon bleu. (*Gazette, id.,* n° 53.) Il arrivait à Hambourg le 16 mai. Sur les premiers mois de son séjour à Hambourg et ses relations avec les savants de cette ville, v. L. AUBERY DU MAURIER, *Mémoires de Hambourg, de Lubeck, etc.* V. aussi *Aff. étr.,* Hambourg, I, f° 320, le bail fait par d'Avaux pour la maison qu'il habita.

[2] Melchior Mitte de Miolans de Saint-Chamond avait occupé les plus hautes fonctions dans l'armée et dans la diplomatie. Lieutenant de roi du gouvernement de Lyon en 1610, de Provence en 1631, il avait été chargé de mission en Piémont en 1627, puis de négociations avec la Reine mère en 1631. Il avait été ensuite nommé ambassadeur en Angleterre en 1632, en Allemagne en 1635. Il venait de conclure avec la Suède le traité de Wismar.

faire preparer son logis en suitte d'une lettre du
Roy que nous receusmes hier par courrier exprés,
par laquelle il a ordre de s'en aller trouver sa
Majesté et moy de prendre tout le soing des
affaires d'Allemagne [1]. Voilla les prophéties ac-
complies et le subjet de mon voiage esclaircy,
dont aucuns ont creu que je faisois le fin quand
je disois qu'il se terminoit à Hambourg et que je
ne sçavois rien plus [2]. Me voicy donc à Hambourg
pour agir de loing presque en toutes choses, ce
qui est difficile, et je suis encores plus fasché d'y
estre desormais seul. Cella contenteroit l'ambition
d'un autre, mais en partie pour estre paresseux et
en partie aussy pour n'avoir aucune repugnance
à deferer à une personne de l'aage et de la qualité
de M^r de St Chamond, je me desplais extremement de m'en voir séparé, veu mesme qu'il a l'esprit de societé et que je vis avec luy fort douce-
ment. J'estime qu'on l'enverra bientost à Couloigne,
ou qu'on luy destine quelque autre grand employ

---

[1] « On n'estoit pas content de M. de Saint-Chamond à la cour,
de ce que sur les sommes qui passoient par ses mains destinées
pour les Suédois, il s'en payoit les apointemens de gouverneur de
places, de ministre d'État et d'ambassadeur. » L. Aubery du Maurier, *Mémoires de Hambourg, etc.*, p. 17.

[2] V. à ce sujet plusieurs lettres de Grotius, du mois d'avril
1637.

comme il les merite bien, et si vous en apprenés quelque chose vous me ferés beaucoup d'honneur de me le mander.

Nous n'avons rien icy de nouveau que je sache, et si j'obmets quelque chose, M. de St Romain [1] est très informé des affaires publiques et des nostres particulières dont il pourra vous entretenir, si vous l'avés agreable. Je me contenteray donc de baiser très humblement les mains à Madame avec vostre permission, et me dire tousjours,

Monsieur mon Père,

Votre très humble, très obéissant et très obligé fils et serviteur.

Avaux.

---

[1] M. de Saint-Romain de Senevas était originaire du Lyonnais. Le marquis de Saint-Chamond l'avait employé à diverses négociations en Allemagne et l'avait laissé au service de d'Avaux, en rentrant en France. Saint-Romain fut ensuite employé en Suède, puis au congrès de Münster. Comme ambassadeur, il alla en Portugal, en Suède, et aux conférences de Francfort après la paix de Nimègue.

XXVII

Hambourg, vol. 1, fol. 327.

De Hambourg, le 28 octobre 1637.

MONSIEUR MON PÈRE,

Voicy la 22ᵐ lettre que j'escris effectivement de
ce voiage; mais si elle est des dernières en rang,
elle est sans doute la première en l'ordre de mon
affection, et je l'ay remise à la veille du partement
de ce courrier, affin de vous mander de plus
fraisches nouvelles de toutes choses.

Je vous diray donc, Monsieur mon Père, en
premier lieu, que j'ay receu vos deux amples des-
peches de 2 et 9 de ce mois, et que je ne les ay
baillées à lire à personne d'autant que Dieu mercy,
j'avois la veue bonne, mais cella ne dure pas, et
cette expedition à laquelle je travaille continuellement depuis huit jours, tant en Suede qu'en
France, y a causé de la faiblesse et rougeur tant je
suis vulnerable par cet endroit. Que celuy là estoit bien plus heureux qui ne pouvoit recevoir
mal que par le talon! Je vous remercie très humblement de la relation de ce qui est arrivé à Mʳ de

S' Chamond [1], j'en suis marri pour l'amour de luy et me garderay bien de donner prise sur moy selon vostre precepte que j'observeray punctuellement ; mais il y a bien difference entre ce qu'on luy impute et ce que je pretens, comme je vous ay mandé cydevant. Je n'estime pas encore à propos d'en faire parler, j'auray patience jusqu'à la fin de cette année où j'espere une occasion favorable, sinon je quitteray tout, car la despense est furieuse icy et necessaire, mais je ne veus pas pourtant me faire justice à moy mesme. Vraiment, Monsieur mon Père, je suis bien esloigné, grace à Dieu, de polluer mes mains dans l'argent du Roy, après avoir refusé beaucoup d'occasions de proffitter legitimement quand j'y ay trouvé la moindre in-

---

[1] Sur l'affaire de M. de Saint-Chamond, nous n'avons trouvé que les deux lettres du comte d'Avaux à M. de Rorté, résident en Suède (Bibl. nat., fonds franç., vol. 15935, fo⁴ 48 et 62) : « Je ne vous sçaurois rien dire de France, sinon que madame de Longueville est morte et que le sieur Allego est enfin arrivé à la cour, après avoir attendu quinze jours le vent à Flessingue où j'apprens que M. de Saint-Chamond se trouve aussy avec vent contraire, mais pour luy je le nomme autrement et le crois favorable, selon que je puis comprendre par diverses lettres. » (26 septembre 1637.) — « La mauvaise réception que le Roy a faite à M. de Saint-Chamond tesmoigne assez que les affaires d'argent sont aujourd'hui les plus difficiles, et où l'on prend garde de plus près. » (31 octobre 1637.) V. aussi GROTIUS (Lettres du 15 septembre). « *S. Chaumontium revocatum arbitror pecuniæ regiæ ut audio largum erogatorem.* »

decence du monde; en cinq ans et demy que j'ay
esté à Venise en grand credit, je n'ay pas une seule
fois ouvert la bouche pour obtenir quelque grace
du Senat, quoyqu'on m'y poussat par plusieurs
exemples et propositions bien riante à un avari-
cieux [1]. Il y a dix huit mois que passant en cette
ville je n'y voulus pas recevoir six mil escus par
ordre du Roy pour un scrupule que j'y faisois.
Et sans aller sy loing, il n'y a que huit jours que

[1] La situation dont d'Avaux se plaignait à son père avec tant de
vigueur ne s'améliorant pas, il écrivit quelques mois après à M. de
Chavigny une lettre dont nous extrayons le passage suivant
(15 mars 1638, *Coll. Baluze*, vol. 168, p. 73) : « Je suis icy dans la
despense et le péril plus que jamais, et néantmoins je n'ay rien
demandé pour mes gardes, ny pour mes apointemens du conseil
dont il m'est deu deux années, ny pour autres causes légitimes. J'ay
touché simplement les apointemens de la charge que je fais icy,
sans quoy je n'y sçaurois subsister, et avec tout cella je suis aux
emprunts. Faites donc estat s'il vous plaist que le sieur Colbert
continue à me les paier et que cette despense est aussy nécessaire
que d'avoir un ambassadeur en Allemagne. Je n'ay pas affecté d'y
venir, ny n'ay aucun dessein d'y demeurer, mais durant que j'y
suis il ne faut pas me plaindre du pain ; et je vous proteste que j'ay
encores grand besoin de mesdits apointemens du conseil, lesquels je
vous supplie de me faire paier par dela comme sont plusieurs qui
ne bougent de leurs maisons dont mon Père m'a envoyé une longue
liste. Je ne sçais par quelle disgrâce l'on me veut tousjours traitter
diversement. Je vous supplie encore une fois ne le permettre pas.
Je suis sous vostre charge et me plains à vous avec toute raison. »
Le 14 septembre (*Coll. Baluze*, 168, f° 142), il renouvelait ses
plaintes. « Mon père, écrivait-il, m'a donné 6,000 escus, mais c'est
en avancement d'hoirie, et M⁅ Pépin peut en montrer le contrat. »

j'ay mesprisé cinquante mil escus en pur don pour ne faire autre chose que ce qui est porté par mes ordres ; je crois qu'un chacun en useroit ainsy et je vous supplie très humblement que cella demeure à vous seul, car je trouverois indigne de moy de prendre avantage de si peu de chose, et puis cella pourroit empescher une espargne que je tasche de faire au Roy, me persuadant que l'arrivée du Sieur de Meulles sera bien agreable à Mr de Bullion à qui j'escris et à Mr Bouthillier, à M^r le Chancelier et autres, car pour le Roy, Monseigneur le Cardinal, le R. Père, et Mr de Chavigni, c'est l'ordinaire.

Si mes hardes ne sont point encores parties, je seray bien aise qu'elles demeurent là, d'autant qu'il y a très grand peril sur mer à present que ce malheureux admiral d'Holande s'est retiré avec toute la flotte, les Estats l'ont cassé ; mais avant que sa charge soit baillée à un autre et qu'il soit en mer, il se fera bien des prises par les Dunquerquois [1]. Que si lesdites hardes sont en chemin, je fais prier Mr de Charost [2] de les laisser à Calais en atten-

---

[1] La *Gazette de France* annonce, le 2 novembre 1637, que le capitaine Martin Herspers vient d'être élu amiral par les États, et qu'il s'apprête à sortir bientôt en mer pour la rendre libre contre les courses des Dunkerquois.

[2] Louis de Béthune, comte de Charrost, était gouverneur de

dant qu'elles puissent passer sous le canon de Holande.

Je vous supplie me pardonner, Monsieur mon Père, si je vous fais ressouvenir de Neuf Chastel, je desire l'acheter s'il est à vendre, pour me retirer quelque jour en Champaigne quand je seray rebuté de la cour, dont je commence desja à me lasser, mais mon desir est limité au juste prix de la terre, et si Mr de Vaussemain en pense acquitter toutes ses debtes, je ne suis pas son homme[1].

Si quelque chose manque à cette lettre ou n'est pas assez expliqué, le present porteur y supplera et vous rendra compte de tous mes petits affaires; c'est un homme sage et reglé, en faveur duquel j'escris à Mr de Villesavin[2] dont il est parent et

Calais. D'Avaux écrivait de Calais, le 9 mai 1637, à M. de Chavigny : « M. le comte de Charrost m'a rendu icy toutes sortes de civilités et d'assistance; il est parfaitement aimé dans ce gouvernement, où il fait aussi régner justice. » (*Aff. étr. Suède*, IV, f° 453.)

[1] Neufchâtel sur l'Aisne fut en effet acheté par d'Avaux. Nous ne savons à quelle époque précise. La liste des possesseurs de Neufchâtel donnée par MELLEVILLE, dans son *Dictionnaire du département de l'Aisne*, est très-incomplète; elle n'indique ni d'Avaux, ni M. de Vaussemain, mais seulement J. A. de Mesmes, en 1683.

[2] Jean Phélippeaux, sieur de Villesavin, frère de d'Herbault et de Pontchartrain. Il avait été secrétaire de Marie de Médicis en 1616 et devint en 1635 conseiller d'État. Il avait une grande influence, sans doute à cause de ses relations avec Chavigny, dont il était le beau-père.

qui me le recommenda en partant de Paris, il aura sujet de faire pour luy à l'occasion de cet employ que je luy baille, non sans m'incommoder beaucoup, puisqu'il est mon principal secrétaire *et qu'il me faut estre tous les jours le pedagogue de Barois.* Ne luy tesmoignés pas, s'il vous plaist, que je m'en fais faute, car le monde est delicat et j'aime mieux souffrir que de reprocher. Je l'ay chargé bien particulierement de faire la reverance à ma mère de ma part, de l'entretenir de mon mesnage qui n'en a que le nom et de toutes nos nouvelles; c'est pourquoy je ne feray celle cy plus longue que pour vous assurer que je voudrois estre auprès de vous,

Monsieur mon Père,

Votre très humble, très obéissans et très obligé serviteur.

AVAUX.

XXVIII

Hambourg. vol. 1, fol. 352.

Du 18 novembre 1637, à six heures du matin.

MONSIEUR MON PÈRE,

Les affaires multiplient et m'obligent à proffiter
encore le temps de mon habiller pour vous escrire.
Le sieur Alego arriva icy il y a trois jours et m'a
apporté de nouvelle besongne, mais nul secours
ny espérance de tirer mes appointemens ny à
Paris ny à Hambourg, si cella dure il est certain
que je quitteray Hambourg pour aller à Paris,
c'est-à-dire après que j'auray eu encore quelque
temps de patience.

M. Aubery[1] est de retour en cette ville depuis

[1] Avec le comte d'Avaux se trouvaient deux Aubery ; l'un ne l'a-
vait suivi que par curiosité, l'autre était à son service. Le premier,
Louis Aubery, sieur du Maurier, était fils de Benjamin Aubery,
ancien ambassadeur en Hollande de 1613 à 1628. mort en 1636.
Il avait fait ses premières études sous Prioleau, puis à l'Université
de Leyde, et s'était mis à voyager. Il accompagna d'Avaux à Hambourg, et après être resté quelques mois avec lui, il visita les cours
du Nord. Ses notes de voyage, dont nous nous sommes servi avec
fruit, ont été publiées par son petit-fils, sous le titre de *Mémoires
de Hambourg, de Lubeck, du Holstein, du Danemark, de Suède
et de Pologne*. (Blois. 1735 ; la Haye, 1748, in-12.) Il mourut

avant hier, après avoir couru fortune entre Dantzic et Lubec. Je vous suplie de faire scavoir à Monsieur son père que je m'en resjouis avec luy, n'ayant pas le tems de luy escrire, mais je luy envoie les lettres de celuy qui a eschappé le naufrage et les Impériaux, qui sont cy encloses.

Le fils de M. des Rues[1] vient de partir pour s'en retourner en France par l'ordre de son père. Je vous suplie aussi de l'en faire advertir par quelqun des vostres[2]. Il s'en va avec M. de Gous-

---

en 1687, laissant un important ouvrage : *Mémoires pour servir à l'histoire de Hollande.* (V. sur lui la *France protestante*, I, p. 154 ; CHAPELAIN, *Lettres*, I, p. 613 ; GROTIUS, *Lettres*, édit. in-fol., *passim*.)

L'autre Aubery, celui dont parle d'Avaux, est moins connu, mais sa carrière fut plus accidentée. Fils d'un conseiller d'État et lui-même conseiller au Parlement en 1633, il avait un caractère très-emporté qui ne convenait pas à ses fonctions. Il quitta la robe et le service de d'Avaux pour entrer dans l'armée. (L. AUBERY, *Mém. de Hambourg*, p. 19 et 113.) Nous verrons plus tard qu'il fut tué au siége d'Arras.

[1] L'un des trois fils de Charles-Emmanuel des Rues, écuyer, sieur de Clorebois, maître d'hôtel ordinaire du Roi, puis maître ordinaire en sa chambre des comptes et conseiller d'État en 1627. (Bibl. nat., Cab. des titres, n° 15539.)

[2] L'abbé de Goussencourt était depuis longtemps attaché à d'Avaux. Déjà, en 1628, par une lettre du 26 février, d'Avaux le recommandait à M. de Béthune : « Il est bien gentilhomme et fils de feu M. de Goussencourt, conseiller au Parlement. Mais le partage d'un cadet de Picardie l'a obligé de se mettre à couvert dans l'église. » (Bibl. nat., 500, de Colbert, vol. 371.) — Le 10 août 1638, d'Avaux disait de lui à M. de Chavigny : « L'abbé de Goussancourt est un fort honneste gentilhomme dont le père et l'aïeul sont morts

sencour lequel j'envoie à Madame la Lantgrave de
Hesse [1]; celuy est une bonne occasion, j'ay eu
soing de toutes autres choses necessaires pour
sa santé et seureté de son passage tant par terre
que par mer, autant qu'on y peut pourvoir par
precautions. Je voudrois bien que Monsieur des
Rues [2] sceut que je suis très content de son fils et
que je me promets qu'il luy donnera aussy subjet
de satisfaction. Je vous escris cecy parmi des in-
terruptions forcées et les adieux de ces voiageurs,
joinct que l'heure presse d'envoier mon paquet au
messager. Les incluses pour la cour y seront s'il vous
plaist portées par les Sieurs de Meulle, Pepin ou

conseillers au Parlement, et luy est homme de mérite à qui j'ay
baillé diverses commissions en Allemagne dont il s'est très bien
acquitté. » Bibl. nat., *Coll. Baluze*, v. 108, p. 203.)

[1] Guillaume, landgrave de Hesse, était mort le 1er octobre 1637,
laissant la régence à Élisabeth de Hanau, sa veuve, « femme d'un
esprit supérieur et d'un courage au-dessus de son sexe », qui con-
tinua à soutenir le parti français. (GRIFFET, III, p. 91.)

[2] Ce jeune des Rues était un protégé du cardinal; car nous trouvons dans une lettre du secrétaire de Richelieu, Rossignol, à Stella
(11 septembre 1637. Bibl. nat., fonds franç., vol. 6650. f° 215): « J'ai
tesmoigné à Son Eminence les soins que vous preniés pour monsieur
des Rues à le rendre aussy sçavant qu'il est bien né. Je vous prie
luy continuer vos soins et lui baiser les mains de ma part. » Et Rossignol ajoutait : « Je vous prie d'asseurer monsieur d'Avau de mes
très humbles services, et le prier de me pardonner si le temps ne
me permet pas de me donner l'honeur de luy escrire. Il se présente
souvent des occasions de parler de luy, mais c'est tousjours avec
toute l'estime qu'il peust souhaiter. »

Henin selon cet ordre. Les Suedois ont eu quelque desadvantage qui me desplaist fort. Il est advenu par la negligence de Vrangel, car Banier est toujours luy-meme et est allé au secours avec toutes ses forces. Je suis mary que le dit sieur Alego ne m'aye raporté de meilleures nouvelles de la santé de ma mère, je prie Dieu qu'il la luy renvoie et vous conserve tous deux aussi longuement et heureusement que je le souhaitte.

Monsieur mon Père,

Vostre très humble, très obéissant et très obligé fils et serviteur,

AVAUX.

XXIX

Collect. Baluze, vol. 167, fol. 153.

DE MEULLES AU COMTE D'AVAUX.

19 novembre 1637, Paris.

MONSEIGNEUR,

J'arrivay en cette ville lundy sur le midy et allay descendre chez M. de Chavigny que j'attendis jusques à près de deux heures. Il receut mes despesches et me demanda ce qu'il y avoit de

nouveau. Je luy dis que s'estoit touchant la ratification du traitté de Vismar que M. Salvius nous
avoit enfin présentée, mais avec des conditions si
injustes et si desraisonnables que vous n'aviez pu
l'accepter manque de fonds et de pouvoir; il me répliqua seulement combien ils demandoient d'argent, je luy dis sept cent mille risdalles. Il fit un
heslas voulant dire que c'estoit beaucoup et me
remettant à une autre fois parce qu'il n'avoit pas
encore disné; je m'en allay de là au logis où je ne
trouvay que Madame de Roissy qui fut bien eston-
née de me voir et que j'entretins un instant seulement, puis je m'en allay en diligence chez Monseigneur le Cardinal qui venoit de partir pour
Ruel. J'allay droit au département du Rév. Père
que je ne trouvay pas, et aiant appris qu'il estoit
au petit calvaire, je m'y en allay où je trouvay
M. de la Barde auquel je fis bien entendre la
charge que vous m'aviez donnée bien particulière
de le visiter et luy rendis vostre lettre luy disant
que je ne manquerois pas d'aller chez luy; peu de
temps après le Père vint auquel j'exposay si heureusement le subjet de mon voiage, que l'un et
l'autre en demeura satisfait et dirent tous deux
plusieurs fois qu'ils avouoient que le Roy n'avoit
point de personne qui le servist plus addroicte-

ment que vous; et particulièrement leur contant
comme vous receustes le Sr Smaltz le jour que
vous luy donnastes à disné et que M. Salvius s'en
excusa, que je l'allay quérir et le ramenay chez
luy dans un carrosse à six chevaux, que vous le
fistes mettre à table au dessus de deux colonels
allemands dont l'un estoit de la part de Madame
la Lantgrave et l'autre de M. de Ransau, qu'après
le disné vous le menastes en vostre chambre et
luy fistes un présent d'une chaisne d'or de cinq
cens escus, ce qu'ils approuvèrent fort, et adjoustant
qu'ensuitte de cella il vous avoit dit qu'il laissoit à
Hambourg la ratification et qu'il croioit qu'enfin
les Suédois s'accommoderoient pour la somme,
ils admirèrent votre adresse. Après cella nous
parlasmes de Ransau, de Milandre et Banier dont
je leur rendis bon compte et leur disant que ce
seroit un grand bien si Ransau ne retournoit plus
à l'armée, ils me dirent que cella estoit fait et que
le Roy luy mandoit de venir en France et qu'il y
recevroit toute sorte de satisfaction; leur disant
ensuite que Milandre estoit un homme intéressé;
ils me dirent qu'ils y avoient pourveu, qu'on avoit
augmenté sa pension de moitié et qu'il estoit maintenant lieutenant général pour le Roy. Puis le Père
me demanda si je cognoissois Vrangel, je luy dis

que vous vous estiés enivré en Prusse avec luy
pour le service du Roy, ou que du moins vous en
aviez fait semblant et que c'estoit un fort brave
homme. Le Père dit là dessus qu'il voudroit bien
qu'il voulust servir le Roy; je luy respondis que
je croiois qu'il ne seroit pas malaisé de l'avoir,
tant parce qu'on parloit de le renvoier en Suède
que parce que luy mesme s'estoit offert à nous de
servir le Roy, si ma mémoire ne me trompoit. En
un mot, Monseigneur, le Père et M. de la Barde
demeurèrent fort satisfaits du subjet de mon en-
voy et le Père me demanda combien il y avoit que
j'estois à vous. Je luy respondis douze ans, et
après me licentia, me disant que j'allasse le lendemain sur le midy à Ruel qu'il me présenteroit
à M. le Cardinal. Aiant donc quitté le Père après
avoir esté une bonne heure avec luy et M. de la
Barde, je m'en revins trouver M. de Roissy qui
tout aussy tost après s'estre enquesté de vostre
santé, me demanda le subjet de mon voiage. Je
luy dis aussy fort en long. De là il me fit l'honneur de me mener souper avec luy (comme j'ay
tousjours fait du depuis l'ayant ainsi voulu), et puis
j'allay seulement donner le bonsoir à M. et à Madame de Mesmes et à M. et à Madame d'Irval. Le
lendemain mardy parce que j'avois veu M. de la

Barde le jour précédent, j'allay sur les sept heures du matin rendre ma lettre à M. le surintendant Bouthillier, qui la reçeut me demandant des nouvelles de vostre santé et me remettant à une autre fois parce qu'il y avoit une robbe longue avec luy que je ne cognoy point. De là j'allay chez M. le chancelier qui reçeut ma lettre me demandant aussy de vostre santé et rien plus parce qu'il alloit au sceau; de là chez M. de Bullion qui me fit dire que je donnasse ma lettre à M. Tubeuf; je dis à celuy qui me parloit de sa part que ma lettre s'adressoit à M. de Bullion; disant cella il sortit de sa chambre; et luy présentay ma lettre. Bien, bien, dit-il, je vous verray une autre fois, et rentra dans sa chambre. En m'en retournant au logis je saluay M. Aubery de vostre part et luy rendis vostre lettre. Celuy là me fit grand honneur, demanda bien particulièrement de vostre santé, de celle de son fils, et après un demy quart d'heure d'entretien me reconduisit malgré moy jusques à la porte cochère de son logis. Je luy dis en descendant que s'il n'estoit pas si matin, quoiqu'il fust dix heures sonnées, que je demanderois à saluer Mademoiselle sa fille de vostre part, sur quoy s'estant retourné on luy dit qu'elle estoit allée à Notre-Dame. De là, Monseigneur, après avoir

rendu conte à M. de Roissy de ce que j'avais fait
ce matin, je montay à cheval et m'en allay à Ruel
où le Père ne vint point que bien tard, et craignant que ma lettre ne fust trop vieille, parce
qu'il y avoit desja deux jours que j'estois arrivé,
je fis dire à son Eminence par son capitaine des
Gardes que j'avois une lettre à luy remettre de
vostre part, et une demy heure après, son Eminence revenant de la promenade, je luy présentay
ma lettre, me disant luy mesme que c'estoit assez.
De là j'allay chez M. de Noiers qui fut jusques à
huict heures du soir chez mon dit seigneur. C'est
pourquoy je ne l'ay pu voir que ce jourd'huy
merquerdy matin à Ruel où j'ay couché. Je luy ay
donc présenté vostre lettre avec celle de M. Colbert et vos très humbles baisemains, à quoy il m'a
respondu qu'il estoit vostre serviteur et que sans
voir ce que vous luy mandiez qu'il scavoit bien
pourquoy j'estois venu et en mesme temps tira de
sa pochette la lettre que je donnay hier à M. le
Cardinal, et je m'en vais, dit-il, présentement
trouver le Roy à Saint-Germain sur ce subjet. Une
heure après M. Dubreuil me vint dire que le Père
me demandoit pour me mener à son Eminence. Je
le suivis, et il me conduisit à la chambre de Monseigneur où estoit aussy le Père. Son Eminence

me voiant me dist : Entrés, Monsieur, entrés, j'ay
veu la lettre de M. d'Avaux, mais je suis bien aise
d'estre encores esclaircy de vous des prétensions
des Suédois, tant pour l'argent que pour le temps
et touchant le lieu du traitté; sur lesquels trois
points je le satisfis, et puis luy dis que pourtant je
n'estois venu icy que pour recevoir ses ordres, et
que s'il luy plaisoit ne point tesmoigner tant de
chaleur pour cette ratification que vous espériez
les faire contenter à ce que vous leur avés offert.
Mais pour le temps que porte le traitté qu'il doit
durer trois ans dis-je, Monseigneur, du jour des
ratifications livrées de part et d'autre, il me répliqua : Mais jusques à la paix si l'on peut; et là
dessus me demanda la copie de cette ratification
de Suède et si vous la trouviés bien. Je luy dis
que vous y aviés trouvé à redire quelques mots
que je luy monstray. Le Père dist qu'ils n'estoient
point de grande conséquence. Pour le lieu du
traitté il me dist, s'il se faisoit tout à Hambourg.
Je luy dis, il ne se peut pas, Monseigneur, parce
que le légat du Pape ny viendroit pas. Eh bien,
dit-il, on luy a voulu donner un présent[1]. Il est

_____

[1] Il s'agit ici de ce présent dont d'Avaux parlait à son père,
dans la lettre du 28 octobre. Richelieu ne se contenta pas de le
faire complimenter sur sa probité par M. de Meulles; il lui écrivit

vray, Monseigneur, Salvius luy a offert cinquante
mille risdalles soubs prétexte des grands services
qu'il a rendus à la Reyne de Suède dans le traitté
de Prusse. Mais, Monseigneur, il a la conscience
trop bonne et sert le Roy trop fidèlement pour
commancer à recevoir des présents, et ce qu'il
vous en mande, Monseigneur, n'est que pour vous
faire voir qu'ils doutent de pouvoir avoir toute la
somme qu'ils demandent puisqu'eux qui sont en
nécessité offrent une somme si considérable. Non,
non, dit-il, je scais bien qu'il n'est pas homme
d'argent et qu'il a trop de courage pour cella. Je
luy revaudray bien et au double, et là dessus me
prenant la main : « Assurés M. d'Avaux, me dit-il,
que je suis très satisfait de sa bonne conduitte et
content de vostre personne. Au reste voicy mon
intention, premièrement pour les cent mille risdalles de 1632 elles sont acquittées ou elles le seront par M. OEuft[1], et de cella je vous en feray don-

(AVENEL, V, p. 1065) : « Les gens de bien paroissent toujours tels
en toute occasion, et certainement j'attends de vous, en toutes celles
qui se présenteront, tout ce qu'on peut attendre d'une personne
pleine d'esprit, de probité et d'industrie à servir adroitement son
maistre... »

[1] Banquier hollandais dont Richelieu se servit pendant longtemps pour faire payer ses agents à l'étranger et envoyer aux alliés
les subsides et les pensions qui leur étaient servis. Le P. Lelong,
n° 30743, cite un recueil de lettres du banquier Hœufft. « Selon

ner un mot par luy, de plus jenverray cent mille
risdalles en argent comptant par M. Lumagne soubs
prétexte de faire des levées à ces quartiers là, et
de plus un pouvoir à M. d'Avaux d'obliger le Roy
de la somme qui sera nécessaire, et de cella je ne
veux pas que personne en sache rien, ny mesmes
M. de Bullion, c'est pourquoy si vous avés quelque
chose à luy demander, apportés moy le mémoire
et je vous feray satisfaire moy mesme. » Monseigneur, tous ses appointemens d'ambassadeur luy
sont deus, s'il vous plaisoit qu'il les prist à Hambourg, en cas qu'il y ait au fond l'affaire faitte (je
croiois avoir trouvé l'occasion bonne comme vous
m'aviés dit). Non, dit-il, mais apportés moy le mémoire de tout ce qui luy est deu et je vous promets que vous en serés payé avant que vous partiés,
qui sera dans trois jours. (Le Père tira aussy tost le
mémoire que luy avoit donné M. Allego, et le
donna à son Eminence qui me le rendit disant
qu'il n'estoit pas bien fait et que je luy en rap-
portasse un autre.) Cella se fust fait beaucoup
mieux avec le Père, Monseigneur, mais puisque
c'est une chouse arrivée de la sorte, je vous en

mon génie, écrivait Richelieu à Chavigny (21 nov. 1637), les lettres
de M. Hœufft pourroient estre mieux, mais selon le style de ces
messieurs qui entendent leurs grimoires, je croy qu'elles sont bien. »

donne advis. M. de Roissy ne l'a pas désaprouvée, et de quelque façon que je l'eust demandée, je n'y eusse rien fait, ny personne après moy. J'oubliois à vous dire que quand je parlay à son Eminence du présent que vous avés donné à M. Smaltz qu'il me dist que vous deviés luy donner davantage. M. d'Avaugour est icy et croit partir dans trois jours, mais dès que le Père m'eust veu, il me dist qu'il falloit me renvoier bien tost et demanda à M. de la Barde s'il luy avoit donné son ordonnance qui luy dist que non. Ne la luy donnés donc pas, et encores aujourd'huy les dernières parolles que m'a dittes son Eminence, c'est que je partirois bien tost, dans trois jours au plus tard, et que je me tinsse près. Tout le monde est à Ruel, et je suis venu seulement à Paris, Monseigneur, pour vous escrire. Je m'en retourne ce soir à Ruel, et si je ne pars je vous rendray conte de ce que j'auray fait. Je vois bien, Monseigneur, que j'ay passé mon ordre, mais les caresses extraordinaires de M. le Cardinal m'ont poussé jusques là et m'ont fait parler pensant bien faire. Arrivant hier icy, je trouvay M. de Roissy et M. Ogier qui vous faisoient archevesque de Rhins [1].

---

[1] Dans son journal encore inédit, le prieur François Ogier raconte que d'Avaux, en se rendant à Münster, rencontra à la Fère

Monseigneur, vostre très humble, très obéissant et très obligé serviteur.

De Meulles du Tartre.

J'ay donné à M. Lumagne la lettre pour M. le cardinal Barbarin.

XXX

Hambourg, vol. 1, fol. 353.

Du premier de decembre 1637.

Monsieur mon Père,

Je sé que vous avé trop de bontée pour ne me pardonner pas mes courtes lettres et la débilités de ma veüe qui mempaiche de les pouvoir escrire de ma main. Vous voiiés à quoy je suis reduit de me servir d'un telle secretaire, si le Roy en fesoit aussy aisement que moy il y auroit grand bruit an la Chancellerie. Barrois et Ganbier achaives leur taches depuis hier midy. Pour moi je né estés que

en Tardenois l'évêque de Soissons : « Il vint visiter M. l'ambassadeur, et entre autres discours, il luy dit qu'il esperoit une réforme effective des abus du clergé, quand il seroit cardinal, dignité qui luy estoit bien deue, et qui ne luy pouvoit manquer s'il vouloit se mettre dans l'ordre ecclésiastique. » Voir aussi, sur la dévotion de d'Avaux et la retraite qu'il méditait, Tallemant des Réaux, IV, p. 416.

quatre heur au lit et aye les yeus si petit que je
ne vois pas pour mabillier, cela vient de la multi-
plisitté des affaires qui y croiessent tou les jour et
qui pis es ne vont pas en mieux. M. de Saint-Cha-
mont me les a laissées en for mauvais état comme
je vous ayt mandé dès lors. Et antre aultres je suis
travailliés d'une extraime inquietude et aprehan-
tions de levenement du plus importent affaire que
le Roy ayt en Allemagnie; ces celuy pour lequel
jay depaiché le Sieur de Meulle qui vous laura
communiqués; il et tou changé depuis son partement non seullement par lartifis de nos ennemis,
mais de nos amy mesme qui semblent voulloir se
laisser abuzer dont je souffre davantage et ayt
plus de mauvaise gènes que le plus grand jaloux
d'Itally.

Je rescus les lettres quil vous a plu mescrire
les 6 et 13 du mois passé, car il y a aujourdhuy
quinze jour que je repondis à selle que le Sieur
Allego mavoit randue de vostre part. Je seré très
content daprandre que le voyage du Sieur du
Bruille ché vous pour senquerir du logis de M. de
la Haye ayt este suivy de quelque bon employ
pour luy. Je né aucun moien de rescrire à M. de
Mesme, je le feré au premier jour et sepandant je
le supplies quil mescuse et me tienne son serviteur,

comme aussy avec vostre permissions je baise
tres humblement les mains à ma mère et me
réjouis avec vous et elle de sa guerisons, vous
mavé fait grande grasse de men mander des nouvel, car le raport dudit Sieur Allego ne mavoit pas
contentés.

Je suis an paine de mes gens et hardes dont je
né aucune avis. M. de Mantoue[1] defun ma fait
beaucoup d'honneur de me venir chercher si loin,
mais come vous voiies je ne suis pas an etat de le
servir.

Je finis an vous suplient de faire porter les deus
pacquets pour la cour sy inclus par les Sieurs de
Meulle, Pepin ou Henin, et me faire lhonneur de
croire que je suis de cœur et de ame,

Monsieur mon bon Père,

Vostre très humble, très obéissant et très
obligé serviteur.

AVAUX.

[1] Le duc de Mantoue, mort le 21 septembre 1631, avait, par son
testament, nommé le duc de Longueville et le comte d'Avaux ses
exécuteurs testamentaires « au regard des biens qu'il possédait en
France ». (LEVASSOR, *Hist. de Louis XIII*, t. IX, p. 311 ; GROTIUS,
Lettre du 7 novembre 1637, éd. in-fol., p. 376.)

XXXI

Hambourg, vol. 1, fol. 355.

De Hambourg, le 8 de decembre 1637.

MONSIEUR MON BON PÈRE,

Je fus il y a huit jours contrain de vous ecrire de set mauvaise main par le defaut de ma veue et par lamploy de mes aultres escrivains. Je suis aujourdhuy an la mesme paine et je crains de vous en donner à lirre la presente (M. Henin vous en soulagera sil vous plait).

Jé rescu se matin lhonneur de vostre lettre du 3 novembre qui ma esté anvoié de Amsterdam par M. Laumonié lequel y est arrivé Dieu mercy avec le page et les hardes. Il eust quelque perille de là ycy, mais le vent a esté for bon depuis 8 jours pour venir. Jé eu baucoup de contentement de cet nouvel, mais selle que jé apprise aussi tost par vostre lettre du 20 octobre a bien tempéré ma joie, puisque on ne veut pas que je resoyve isy mes appointemens de la charge que je y fais. Ce nest pas que je trouve à redire de ce que le Sieur de Meulle set laissé anporter à une apparanse si

trompeuse, je y aurois estés pry moy mesme;
mais vivant come je fais en toute fasons, jé paine à
dijérer un refus et ne me rens pas encore, sy cela
a lieu, je ne seré jamais paiiés à moins du sucsais
d'une affaire d'importanse; tellement que me voila
responsable des evenemens, don jé plus de dépit
que je ne saurois exprimer.

Je vous anvoy si jointe une lettre de Monsieur
le Cardinal[1] à moy, et la reponse que je luy fis la
semaine passée. Je vous supplies de me honorer de
vostre jeugement là dessus; car jusque à la reception de vostre dit lettre du 20 octobre, je craingnois
de luy avoir deplu, mais je vous proteste en verité
quil me faudroit antérer, sy je luy voulois conplaire
dans loccupasion continuel où je suis. Jé adressé
ladit reponse au Reverend père et lay prié de faire
agréer mes excuses. Je serois bien ayse que
M. Pepin ou de Meulle, sil est encore à Paris, s'in-
format de mes raisons par la lecture de ma reponse
et portant le pacquais inclus audit père, quil lui
demandat de ma part sil luy a plu me rendre set

---

[1] Richelieu avait demandé au comte d'Avaux de lui envoyer un
mémoire sur les différentes affaires qu'il avait eu à traiter depuis
son entrée dans la carrière. Par une lettre du 30 novembre 1637
(v. *Coll. Baluze*, vol. 167, fo 165), d'Avaux refusa de faire ce travail avant son retour en France, sa mauvaise vue et ses grandes occu-
pations ne lui laissant aucun loisir.

offise auprais M. le Cardinal, et commant il laura
resceu.

Je loue Dieu de la diminution de la fiébvre qui
avoit saisy ma seurre Soyecourt, come aussy de la
rezolutions de ma niesse et de voste libéralités
envers elle. Tout cela est for bon et fort appropos
et comme vous dites justement : *Quis nostrum arguet
te de peccato,* mais qui ne dira au contraire que
vous faites et avés toujours fait plainement tout ce
que peut ungt bon et juditieux père de famillie.

M. Pepin me demande mon intentions sur les
affaires de M. de Rambures[1]. Ceste de neste pas plus
hastés que les aultres creansiés ni aussi plus tar-
dif, et faire ce quils feront. Je ne puis lecrire
audit Sieur Pepin, je vous supplies que M. Henin
luy an fasse mes excuses.

Je suis toujours an grande perpleycité sur les
affaires don je vous escrivit il y a huict jours, les-
quel vont an anpirent, par les grandes offres que
lon faict à nos amis pour les separer d'avec nous.
Je noublies chouse aucune pour, *et jam pene deficientes retineam in fide* et j'en crains merveuille-

---

[1] M. de Rambures, maréchal de camp, était mort le 10 octobre
1637, des suites des blessures qu'il avait reçues devant La Capelle.
(*Gazette de France,* 1637, p. 652.) Il était fils du *brave Rambures*
et de Marie de Montluc-Balagny, par suite allié aux de Mesmes.

ment lissue. Je baise très humblement les mains à Madame et suis,

Monsieur mon bon Père,

Vostre très humble, très fidel et très obéissant serviteur.

AVAUX.

XXXII

Hambourg, vol. 1, fol. 357.

D'AVAUX A MADAME DE MESMES.

Hambourg, 15 de decemhre 1637.

MADAME,

Je vous fais ce mot parmy beaucoup d'occupa-tions pour me ramentevoir en l'honneur de vos bonnes graces et vous dire comme Dieu mercy mes gens et mon bagage viennent d'arriver à bon port, dont je suis bien joieux; vous avés tant contribué de vostre temps et de vos soings à ce qui est de plus beau et de meilleur, qu'il est bien raisonna-ble que je vous en rende graces très humbles, en attendant que je vous en mande des nouvelles quand j'auray desplié bagage. Ils sont venus avec la dernière flotte de Holande et sans un temps tout

à fait extraordinaire qui ressemble plustost à l'esté
qu'à l'hiver, il eust fallu que mes hardes fussent
demeurées là six mois. Je vous supplie, Madame, de
vouloir assurer mon frère de mon très humble service et de la mortification qu'il me donne, laquelle
je reçois engré puis qu'il luy plaist, je sais bien qu'il
ne laisse pas de m'aimer et que c'est seulement une
penitence qu'il me veut imposer pour quelque temps.
Vous m'obligerés infiniment de l'abreger, et de
croire que je suis avec toute sorte d'amour et de
respect,

 Madame,

  Votre très humble et obéissant frère et serviteur.

         AVAUX.

XXXIII

Coll. Baluze, vol. 167, fol. 195.

Du 24 decembre 1637 après midy à Paris.

Mon fils, j'ay reçeu tantost vers le midy deux de
vos pacquets bien gros, dont l'un du premier et
l'autre du 8 de ce mois par les mains de M. Lumagne, en chacun desquels il y avoit une lettre pour

moy et une pour Monsieur de Mesmes que je luy ay
envoyé aussitost et à M. Aubery les siennes ; et d'autant que M. de Meulles doit estre à présent avec
vous, estant party d'icy du..... J'ay envoyé à
M. Pépin les pacquets pour M. Ezéchiel[1] avec la
coppie de celle de M. L. C. et la response à icelle,
pour s'instruire de ce qu'il a à s'esclaircir de luy et
vous en rendre compte selon vostre désir ; laquelle
affaire il a très bien compris et m'a mandé qu'il va
y travailler puissamment affin de vous en escrire la
vérité. Pour les pacquets à M. de Chavigny, Henin
les a portés chez luy et mis en main sy seure qu'il
les aura ce soir sans difficulté. Je suis marry que
vos yeux vous ostent la plume des mains, incommodés de trop de travail qui croistra de jour à
autre ; et par ce que vos lettres m'apprennent, n'ira
pas en mieux faulte d'autruy et non de vous. Mais
à la mode de Corbie le pape ne peut jurer. Je vous
advoue que j'en sue aussy bien que vous, et me
descharge sur la main d'autruy pour soulager mon
esprit autant que ma plume. Excusez-moy sy je
vous dis que vostre grande retenue et avidité à bien
faire, opère qu'on vous rebutte de ce qui est très
juste et que vous ne refusez pas à vos valets, qui est

---

[1] Le Père Joseph.

vostre appointement. Et ne vous plaignez pas du désordre auquel M. de Saint-Chamond vous a laissé toutes les affaires, et ainsy faisant, espérez bon succés à tous ces gens cy, et ne vous plaignant point du mausoing qu'ils ont de vous, ils se plaindront avec quelque raison quand nos amis auront passé, comme il se dit icy tout hault, avec nos ennemis jurés, et lors vous aurés la bouche fermée à vous plaindre du peu de soing qu'on aura eu de vous. Ainsy quoy debvoit faire quand tout prospéroit sy vous aviez esté puissant comme il estoit convenable.

Mons' de la Haye[1], comme je vous ay mandé, part bientost pour prendre le turban. Il m'est venu dire que c'est vous qui luy avez procuré cet employ.

Par mes dernières lettres qui sont toujours véritables, je vous ay mandé la santé de toulte la maison. A présent je vous donne advis que Madame de Mesmes a communié il y a une heure pour avoir place à se purger demain, mais sans hazard de vie, Dieu mercy, ainsy que le jeune Seguin m'a assuré[2].

---

[1] Jean de la Haye Ventelet, conseiller au Parlement depuis le 12 avril 1631, venait d'être nommé ambassadeur près de la Porte. Il y resta plus de vingt ans. Son fils lui succéda.

[2] Madame de Mesmes mourut quelques jours après, le 31 janvier 1638. (V. *Gazette de France*, 1638, p. 20.) — V. les vers de Bourbon à la suite des *Éphémérides* d'OGIER, p. 103. — V. aussi la curieuse lettre de Meulles à Rorté, que nous publions à l'Appendice.

Pour moy, j'ay un peu mal à la teste et un rhume causé des brouillards ordinaires de cette saison. Le Père Ciremond qui a quatre vingts ans, est confesseur du Roy[1], avec cette condition de n'aller point en Cour que lorsque la dévotion du Roy l'appellera, que le monde interprète contre le Père Caussin qui en usoit autrement.

La mesme mauvaise main de vostre lettre du premier du mois, a griffoné encore celle du 8, que je tiens estre touttes les deux du la Valée, car elles sont ortographiées à la mode de Champaigne; où je voids que vos hardes sont bien près de vous et sans doubte elles y sont et M. de Meulles, ou ils ont pery par les chemins. Je crois, comme je vous ay mandé, qu'il y a un tempérament à la proposition de M. Ezéchiel qui peult asaissonner vos appointemens et vous tirer de là sans sy grand naufrage. Et vous prie et conjure de ne vous affliger de rien sy ce n'est du mal de vos yeux qui me touchent plus que tout le reste.

---

[1] Le Père Caussin, confesseur du Roi, fut disgracié (10 décembre 1637) pour s'être trop mêlé de l'affaire de mademoiselle de La Fayette et pour avoir conspiré avec Anne d'Autriche contre le cardinal. Richelieu le remplaça par le P. Sirmond, vieillard de quatre-vingts ans, absorbé par l'érudition et étranger à toute intrigue. Le P. Sirmond (1559-1651) s'occupa surtout de l'histoire de l'Église, et publia plusieurs auteurs ignorés. Ses œuvres complètes ont été recueillies par le P. LABAUME, Paris, 1696, 5 vol. in-fol.

Quant à mon jugement sur la response à la demande extravagante de l'elixire des *Onze Ans* bien ou mal employé comme Dieu sçait, je soubscrips votre réponse [1]. Mais non pas au point de l'effectuement que vous en promettez après vostre retour, car lors sy vous tenez parolle, vous vous en repentirez; comme moy, quand je donnay à Madame de Barre cinquante chapitres à la main dressés avec soing et sueur par mon grand père, pour la maison et affaire de Navarre durant xxx ans de services, dont d'autres ont recueilly le fruict. *Et sic vos non vobis.*

J'ay dit à M' d'Herbigny que s'il persiste à faire religieuse sa petite fille, je la dotteray convenablement, comme j'ay faict Mademoiselle de Soyecourt, affin de lui oster l'amertume de quelques escus qu'il pourroit espargner par la charitable diversion que j'en ay faict.

On ne faict rien encore que je sçache aux affaires de feu M' de Rambure. Il fault vous y conduire comme les jeunes femmes du siècle font en la vanité des habits, et en un mot *militari in phalange;*

---

[1] M. de Roissy fait ici allusion à ce *Mémoire* que Richelieu avait demandé a d'Avaux sur ses diverses ambassades; mémoire qui aurait été comme le résumé, l'élixir de ses onze années de service (1627-1638). Voir la note 1 de la *Lettre* du 8 déc. 1638.

et pour conclusion je crains fort nos gens qui ne sont pas seulement *nutantes sed deficientes in fide.* Ce pas est fort glissant, et veuille Dieu que le mal n'arrive point du temps de vostre conduitte, car le maistre n'a jamais tort. Je finis pour songer à Dieu et me préparer à la naissance du salut de tous les hommes que nous donnera ce Dieu enfant lequel je supplie de tout mon cœur vous prendre et nous tous en sa protection, demeurant jusques au bout,

Mon fils,

Vostre bon père et plus fidèle amy,

ROISSY.

XXXIV

Coll. Baluze, vol. 168, fol. 135.

MADAME DE MANCY AU COMTE D'AVAUX.

5 juin 1638.

MONSIEUR MON TRÈS CHER NEVEU,

Je resois tant de consollasion de vostre bon naturel, que je ne vous puis esprimer le resantimant que jan ay. J'avoue que se dernier deplesir que gé resu du retenu de mon fils que ge ny sorois panser que les larmes aus yeus; ma santé an est

fort diminué, et sy ge fes ce que ge puis pour ne
me pas leser tout a fest abatre, pour luy il se porte
fort bien. J'aprans deus fois la semaine de ses
nouvelles par ma belle fille, quy est avec lui avec
liberté de sortir cant elle veut et ses jans ausy.
Au comansemant elle ny estoit pas; elle estoit os
Ursuline. On ne luy lesa que son cuisinier et un
valet de chambre. Il aitudie tout le matin et l'a-
près dinée il se promaine an la court. Il ne m'écrit
point, car il ne luy est pas permis. Ge croy que sil
le demandoit qu'il l'obtiendroit; il samble qu'il ne
san inquiaitte point. Pour le parlemant on leur a
fest dire qu'il ne san melle point et qu'il fase leur
charge. Si vous jugés dan aicrire come mavés
fest loneur de me le mander, la Providanse de
Dieu an ordonera come il luy plera. Ge ne croy
pas le revoir jamès ny vous ausy. Ge mandé à mon
fis de Morangy et à ma fille loneur de vostre souvenir. Monsieur et Madame de Roisy se porte fort
bien grase à Dieu, lequel ge suplie vous doner
ses grases ay benedicsions.

Je suis, Monsieur mon cher Neveu,

    Vostre humble tante à vous faire servise.

        J. DE MESME [1]

Du 5 jeun 1638.

[1] Cette lettre de madame Barillon de Mancy, la tante de d'Avaux,

XXXV

Allemagne, vol. 15, supp., fol. 152.

Du 4° decembre 1638 à Paris.

Mon Fils,

Vostre lettre du 9° du passé me fut rendue
avant hier au soir. Je voudrois bien que vostre
main se dispensast aussy bien que la mienne d'escrire longues lettres, sy ce n'est quelque mot important qui ne doibve passer que de vous à moy.
Pour responce doncques je vous diray qu'Henin a
veu M. Bourbon et lui a repeté adroitement ce
qui est de vostre desir; lequel luy a faict responce
que c'est luy Bourbon qui vous a envoyé les vostres
du Sieur Frinon [1] de son consentement plus que
de son sentiment, et qu'ainsy il luy sera bien aisé

nous paraît assez curieuse pour être placée ici, plutôt qu'en Appendice. Son fils, le président Barillon, avait été, en avril 1638, renvoyé du Parlement, pour avoir, dit Gui Patin (*Lettres,* I, 52), parlé
des rentes de l'Hôtel de ville. La correspondance que Henri Arnauld
entretint avec son cousin le président interné à Amboise et à Tours,
de 1639 à 1643, nous a été très-utile. Elle est conservée à la Bibl.
nationale, fonds français, 20632-20635.

[1] Sans doute Pierre Frizon, auteur de la *Gallia purpurata* ou
Histoire des cardinaux français, parue en 1638.

de descoudre cette toille qui n'estoit encore com-
mencée qu'avec trois gros points. Ensuitte vous
sçaurez que hier M. Ogier me vinst voir, qui fust
avec moy la pluspart de l'après disnée, et m'apporta la coppie de vostre lettre audit Sieur Bourbon, laquelle il me leut après m'avoir demandé
sy je l'avois pas veue et avois respondu que non;
il la consideroit en deux visages, l'un de perfec-
tion en la latinité que M. de Bourbon et le successeur en sa chere[1] avoient eslevée au dernier point
en sa presence, et l'autre face ne luy donnoit pas
tant de contentement, qui estoit le resultement de
l'impression de son diaire qui semble luy toucher
fort au cœur, et à mon advis encore plus à la
bource, contestoit touttes vos raisons par raisons
contraires et concluoit de ne demordre pas aisement de son desir dont il vous escriroit aujourdhuy ; aquoy je ne m'ouvris point, sinon de luy
donner esperance telle que je la prenois pour moy
de vous recevoir icy à ce prix nouveau, où vous
prendriez le soing de lire entierement son ouvrage
et puis luy ayder à le mettre au jour ; et pour

---

[1] Le successeur de N. Bourbon dans la chaire de langue grecque
au Collége de France était Pierre Valens. né à Groningue en 1561,
mort à Paris en 1642. V. dans le *Dictionn. de Moréri* la liste de
ses nombreux ouvrages.

vous dire mon sens comme de vous à moy, je crois que vous avés pris une bonne resolution; mais pour luy je doubte fort que sy cecy dure, il s'en tienne là, et s'il le faict imprimer oultre vostre desir il dira qu'on luy a desrobbé sa coppie, car il m'a dit qu'il l'avoit faict copier trois ou quatre fois [1].

Je voids encore dans vostre lettre et quelques papiers joincts, l'estat de la maison de la Reyne Mère baillé en Angleterre par quelqun de ses officiers et par l'ambassadeur dudit Royaume à vous qui est à mon advis veritable, mais je ne croy pas que l'on y depense tant pour elle que dit ledit ambassadeur, qui sont par vostre lettre cent cinquante livres sterling par jour, or par necessité j'ay appris que 20 livres sterlin vallent 1600 $^{liv.}$, que sy cela est vray les 150 $^{liv.}$ sterlin vallent par an 4,400,000 $^{liv.}$ qui est plus que le revenu ordinaire

---

[1] Il s'agissait de l'ouvrage de Ch. OGIER, *Ephemerides sive iter*…..
« M. Ogier, écrivait Meulles à Rorté, fait estat de faire imprimer bientost sa relation. » (28 août 1638, Bibl. nat., f. français, vol 15935, f° 110.) Mais le comte d'Avaux, trouvant ce livre trop élogieux, ne voulait pas qu'il parût de son vivant. V. la préface que F. Ogier a mise en tête de l'ouvrage de son frère : *Nolebat vir singularis virtutis et modestiæ onerari verecundiam suam tot laudibus, gliscente jam maxime in animis æmulorum invidia quæ postmodum crescente rerum gestarum gloria, latius etiam virus suum diffudit.*

de toutte l'Angleterre. Bien avons nous ouy dire icy
que par arresté des Estats d'Angleterre, on lui
donne 400,000 ^{liv.} par an qui est assez probable;
mais de tout cela vous ni moy, ny avons guieres
d'interests ; et je trouve que vous en avés beaucoup plus à vous obliger en vostre nom en L^{mil.} escus
pour la France qui ne vous en tireroit pas aisement
sy vous n'aviés la main à la paste, non plus que du
lieu où vous estes sy vous continuez à bien servir,
mais « parcius ista », comme disoit le chancelier de
Syllery : je seray bien aise quand vous m'escrirez
que vous en estes deschargé et qu'il sera vray, c'est
assez de donner son corps et sa vie et sa bourse par
le menu, sans la donner en gros. Les amitiés et affections du monde doibvent avoir des mesures, il n'y
a que celles de Dieu qui plus grandes et meilleures
sont et ne recoivent exceds ny mesconte. M. d'Irval et sa femme vous remercient de vos compliments, et ainsy toutte vostre lettre est expediée.
Maintenant j'adjousteray ce qui m'est survenu il y
a une heure, c'est que M. Legras[1] m'a visitté de la
part de la Reyne et apporté le pacquet cy inclus,
avec grand tesmoignage de Sa Majesté de satis-

---

[1] Legras était le secrétaire des commandements de la Reine et
intendant de sa maison. (AVENEL, *Lettres de Richelieu*, VI, 29 ;
COUSIN, *Madame de Chevreuse*, p. 418.)

faction en la reception de vos lettres sur la naissance de M[r] le Dauphin, qu'elle receut avec amour de la main du Sieur Morel [1] selon vostre desir. Il m'a adjousté qu'il estoit bien marry d'avoir oublié vostre dernière lettre que la Reyne [2] a fort estimé et dont des personnes d'honneur luy ont demandé coppie, ce qu'il a refusé acause de quelques parolles qui regardent le roy de Pologne, et autres où vous souhaittez l'accroissement du pouvoir de Sa Majesté, en cest Estat, jugeant que la philosophie du siecle pouvoit y trouver à glozer. Je n'ay osé le presser de me l'envoyer ou m'en donner coppie pour ne paraistre faire quelque reflection sur ses doubtes, croyant qu'en ayant gardé l'ostographe vous pourez m'en envoyer coppie sy bon vous semble. Mon esprit ne m'a pas manqué à desirer de luy quelque eclaircissement sur le portrait de M[r] le Dauphin qu'elle avoit commandé audit Sieur Legras lorsqu'elle leut vostre lettre; mais j'ay jugé qu'il fallait que cela vint de luy et ne m'en ayant

[1] Le sieur Morel avait été chargé par le Roi de porter à d'Avaux la nouvelle de l'heureuse naissance du Dauphin. Il était arrivé à Hambourg le 24 septembre. (V. la *Gazette*, année 1638, p. **623**, qui décrit les merveilleuses fêtes que d'Avaux donna à cette occasion.)

[2] Le vol. 168, f° 298, de la *Coll. Baluze* renferme une lettre originale de la reine Anne au comte d'Avaux (12 novembre 1638) le remerciant des bons sentiments qu'il lui avait exprimés.

pas dit un seul mot, la chose en est demeurée là.
Toutte la famille se porte assez bien, graces à Dieu ;
quoy que les frimats de ces jours cy ne m'ayent
pas esté favorables, mais donné une douleur d'es-
paule que le feu dissypera sy Dieu plaist, ne bougeant de ma chambre comme je faicts pour qui
que ce soit qui me visitte ; pour conclusion *si vales
bene est*. Je prie Dieu quil vous donne sa sainte
benediction.

Vostre bon père et parfaict amy,

Roissy.

XXXVI

Clairambault, vol. 383.

STELLA A D'AVAUX.

Abbeville, 9 juin 1639.

Monseigneur,

Le tracas de la Court m'ayant jusques à présent empesché de m'acquitter de mon debvoir
envers Vostre Excellence de vous faire scavoir le
succès de mon voyage, je tascherai de récompenser mon silence par la longueur de la présente et de vous rendre compte exacte de la

bonne réception qui m'a esté faicte en Court sous
la faveur de vos lettres et recommandations. En
partant de la Haye MM^{rs} d'Amontot et d'Estrades
me donnèrent la résolution de MM^{rs} les Estats,
rendue sur leur proposition au contentement du
Roy pour la porter en Court, et M^r le· prince
d'Orange me chargea de quelques instructions
secrettes pour en faire le rapport au Roy et à
Monseigneur. Ainsi, estant arrivé à Flissingen, je
passay heureusement avec la flotte de la Rochelle
et de Bordeaux composée de 45 vaisseaux marchands et de 5 vaisseaux de guerre, et estant
arrivé à Calais le 19 may, à minuit, je délivray
vostre lettre à M^r le conte de Charrost, et suivant
vos ordres le félicitay sur son heureux mariage.
Il me receut avec toutes sortes de faveurs et s'en
alla la mesme nuit en poste pour communiquer les
bonnes nouvelles que M^{rs} d'Amontot et d'Estrades
lui avoient envoyé par moy, à M^r le Grand Maistre
qui avoit mis le jour d'auparavant le siége devant
Hesdin. De Calais, j'arrivay à Paris le 24 may, et
n'eus aultre loisir que de deslivrer vostre lettre
adressée à Mr de Chavigny, et celles de MM^{rs} les
Estats à Mr de la Barde et par son moyen à
Mr Bouthillier le surintendant qui faict la charge
de secrétaire d'Estat pendant l'absence de M^r de

Chavigny : et par ses ordres fus obligé d'aller
trouver Monseigneur à Pontoise, qui, sur le rapport de M. Citois, me reçeut avec grandes faveurs
et graciosités, et m'ayant pris par la main et mené
dans son cabinet m'a demandé entre aultres choses, pourquoy je n'avois voulu revenir d'Allemagne, pourquoi j'avois été si longtemps en
chemin, et s'il ne m'estoit arrivée quelque mésa-
venture pendant le voyage. J'exposay à Son
Excellence ce dont j'avois été chargé par M' le
prince d'Orange et eus l'honneur d'assister avec
M' de Bois Robert et M' l'abbé de Beaumont à
son disner, où il n'y avoit personne à sa table que
M' des Noyers tout seul avec Son Eminence. Je
vous puis asseurer, Monseigneur, que le principal
entretien du disner fut sur vos grands mérites et
sur les heureux succès de toutes vos négociations ;
Monseigneur ayant dict par diverses fois que vous
estiez le plus grand ministre que le Roi avoit ès
pais estrangers, et comme en parlant des succès
continuels des Suédois (dont un chacun vous disoit
estre la vraye cause et le premier mobile), je dis
qu'il n'y avoit maintenant plus rien à craindre
pour eux que les frauduleuses menées de la court
de Danemark, et l'inconstante amitié du Cercle de
la Basse Saxe, Monseigneur répliqua ces mots

formels : De tout cela nous nous reposons sur M^r d'Avaux, et après le dîsner me fit commander par Mr Citoys de suivre la Court. C'est pourquoy je m'en retournay en haste à Paris et deslivray celles dont vous m'aviez favorisé à Mr de Roissy et M^r le Président de Mesmes, qui me receurent avec tant de faveurs et vives démonstrations d'une entière bienveillance que jen seray éternellement obligé à toute vostre très illustre maison. Mr de Roissy m'ayant mesme faict cet honneur de me conter en moins de deux heures tout le court de sa vie avec une si grande force de jugement, présence de mémoire et beauté de paroles que je ne crois pas qu'il y ait un esprit d'éloquence pareille en France.

Il est vray, Monseigneur, que M. le Chancelier, MM^{rs} les procureurs et advocats généraux, M^r des Roches et tous les autres messieurs que j'eus l'honneur de saluer me demandèrent de vos nouvelles avec grande passion et me parlèrent unanimement de vous comme d'un ministre sur la conduite duquel tournoit la machine de toutes les affaires d'Allemagne et de tout le septentrion. Ayant salué mes amis et donné ordre à mes affaires à Paris, je revins icy à Abbeville le vendredi 3 juin et par la faveur de Mr Rossignol eus une grande et ample

audience de Monseigneur en laquelle j'exposay
à S. E le mieux qu'il m'a esté possible l'estat
présent des affaires d'Allemagne, dont elle me
tesmoigna avoir receu un grand contentement et
me fit incontinent loger par fourrier, comme un
de ses domestiques, et me commanda de prendre
mes repas en sa maison. Le lendemain, Son Eminence alla voir le Roy à son retour du siége de
Hesdin, pour luy faire part des bonnes nouvelles et
de la desfaite de Maracini, que Mr Bouthillier avoit
envoyé icy extraicte de vos lettres; et comme elle
m'apperceut à la Court avec le R. P. Sirmond, elle
me fit dire par un de ses gardes qu'il fallait que je
vins faire la révérence au Roy et à la sortie de la
Chambre me présenta à Sa Majesté en disant :
Voicy Mr Stella qui revient présentement d'Allemagne où il a fort bien servi Vostre Majesté.
M^r d'Avaux luy en rend bon témoignage; et
comme après plusieurs paroles d'une profonde
submission je dis au Roy que vos soins et travaulx
estoient la principale cause de toutes les prospé-
rité des Suédois, et avoit relevé les affaires d'Allemagne du précipice où vous les aviez trouvé
après le départ de Mr de Saint Chaumont, Sa
Majesté dict à Monseigneur : « Je le scay bien.
M^r d'Avaux est le plus grand ambassadeur que

j'aye, il ne lui reste plus qu'une chose, qui est de faire la paix générale. » Mr Citois me dict hier avoir entendu dire à Son Eminence qu'elle me feroit expédier par M^r des Noyers une ordonnance de 1200 escus pour le reste de mes appoincte-mens, et le voyage de Hollande à la Court. Je ne m'estois jamais attendu à la centième partie de tant de faveurs, et ne say à qui rapporter mon bonheur, sinon après Dieu, à vos lettres de recommandation qui passent pour oracle à la Court, et à l'extraordinaire affection de Mr Citois, de Mr Rossignol et à Mr de Boisrobert qui disent du bien de moy à Monseigneur l'un à l'envie de l'aultre. Mr Rossignol a été extrêmement honteux d'avoir esté prévenu par la vostre, qu'il a incontinent faict veoir à S. E., et vous tesmoignera les ressentiments de l'honneur que vous luy avez faict par la response qu'il medite à cette heure, et par toutes sortes de bonnes et véritables services que vous le jugerez capable de vous pouvoir rendre auprès de S. E. Il m'a asseuré, comme aussy Mr de la Barde, que ce que l'on avoit mis en la lettre de mon rappel que vous estiez mal satisfaict de moy n'avoit esté fondé sur aucune lettre ni rapport de pardela, ains inséré par eux mesmes de peur que vous ne vous offenciez de mon rappel

en France, et que sur les instances que vous aviez
faict pour me retenir près de vostre personne,
Monseigneur avoit ordonné que je demeurerois
encores pendant le temps que vous aviez déter-
miné par vostre lettre et que l'on me feroit revenir
à la Sainct Jean prochaine.

Je me rapporte à ce qui en est, et vous supplie
très humblement, Monseigneur, de croire que,
horsmise une conjuncture si extraordinairement
favorable comme estoit celle-ci, je n'aurois jamais
voulu quitter le grand bonheur et advantage que
j'avois d'estre si près de vostre personne en si bon
employ et considération. Et quoyque la volonté
de Monseigneur m'aye séparée de vostre maison
quant au corps, que néantmoins mes vœux et
affections demeureront toute ma vie attachées à
vostre famille et en particulier à Vostre Excellence,
de laquelle j'ay receu en deux ans plus de faveurs
et de biens que je n'ay eu de tous mes autres patrons en l'espace de douze ; et à l'estime et bienveillance de laquelle je devray et rapporteray à
jamais tout mon advancement.

Je vous prie très passionnément, Monseigneur,
de recevoir ces paroles comme la foi et hommage
procédant d'un cœur qui vous est entièrement
consacré pour tant de bienfaits que moy et les

miens avons reçu de V. Exc., et de m'accorder
ce bonheur qu'après Monseigneur, j'ose vous allé-
guer comme une de mes plus grands patrons et
Mœcenas en France, et pour ce que vous m'avez
faict l'honneur de me commander que j'eusse à
vous escrire ce qui tousche Votre Excellence aussy
bien comme l'estat des affaires publiques, je
vous diray qu'il est impossible de vous exprimer
la grande estime et vénération en laquelle un chacun vous tient à la Court. Il me fauldroit employer
des cahiers entiers pour vous escrire seulement la
moindre partie de vos louanges, qui résonnent en
la bouche de tout le monde qui ne peult assez
admirer la grandeur de vostre esprit, la sagesse
de vostre conduite et les heureux succès de toutes
vos négotiations; et qui me tient extrêmement
heureux de ce que j'ay eu l'honneur de demeurer
deux ans auprès de vous et de faire mon appren-
tissage dans une si belle et célèbre escole. Les
honnestes gens chez Monseigneur disent haultement en parlant de V. E. : « Cet homme gouver-
nera l'Estat après nous », et les aultres : « Le Roy
ne peult récompenser les services de M^r d'Avaux
que par la charge de chancelier. » Mais de vostre retour *altissimum est silentium ;* un chacun
disant que vous avez apporté le bonheur des Sué-

dois en Allemagne et qu'il est à craindre que
vous ne le rapportassiez avec vous en revenant;
et à ce que je puis veoir et entendre, je crois que
vous obtiendrez plus tost tout ce que vous sçau-
riez désirer du Roy que vostre rappel; et que Sa
Majesté est porté d'un si grand zèle à la paix générale que le monde croit et dict haultement que si
vous estiez rappelé l'on parleroit plus jamais de
la paix.

Quant à l'estat présent de la Court, le Roy et
Monseigneur se portent mieux que jamais et tiennent tous les jours conseil ensemble. Monseigneur
le Daulphin a aussy recouverte sa parfaicte santé.
M^r des Noyers faict icy seul toutes les affaires de
la Court et jouit entièrement de la parfaicte confi-
dence de Monseigneur. Toute la noblesse et les
seigneurs qui suivent d'ordinaire la Court sont au
siége de Hesdin. Le R. P. Sirmond, confesseur du
Roy, est en haulte faveur d'estime près de Sa Majesté et dispose quasi de tous les bénéfices qui
sont de sa nomination. MM^{rs} Citois, Boisrobert (qui
est maintenant l'abbé de Chastillon), Rossignol, et
l'abbé de Beaumont, camérier de Monseigneur,
sont de la petite faveur de Son Eminence, l'entre-
tiennent tous les jours à ses repas, levées et cou-
chées, et font pour eux et leurs amis tout ce qu'ils

veulent. M^r le Roy qui est tousjours un de vos plus sincères et affectionnés serviteurs à la Court fait quasi seul toutes les affaires sous M^r des Noyers. Le conseil des finances est demeuré à Paris, d'où Mr de Bullion doit partir bientost pour prendre les eaux à Bourbon. Le fils de Mr Citois a eu la place de Mr Thibœuf et est premier commis de M^rs les surintendants...

STELLA.

XXXVII

Bibl. nat., 6650, fol. 229.

DE MEULLES A STELLA.

Hambourg, le 12 juillet 1639.
Receu à Paris le 1er aoust 1639.

MONSIEUR,

Excusés moy, s'il vous plaist, si je ne vous fis pas response dès la semaine passée; je fus si fort occupé que je n'en eus pas le temps. Je suis maintenant seul auprès de M. l'ambassadeur qui escrive, car Mr Barrois est depuis six semaines auprès du Roy de Danemark pour les salpestres, dont il n'a point encore de response; le sieur Gambier est tousjours malade et partant il ne peut escrire, et le

sieur le Large et vostre homme qui me soula-
geoient quelquefois n'y sont plus. Ainsy, vous
pouvés juger que ce que j'en dis n'est pas pour
faie l'empesché. J'ay esté trés aise d'apprendre la
bonne réception qu'on vous a faitte à la Cour ; elle
ne pouvoit estre autre puisque c'est le besoing
qu'on y avait de vous qui vous a fait rappeler
d'icy. Vous estes si parfaittement bien dans l'esprit
de Monsieur nostre maistre qu'il ne s'y peut rien
adjouster. Je ne lairray pas pourtant de vous
mettre quelquefois sur le tapis..... M^r le baron de
Rorté est en cette ville logé céans. Il s'en va bientost en France pour ses affaires particulières,
pendant que les publiques ne pressent pas beaucoup. .   .   .   .

DE MEULLES.

XXXVIII

Allemagne, vol. 15, supp., fol. 303.

Du 15 juillet 1639, à Paris.

MON FILS,

J'ay faict dire que j'ay pris des remèdes pour
ma santé, mais c'est pour n'estre point interrompu

à vous escrire. Je reçus mardy dernier vos deux depesches des 21 et 28 du passé, par les mains de Mr Lumagne qui me les apporta luy mesme, dont à l'heure mesme je fis la distribution à Hénin qui les porta au mesme instant à Mr Pépin, puis aux autres à qui elles s'addressoient. La première page de vostre lettre du 21 ne parle que des deux difficultés survenues entre vos aumosniers, lesquelles j'ay commises au mien qui s'en est esclaircy avec les plus intelligens, et dont je vous envoye la resolution cy enclose, qui me servira de descharge de tout cette affaire et à vous de satisfaction à vostre desir.

Je suis marry plus que je ne dis des surcharges de fascheuses affaires qu'on vous envoye tous les jours; il est vray que S. Em. se repose tant sur vostre addresse et conduite, qu'il croit que tout ce qui est impossible aux autres doibt reussir en vos mains; mais, pour moy, je trouve que tels bénéfices ne sont point sans cure. Ne croyez pas que j'aille publier les gratitudes creuses dont il vous repaist, aussy bien que beaucoup d'autres à qui il donne des lunettes d'approche, pour faire voir ce qui vient de luy tout autre qu'il n'est; mon fils, souvenez vous que l'on s'ennivre souvent d'autre chose que de vin, et dont on se gue-

rist plus tard que de celuy du Rhin; et je sçais
que l'autre jour qu'on luy disoit quelques unes de
vos excessives despenses, il respondit : Il fault
donc qu'il se ruine; mais, pourtant, il n'entra
point en aucune consideration de soulagement en
ces grandes despenses, qui ne sont faictes que
pour le seul honneur de la France, aquoy il a une
des meilleurs parts. Je ne sçay qui vous a escrit
qu'il y a icy des envieux à l'esclat de vostre gestion et des malveillans, mais il a dit vray quel
qu'il soit; car les deux qui se battent visiblement
à qui aura les estrangers, sont très unis pour ne
vous souffrir point et vous perpetuer où vous estes
à quelque prix que ce soit; et certes ils ne s'y mou-
lent pas mal, car le Père Joseph [1] est mort, qui seul
sans parler, leur mettoit le baillon à la bouche; et
cela mesme m'oblige de tant plus à vous escripre
touttes les semaines pour vous nourrir l'esprit,
puisque le corps m'en est interdit et que mesmes
je ne puis esperer de vous entretenir qu'en papier.
Croyez moi que si les vingt-quatre heures du jour
et de la nuit vous sont bien pénibles, elles ne me
sont pas plus douces à qui n'a personne dans le

---

[1] Le Père Joseph était mort à Ruel le 18 décembre 1638, âgé de
soixante-deux ans. V. plusieurs lettres de condoléance de d'Avaux
aux parents du Capucin, Bibl. nat., *Coll. Baluze,* vol 169.

sein de qui y puisse seurement verser ses souffrances, et ainsy nous nous ressemblons et je vous
rendray vos voix, puisque mes plus fortes et pures
affections sont où je ne suis pas.

J'advoue que vous m'avez fait rire quand je
vous ay imaginé icy frottant plus d'une foy vos
mains pour ce que j'ay extorqué au barbare pour
vous, et sur ce basty de beaux chateaux à Avaux[1]
sans bourse deslier, ny avoir mal à l'estomach de
la bonne chère que telles acquisitions vous pro-
duisent imaginairement. Je ne laisse pas pourtant
d'avoir arresté un jeune homme apotiquaire qui a
faict la premiere charge soubs Mr Regnault trois
ans entiers. Je le fis voir hier par Mr du Val médecin[2], qui me dit qu'il avoit étudié deux ou trois

[1] Le fief d'Avaux entra en 1584 dans la famille de Mesmes, par le mariage d'Antoinette Grossaine avec M. de Roissy. Il fut érigé en comté en 1638. Il comprenait une riche et fertile contrée, située dans la vallée de l'Aisne, dont les mouvances s'étendaient depuis Guignicourt et Prouvais jusqu'au village d'Avaux, à la limite actuelle des départements de l'Aisne et des Ardennes. Ce comté augmenté en 1670, par l'acquisition de la terre d'Ecri (qui prit alors le nom d'Avaux avant de s'appeler Asfeld), fut démembré en 1726. Les terres de Neufchâtel, de Menneville, etc., formèrent le marquisat de Nazelle. Les deux Avaux, Vauboison, etc., furent acquis par François Bidal, marquis d'Asfeld. Voir sur le marquisat d'Asfeld l'intéressante notice de M. JADART, dans la *Revue de la Champagne et de Brie,* année 1880.

[2] Sur Guillaume Duval, médecin et professeur au Collége de France, voir les *Lettres* de Gui PATIN.

ans en médecine et estoit capable de s'y mettre
sur le banc. Il se vante de sçavoir seigner et
cognoistre quelque chose dans la chirurgie, comme
aussi faict il de la chimye. Il parle bien allemand
et sçait du latin fort raisonnablement. Mr Regnault me respond de ses mœurs, lesquelles il dit
touttes bonnes; je l'ay veu et trouvé tout plein
d'affection à vous fair service. Je n'ay point mar-
chandé avec luy, mais seulement je luy baille
cinquante escus pour faire son voyage que Mr Pepin s'est chargé presentement de me rendre. Il
doibt partir mardy prochain, qui sera le 19 de ce
mois, et s'en aller à Calais avec le messager. Il
s'appelle Billot, natif de Sainte Menehoud, proche
de Lorraine. Il porte visage de 25 à 26 ans. Je
croy que si vous luy donnez quatre cens livres
d'appointement, ce sera trop peult estre; touttes
fois vous le proportionnerez à ce qu'il vault; et
pour les cinquante escus de son voyage, vous les
luy donnerez ou precompterez, quand il aura passé
six mois ou un an avec vous; vostre prudence
moderrera la profusion de vostre liberalité ordinaire.

Venant à vostre autre lettre qui commance par
la difficulté qui nous a un peu occupé l'esprit sur
la signature de Mr Bouthilier, je croy que la pointe

de vostre esguille a touché justement au but ; et
sur ce, je vous diray que durant l'absence de M^r de
Chavigny, Mr de la Barde qui a suivy dans le Nord
la Cour, a eu fort peu de part et d'entrée au ca-
binet de Mr Desnoyers et que M^r le Roy [1] faisoit
tout, ayant deux stances touttes plaines de co-
pistes qui travailloient soubs luy et le sieur de la
Barde n'en avoit qu'un ou deux qui estoient mal
chaussés. Et maintenant que M. de Chavigny est
de retour, il y a apparence qu'il remonstra sur sa
beste ; mais quoy qu'il en soit, et qu'il en arrive,
la jalousie y est si grande que si Mr de Chavigny
continue ses petits divertissements ordinaires de
femmes, de jeux, de promenoirs, il poura bien
deschoir du relief que sa bonne fortune luy avoit
procuré ; seulement vous diray-je que la Barde [2] et
le Roy paroissent tous deux bien intentionnés et
portés pour vous, mais je crains que s'ils trouvent

[1] M. le Roy, premier commis de des Noyers, secrétaire d'État à
la guerre.

[2] Le 16 juillet, M. de la Barde écrivait à d'Avaux : « Pour mon
particulier je n'ay qu'à vous rendre très-humble grâces de l'honneur
qu'il vous a pleu me faire par vostre lettre du 21, me mettant au
nombre de vos serviteurs. Je le suis, Monsieur, et le plus passionné
que vous aiés pour vostre gloire et pour vos intérest. Il est vray
que je ne puis chose du monde de moy mesme, mais je vous supplie très-humblement de croire que vous avez un solliciteur per-
pétuel près de Mr de Chavigny pour le faire souvenir de tout ce qui
vous regardera. » (*Coll. Baluze*, vol. 169, f° 99.)

un festu en leur chemin cela les empeschera de
faire un beau sault, comme à Zany à la comedie.
Je suis marry que ce Polonois scavantasse a faict
imprimer son invective sans vostre response[1] et
louer Mr Davaugour du feu qu'il vous donne pour
faire imprimer la vostre, qui seroit sans doubte
contre vostre flegme si excessif, si vous n'atten-
diez cette ordonnance de S. M. ou de S. E.
Mr Citois[2] la trouvée excellente, et j'apprends que

[1] L'arrestation du prince Casimir avait causé une vive émotion en
Pologne, et l'archevêque de Gnesne, Jean de Lipie Lipski, primat de
Pologne, avait accusé le comte d'Avaux d'en être la cause. Il lui
avait écrit le 3 fevrier 1639 une lettre très-aigre et en même temps
injurieuse pour le Roi. (*Aff. étr., Pologne*, vol. 4, f° 3.) D'Avaux lui
avait répondu le 9 mars (*id.*, f° 18). et il espérait que Lipski, ou ne
divulguerait pas sa lettre, ou montrerait aussi la réponse, « veu mesme
qu'elle luy est avantageuse en son particulier, horsmis peut estre en
quelque petit coing ». (Lettre à d'Avaugour, 6 avril, *Allemagne*,
vol. 15, f° 237.) Aussi apprenait-il avec étonnement que Lipski
avait fait imprimer sa lettre sans y joindre la réponse. (Lettre à
d'Avaugour, 8 juin, *Allemagne*, vol. 15, f° 275.) Pour se venger et
venger le Roi, il avait demandé l'autorisation de publier sa propre
lettre, ainsi que nous le voyons par une lettre de M. de Chavigny :
« J'oubliois de vous dire que je n'ay pas encore parlé pour ce qui
est de votre response à l'archevêque de Guenesne. Si le Roy trouve
bon qu'elle soit publiée, j'en donneray avis à M. d'Irval comme vous
désirés. » (16 juillet 1639, Bibl. nat., *Coll. Baluze*, vol. 169, f° 98.)
L'autorisation fut-elle accordée et le volume publié? Nous ne le
savons! Mais nous avons retrouvé de nombreuses copies des deux
lettres, aux *Aff. étr.*, à l'Arsenal (vol. 4532) et à la Bibl. nat.

[2] Citoys, médecin ordinaire du cardinal, lui servait aussi quelquefois de secrétaire. (AVENEL, I, p. 25.)

S. E. l'a fort estimée. Si Mr de la Barde faict bien, il ne sera pas de vostre advis et dira à M^r d'Irval que S. M. ordonne le contraire, et, en ce cas, nous concerterons avec Mr Ogier et relirons plus d'une fois les deux lettres, et y mettrons la preface ou intitulé que vous jugez y debvoir estre, dont au prealable on fera voir un autant audit Sieur de la Barde pour vostre descharge et la nostre.

Vostre mère est plus morose et chagrine que jamais, et j'en ferois autant à cause de mes maux, si je n'estois resolu de ne me pas croire, tant qu'il me restera quelque intervalle de petite santé au travers de mes incommodités accoustumées. Je vous remercie des nouvelles du progrès que faict tousjours le general Banier. Je vous envoye un memoire qu'on m'avoit donné et qui a fort couru d'une victoire très grande dudit Banier, mais les plus advisés maintenoient qu'il estoit faux parce que le frère de l'Empereur n'a bougé de Vienne et Prince de Florence y est encore. Ce sont les ouvrages de vostre esprit executés par ses mains, dont j'appréhende bien quelque revers contraire, car vos envieux s'en prevaudroient haultement, comme si vous estiez garend de la conduite d'autruy et que vous fussiez général des

armées de France et Suede en Allemagne, comme
a esté M͏ʳ de Feuquiere devant Thionville qui en a
eu tout le gré et honneur quatre guerres durant,
mais touttes sortes de blasme tousjours depuis,
car tous les capitaines et officiers des regimens
l'ont blasmé et tenue pour incapable de commander une armée qui ne sçavoit ny cam-
per ny faire combattre; ce que Picolominy qui
n'avoit pas dessein de pousser si avant ayant re-
cognu son desordre du haut d'un tertre voisin,
dit à ses gens que l'ennemi estoit en desordre, et
partant qu'il estoit sans doubte qu'on les forceroit
aisement. Au reste, on a veriffié qu'il n'a point
esté pris en combattant ny dans le chault de la
victoire de l'ennemy, mais bien dans une cho-
miere qui estoit à costé entre Thionville et le tertre où estoit Picolominy où il avoit mené son chirurgien pour penser son bras qui lui faisoit une
grande douleur, et comme tous ceux des nostres
qui passoient là auprès en fuyant le trouvèrent
en cest equipage s'arrestoient à luy, et ainsi firent
un petit gros qui apperceu des ennemis fondirent
sur eux et soudain tous ceux qui s'estoient arresté
à luy s'enfuyrent et mesme son chirurgien, et luy
seul fust pris et mené à Thionville et de la presentement à Bruxelles, et comme l'autre jour on

parloit devant le Roi et Son Eminence de trōc-
quer Jean de Vert avec le Marechal d'Horne,
quelqu'un dit qu'il valloit mieux le trocquer avec
Feuquiere. Le Roy respondit : C'est un bel homme
pour avoir tant de soing de luy ; or, il est vray
que le Duc de Veimars a faict grandes instances
que l'on luy remette entre les mains ledit Jean de
Vert pour le trocquer contre ledit Marechal
d'Horne[1] ; mais comme on a faict icy la sourde
oreille, iceluy marechal a envoyé au Roy un
gentilhomme qui est en cour pour en faire de très
fortes instances, protester au Roy une servitude
très estroite dudit marechal, et quelques-uns
m'ont dit scavoir bien que ce gentilhomme a adjousté des mots à l'oreille du Roy que si S. M.
pour raisons qu'il ne peut comprendre luy
reffuse ceste grace, l'affliction que ledit Maréchal
reçoit de sa longue detention le mettra au deses-
poir et le portera contre son cœur et son desir de
passer du costé du Roy de Hongrie, où il fera
veoir qu'il n'est point homme à desesperer. Je ne
garanty pas ceste nouvelle, car je desire bien

---

[1] Jean de Werth avait été fait prisonnier en 1638 par Bernard de
Saxe-Weimar et interné au donjon de Vincennes. Ce ne fut qu'en
1642 qu'il fut échangé contre le maréchal Horn, prisonnier des Impériaux depuis la bataille de Nordlingen (1634).

fort qu'elle soit faulse, mais il faut que vous sça-
chiez tout, bon et mauvais.

Madame de Roissy a esté bien aise quand je luy
ay dit que vous aviez envoyé le fils de Barrois [1]
vers le Roy de Dannemarc, quoy que ma joye en
soit moindre, car son père ne me sert guerres
bien en Champagne et M^r le Clerc encores pis,
dont je leur ay escript pouilles, car ils soutiennent
un marault nommé Champion qu'ils ont faict leu-
tenant à Avaux et qui me faict mil rebellions et
galanteries dont je pensois que lesdits deux beaux
frères romproient avec moy, et certes je les eusse
pris au mot; car je n'ay point accoustumé de souffrir les fredaines des vilains, m'estant alors resolu
de vous ordonner de vous en souvenir quand après
moy vous en seriez seigneur incommutable et
faire raison sans violance aux enfans de ceux qui
se sont revoltés [2] autresfois contre vostre ayeul
maternel et qui peut estre est mort pour leurs
malices; mais tout cela prenant un chemin plus
doux, je prie Dieu qu'il continue et qu'il donne

---

[1] Barrois, l'un des secrétaires, avait été porter au roi de Danemark
une lettre de l'ambassadeur du 18 juin 1639. (*Aff. étr.*, *Danemark*,
vol. 1, f° 375, et *Coll. Baluze*, vol. 169, f° 62.)

[2] M. de Grossaine, seigneur d'Irval, d'Avaux, de Breuil, de Besan-
court et de Bellefontaine, lieutenant général au siége présidial de
Reims.

ses graces à vous et à nous dorenavant, quant à moy,

Mon fils,

Vostre bon père et fort fidèle amy.

Roissy.

XXXIX

Allemagne, vol. 15, supp., fol. 307.

Du 16 de juillet 1639.

Mon Fils,

Certes je vous plains d'avoir affaire à un vieillard *qui senis et ideo garrulitate laborat;* quand mes veines sont ouvertes on ne les peult estancher. Voilà Mr Foisse qui me vient d'apporter le memoire, que je vous envoye cy enclos escrit de sa main, qui décide en un mot par l'advis de ses superieurs, que quand la feste Dieu est la veille de St Jean le jour maigre et le jeusne se celebrent le mercredy; et quant à l'autre question de la veille au jour de St Massias, personne ne met en doubte icy que ce ne soit la veille et non le jour; mais quant à moy qui ne suis pas si suffisant de corps que je puisse regarder les jeusnes comme

jadis, je me suis reduit avec douleur et sentiment
au proverbe de nos paysans, qui disent que quand
Jean faict jeusner Dieu, nous avons guerre en tout
lieu ; et par ce que ce mal universel nous presse
et que nous sentons la verité cuisante de ce proverbe, m'en souvenant par force, j'ay voullu vous
en donner part, qui sans moy n'en avez que trop
et à juste tiltre et injuste pour le mal que vous
en recevez.

Hier Mr Stella[1] me vint voir et fut quelques

---

[1] Personnage dont le rôle est aussi difficile à définir que le nom
à fixer ; car on l'appelle ou M. Stella, ou Stella de Tercy, ou Stella
de Morimont. Originaire du duché des Deux-Ponts et non naturalisé,
il devint, sans que nous ayons pu savoir comment, le favori de la
famille de Chavigny. Il était très-lié avec les érudits du temps, et
en relation avec les Elzevier Grotius en parle souvent avec éloge
(GROTIUS, in-fol., p. 317, 330, 331), et nous voyons, dans une lettre
de Chapelain du 10 octobre 1637 (I, p. 171), qu'il fut un moment
question de le nommer à l'Académie. Il avait été envoyé a Hambourg pour servir de secrétaire au comte d'Avaux et peut-être pour
l'espionner Il resta avec lui jusqu'à la fin de l'année 1638, et à son
retour en France cet érudit, auteur d'un panégyrique de Richelieu
(V. Guy PATIN, lettre du 12 août 1645) et d'un pamphlet contre
l'élection de l'Empereur (GROTIUS, passim), fut nommé professeur
du Roy ès histoires et mathématiques. En 1641, Richelieu l'envoie
à Brisach rechercher dans les archives tous les titres et renseigne-
mens concernant les empiétements de la maison d'Autriche en
Alsace et en Brisgau, Sungau et la forêt Noire (V. AVENEL, t. VI,
p. 774, et t. VIII, p. 97). Nous le retrouvons en 1644 résident royal
à Strasbourg, où il finit par mourir, « ne laissant que de nombreuses
dettes et pas une demi-pistolle dans ses caisses ». (V. LEGRELLE,
Louis XIV et Strasbourg, p. 127-132.) Outre les ouvrages de lui

heures avec moy, où je pris plaisir, par ce que nostre entretien ne fut que de vous, duquel il parloit si honorablement et avec tant de gratitude des graces et faveurs qu'il dit en avoir receues; et je fus obligé de croire que les recits qu'il avoit faicts plus d'une fois à S. E. de vostre conduite et encores de vostre magnificence aux actions du dehors, despenses et liberalitées aussy courageuses que Prince d'Allemagne face dans ses Estats, estoient plaines de verité ou du moins de bon sens, que vous avez gaigné par les moyens qu'on attire les hommes de vertu. Il me dit qu'il trovoit à la cour que vous aviez tout le monde pour admirateur, fort peu d'amis solides, mais beaucoup d'émulateurs et envieux de la partie qui excelle en vous et sur eux; il semble à l'ouye dire, que celuy qui n'a bougé d'icy prend le devant sur ce dernier voyageur; ce que j'ay voullu vous dire, afin que vous, qui estes homme de mer, nagiez directement entre Schille et Charibde. Car en un mot, toute la cour ne clos pas l'œil un quart d'heure en l'année, veillant continuellement à qui

que nous avons déjà cités, Stella avait composé un éloge de Bernard de Saxe-Weimar (Bibl. nat., *Coll. Baluze*, vol. 169, fᵒ 168). Il existe à la Bibliothèque nationale un volume renfermant un grand nombre de lettres adressées à Stella (fonds français, vol. 6650).

surprendra son compagnon, à quoy je dirois
volontiers et que vous sçaurez bien adapter un
vers de Properce, quoy qu'escript à autre fin :
Fanaque peccatis plurima causa tuis, car bien souvent *multa fiunt mala specie recti;* et nostre nature
perverse, par la continuelle ambition qui nous
agite, convertie les graces de Dieu du costé du
mauvais usage, quoy qu'il nous les ait données
pour le bon seulement, mais avec faculté d'en user
ou d'en mesuser selon que nous sommes bons ou
mauvais. Le Sieur Stella m'a dit qu'il vous a escript
de grandes lettres plaines de tous solides entretiens
qui à mon advis ne vous auront pas despleu ; mais
pour les miennes, qui sont touttes viandes creuses
et ennuiantes à un esprit trop occuppé comme est
le vostre, je suis d'advis que vous en disiez comme
Mr de Sillery des battologies des Sieurs de Verdun
et Masurier, quand ils estoient presidens à Tholoze,
et escripvoient des bibles de grosseur au lieu de
simples lettres, et ce bon seigneur les donnant à
Vulcan sans y porter sa veue, me disoit : *Requiro
prudentiam,* ce qui m'advertie de finir, n'ayant
appris autre chose dudit Stella [1] sinon qu'il s'at-

[1] Stella était déjà professeur du Roi en histoire et mathématiques, ainsi que le prouvent une lettre que lui adressait Rossignol, le
secrétaire de Richelieu, le 11 septembre 1637 (Bibl. nat., fonds

tend d'avoir icy une chaire de mathematique, et moy, la continuation de mes infirmitées, dont le corollaire est la carence de vostre veue et de vostre entretien pour descharger dans vostre sein beaucoup de sentimens qui m'oppressent. Priez Dieu pour moy et moy pour vous qu'il nous face reciprocquement la grace de nous voir là hault, puisque nous sommes privés de nous voir icy bas.

Vostre bon père et fidèle amy,

Roissy.

XL

Allemagne, vol. 15, supp., fol. 351.

De Hambourg, le 30 aoust 1639.

Monsieur mon Père,

J'ay receu la lettre qu'il vous a pleu m'escrire le 12. J'apprehende avec vous la fin de mon traitté, voires mesme six mois devant. Quels efforts ne feront point alors les ennemis, et d'ailleurs je vois des nuées qui me font désirer le couvert, *ne peccem ad extremum ridendus et ilia ducam.* J'en tiens

français, vol. 6650, f⁰ 245), et une lettre d'Omer Talon que cite Avenel, t. VIII, p. 169.

la cour fort bien advertie et prens mesme la liberté
d'ouvrir les chemins, de mettre avec honneur les
choses en seureté. Je travaille encores avec soin
dans toute l'estendue de mon departement, et
après cella : *non est sapientis præstare nisi culpam.*
Ce serait temerité de vouloir aussy garentir les
evenemens.

Il est vray que le roy de Danemarck n'a fait
aucun present au sieur Barois non plus qu'aux
autres gentilshommes qui y ont esté, hormis à
Mr Allego acause de la nouvelle dont il estoit porteur. C'est un prince fort mesnager, il a laissé
souhaitter ces jours cy à madame sa belle-fille un
cabinet d'Alemagne de trois mil risdalles que j'ay
veu ceant; elle l'est venu trouver à Gluckstat
avec le prince de Danemarck son mari, mais cette
visite, bien agreable d'ailleurs, n'a point esté suivie
de ce petit contentement, quoyque la princesse et
le marchand aient fait leur possible pour faire trouver beau ce cabinet au Roy. Cependant, je vous
supplie, Monsieur mon Père, que cet exemple si
haut ne retienne pas vos libéralités envers ma
femme, toutes les actions des Rois ne sont pas
roiales, et puis madame d'Avaux sera plus belle
que toutes les filles de l'Électeur de Saxe, je m'en
rapporte à M. Oger qui les a veues.

Je ne manqueray pas de vous rendre compte de la response que je recevray, sur l'atteinte que j'ay donnée pour mon retour, en suitte du desir que le roy de Dannemarck en tesmoigne, mais je crains qu'on ne me responde comme il a fait à sa bru, en faisant le sourd.

Mr le baron de Rorté m'a remercié du bon accueil que vous luy avés fait, et c'est à moy plus-tost à vous en remercier.

Les nouvelles de Savoie sont très fascheuses et me desplaisent vivement, je n'ai pas courage d'escrire à Madame [1]. Si le premier ordinaire n'apporte quelque chose de mieux, l'evenement du siege de la citadelle de Turin sera d'une extreme consequence, il y va de Casal et de toute l'Italie.

Je commence a descendre en bas pour disner avec la compagnie, j'ay les pieds de lene comme les dieux, ne pouvant encores souffrir ny bas de soie ny chaussure au pied gauche où j'ay esté blessé. C'est ce que je vous puis mander pour ce coup et que je suis selon mon devoir,

Monsieur mon Père,

Vostre très humble et très obéissant serviteur.

AVAUX.

---

[1] Chrestienne de France, duchesse de Savoie, avec laquelle d'A-vaux entretenait une correspondance régulière.

Je me viens d'aviser, Monsieur mon Père, que je vous puis envoier un duplicata de M' Davangour, dont j'ay aussy receu la première lettre. Vous y verrez plusieurs nouvelles où je suis meslé. C'est une pure supposition que ces lettres pretendues interceptées, et je n'escris point de ma main à la cour, comme ledit sieur Davaugour a bien respondu, mais néantmoins le roy de Pouloigne me veut envoier son ambassadeur et tenir correspondence avec moy. Je vois qu'en ce pais là ils me croient en toutes choses bien plus acredité en France que je ne suis, je les plains. Je vous supplie que l'article penultieme de ce duplicata ne soit que pour vous.

XLI

Allemagne, vol. 15, supp., fol. 358.

De Hambourg, le 27 septembre 1639.

MONSIEUR MON PÈRE,

Je suis tout Polonois, il y a huict jours que je ne bouge d'avec le sieur Gonschoffsky, palatin de Smolensk aux frontières de Moscovie, il s'en va en France, solliciter l'eslargissement du prince

Casimir [1], moiennant la caution du Roy son frère et de trente ou quarante des principaux seigneurs, car, pour le corps de la Republique, il me semble qu'il s'y est trouvé des difficultés. Je le traittay hier céans avec toute sa cour qui est nombreuse et en personnes de qualité et aussy bonne condition que luy mesme. Ils furent traittés *in amplissima forma,* et nous leur tinsmes teste depuis midy, jusques à six heures au soir sans quitter le champ de bataille, je ne vis jamais mieux faire; nous delivrasmes le prince Casimir, nous le mariasmes en France, nous conclusmes en moins de rien la paix generale, nous attaquasmes le Turc, et ce n'estoit rien devant nous que la bataille de Lépante. Je viens maintenant de luy dire a Dieu, ce qui m'a osté autant de temps d'escrire, outre que je suis las de me prester à toutes les nations,

---

[1] Le prince Casimir, frère du roi de Pologne, avait été arrêté au mois de mai 1638, sur les côtes de Provence, au moment où, se rendant en Espagne, alors en guerre avec nous, il voulait les visiter sans autorisation. (AVENEL, t. VI, VII, VIII, *passim.*) Interné d'abord à Salon, il fut amené ensuite au donjon de Vincennes. Son arrestation excita une vive émotion en Pologne; mais Richelieu s'obstinait à garder son prisonnier. Il fallut que toute la noblesse polonaise, le Sénat, le Roi, se fussent porter garants que jamais Casimir ne prendrait les armes contre la France, pour que le cardinal rendît le prince à la liberté. Casimir quitta la France au mois de mars 1640. Il devait y revenir plus tard après son abdication, et y mourir abbé de Saint-Germain des Prés.

et à ce propos l'ambassadeur d'Angleterre disoit
dernierement, que si le Roy sçavait combien je
vaus, je finirois mes jours en Allemagne, mais c'est
que le bon homme ne se contraint point du tout,
et il ne sçait pas que les Italiens ont souvent dit
que je n'estois pas d'humeur toute françoise. La
plus grande louange qu'Homère donne à Ulisse,
c'est qu'il l'apelle πολυτροπος pour marquer l'accortise qui est nécessaire à ceux qui voiagent par le
monde.

J'ai receu la lettre qu'il vous a plu m'escrire le
dix de ce mois, il me semble que vous faittes à
Paris ce que je fais à Hambourg, quand vous donnez cinquante escus à une duchesse, qui en peut
donner cinquante mille sans s'incommoder.

Je n'avois plus songé à cette dernière lettre
que j'ay escritte en Pouloigne[1], par ordre du Roy,
comme n'estant pas digne de vostre lecture, et
vous jugés bien qu'il est malaisé d'exprimer si
elegamment les sentiments d'autruy comme les

____

[1] Le roi de Pologne avait adressé à Louis XIII une seconde lettre
plus hautaine et plus aigre encore que la première. « J'en escris à
M^r l'archevesque de Gnesne par ordre exprès de Sa Majesté qui n'a
point voulu faire de response a la dite lettre. mais la faire faire par
moy » (Avaux à Avaugour, 3 août 1639, *Allemagne*, vol. 15, f° 335.)
Cette lettre de d'Avaux est du 29 juillet. (V. *Aff. étr.*, *Pologne*, IV,
f° 54; Arsenal, vol. 4532, p. 66.)

nostres, et que la colère ne veut point estre commendée; mais puisqu'il vous plaist de voir mes enfans et de les aimer beaux ou laids, je vous envoie les pieces dont vous faittes mention, vous suppliant très humblement que la despeche de la cour à moy et la mienne au sieur Lipsky ne soient copiées ny transportées hors de vostre veue par qui que ce soit, car j'en pourois estre blasmé.

Les Polonais n'ont pas songé à rompre le traitté de Prusse, ils sont plus justes et genereux que cella; mais bien l'Electeur de Brandebourg a fait passer sourdement quelques trouppes en Livonie où elles ont esté deffaittes à plate cousture, tellement que la guerre y a commencé et fini en mesme temps.

Je ne me puis remettre de ce que je vous ay escrit touchant les nunces, sinon peut estre que comme ils ont esté expédiés extraordinairement pour la paix, il faut qu'ils y apportent un soing et adresse extraordinaire s'ils veulent reussir, car à la verité les ennemis n'en monstrent encores guère d'envie. En ce mauvais estat des affaires publiques je me console aucunement de la fertilité de cette année en France et j'ay fait voir vostre lettre à des gens qui prennent plaisir à descrier nostre puissance, et à faire valoir ce qui s'y peut rencontrer de defectueux.

Je suis fort aise de l'esloignement de mon nepveu sous la bonne conduitte du père Lingende. Mr d'Irval m'en a donné advis avec un amour paternel, j'admire cella avec Mr du Vair et en demanderois volontiers des nouvelles à ma mère à qui je baise très humblement les mains, et suis,

Monsieur mon père,

Votre très humble, très fidel et très obéissant serviteur.

Avaux.

XLII

Allemagne, vol. 15, supp., fol. 358.

De Hambourg, le 22 novembre 1639.

Monsieur mon Père,

Il n'y a que trois jours que je me donnay l'honneur de vous escrire et de vous adresser une despeche pour la cour qui y sera portée par le courrier, lequel est parti d'icy le 12 de ce mois, et s'il n'estoit point encores arrivé, il seroit à propos de l'attendre. Je desire que la response m'en soit apportée par un homme choisi pour me servir de valet de chambre en la place de l'absent; et parce que cella ne merite pas de vous entretenir, je m'en vais prier mon frère d'Irval d'en choisir un comme pour luy, car c'est de tout temps que nous chaussons à mesme point et que nous sommes de mesme goust en toutes choses; plus ou moins de promptitude dans les actions n'empêche pas que le mouvement ne soit pareil, et enfin nous sommes frères et je m'en glorifierois n'estoit qu'il sembleroit que je me louasse en luy.

J'ay receu la lettre qu'il vous a pleu m'escrire le 4 du courant, je reçois aussy les nouvelles dont vous me faittes part comme vous me l'ordonnés sans appeller vostre bonté en garantie, elles se trouvent véritables par le rapport des autres et il y en a plusieurs du cabinet, lesquelles je n'apprens que de vous, dont je vous rens très humbles graces. Celles de deça sont que M. Banier tient Prague à l'estroit et a ruiné le plat pais dix lieues à la ronde, tellement que l'archiduc et Galas estant dedans avec l'armée et grande multitude de refugiés, ils se consument de peste et famine. Aussy envoient-ils courrier sur courrier à Picolomini pour le haster, mais il n'y sçauroit estre encore d'un mois, veu la nécessité de vivres par où il luy faut passer.

J'attens impatiemment ce qui reussira de nos soins auprès du duc de Lunebourg[1] desjà esbranlé, ce seroit un coup d'importance.

Le Roy de Dannemarck arrive aujourdhuy à Gluckstat. Il est sans cesse par les chemins comme un jeune homme et n'espargne avec cella aucune desbauche, et se porte mieux que le Pape[2]. Voila tout ce que je scais, et après avoir baisé très-humblement les mains à ma mère, je demeure,

Monsieur mon Père,

Vostre très humble, très obéissant et très obligé fils et serviteur.

AVAUX.

---

[1] Le comte d'AVAUX cherchait à décider le duc Georges de Brünswick-Lüncbourg à s'allier à la France et à la Suède. V. CHARVÉRIAT, *Hist. de la guerre de Trente ons.*

[2] Dans une autre lettre de d'AVAUX (*Danemark*, vol. I, f⁰ 319), nous trouvons ce passage sur le Roi : « Il fait toutes sortes de desbauches et avec excès, surtout il est invincible le verre à la main, et en cet estat, il feroit teste à toute l'Allemagne. Ses enfants naturels sont sans nombre, et il en a de tous âges, en descendant depuis 30 ans jusques à 3 mois... »

XLIII

Allemagne, vol. 15, supp., fol. 394.

A Paris, le 17e decembre 1639.

MON FILS,

Ceste semaine je n'ay receu aucun pacquet ny lettres de vostre part. Je croy que ce sont les mauvais chemins qui en sont cause, aussy bien que le retardement de la Valée, qui n'est encores arrivé, estant party dès le 12 du passé, et je ne scay que croire si ce n'est point volontairement qu'il ne vient pas, pour la honte qu'il doibt avoir de n'avoir sceu se conserver auprès d'un bon maistre qui l'a tiré de terre pour l'eslever au dessus de sa naissance. Mais c'est assez parler de ce mal advisé. Il fault que je vous die que depuis quinze jours que vostre frère a mesnagé l'esprit de la dame qu'il a desiré[1] en estant recherché par plusieurs personnes il y a plus d'un an, n'en a tiré à la fin que ce que

---

[1] Henri de Mesmes, veuf depuis le 31 janvier 1638 de Jeanne de Montluc, recherchait la main de Marie de la Vallée Fossez. Elle était fille de Gabriel de la Vallée Fossez, marquis d'Everly, et de Madeleine du Val de Fontenay-Mareuil. Elle avait été mariée en premières noces à Gilles de Saint-Gelais, marquis de Lansac.

jamais il n'en eust attendu, qui est un mespris visible de sa personne et une avidité furieuse d'engloutir ses biens, tantost sur une clause difficille, se laissant entendre par ses emissaires que c'estoit la clause de S. E., à un autre que c'estoit celle de sa belle mère qui gouverne Monsieur le Dauphin[1], à un autre que cela estoit bien deub à la disparité des aages, et en un mot vostre frère a tout rompu à platte cousture sans qu'il y soit allé du mien, sinon par assentiment et condescendance à son opinion et juste sentiment. Nous estions d'accord de six mil livres de douaire d'ameublis esgallement, six mil escus de préciput reciproque et communaulté à sa fille et collateraux contre le gré de vostre frère, mais pour eviter une demande insuportable qu'elle faisoit en consentant à l'exclusion des deux pour la communaulté d'estre recompensée pour elle et les siens d'un don de cinquante mil escus, et comme vostre frère tout plain d'une honorable affection quoy que porté au dela de raison, se feust laissé entendre à un qu'il tenoit son amy que pour ne mescontenter ceste dame de l'habitation qu'elle avoit demandé avec feux en

<hr>

[1] Madame de Lansac, Françoise de Souvré, qui avait épousé Artus de Saint-Gelais de Lansac, avait été nommée le 25 juillet 1638 gouvernante « de l'enfant qu'il plairait à Dieu de donner à la Reine ». Voir mad. DE MOTTEVILLE, I, p. 125, et AVENEL, VI, p. 73-77.

sa grande maison de Paris, il hausseroit le susdit
douaire de six mil francs à huict, au cas qu'il y eust
enfans d'eux deux, ou bien luy bailleroit l'habitation de sadite maison en cas qu'il ny eust point
d'enfans durant sa viduité ou trois mil francs par
an durant icelle, si ladite maison se trouvoit hors
de ses biens au jour de son descès. Cest amy non
amy porta aussy tost ceste parolle de l'autre costé,
et soudain grand conseil tenu où la dame seulle
de son advis, comme nous apprenons, remonta
courageusement sur sa beste et demanda dix mil
francs de douaire, quoy qu'elle n'en eust que quatre
en ses premières nopces et fust bien esclaircie que
feu ma fille qui en avoit eu cinq aux premières n'en
eust que quatre avec vostre frère. Mais croyant
tout luy estre deut et qu'une fille qu'elle avoit eue
de l'alliance de S. E. luy haussoit le chevet sans
mesure, non seulement elle hausse ledit douaire
sans mesure ny raison, mais veult precisement
l'habitation de sa maison à quoy elle sera affectée,
et non seulement pour sa viduité, mais pour sa vie;
cela aporté à vostre frère le faict cabrer au dernier poinct, cognaissant parfaitement et par infinis
adminicules et rapports qui ne se peuvent icy
mestre par le menu, que c'est un pur mespris de sa
personne et de sa robbe, comme si nous estions de

terre pire que celle de sa valée [1], et une avidité effrenée d'engloutir et absorber tous les biens de la maison. Cest pourquoy vostre frère, sans moy à qui personne du tout n'a parlé de la part de ladite dame, fit response que la veille de ce jour là il estoit tout plain d'amour et de noble affection pour elle, mais voyant ceste mutation qui luy faisoit cognoistre manifestement qu'on ne le consideroit point, mais seulement sa despouille, il vouloit bien qu'on sceut qu'il n'estoit point si desnaturé que se donnant, il voullust donner aussy la dignité de sa maison, qui n'estoit pas à luy que pour sa part et aussy peu ce qui regardoit ses frères qu'il aimoit et cherissoit tendrement autant qu'elle ses colateraux, pour qui il s'estoit contrainct en sa seule consideration ; que pour un mespris tel que cesluy cy, il ny a homme de courage qui ne se perdist plus tost que de plier, qu'il luy souhaittoit tout contentement ailleurs, puisque par ces demandes desreglées elle n'avoit pas à desir qu'on passast outre [2]. Depuis ce temps là trois jours durant, sont

---

[1] M. de Roissy fait allusion ici au nom de sa future brue, madame de la Vallée Fossez.

[2] Le 21 décembre, H. Arnauld écrivait au président Barillon : « On tient toujours dans Paris le mariage de M. de Mesmes rompu. Mais l'on dit que l'on travaille à le renouer. Je sais bien que M. de la Ville aux Clercs, qui en a été l'entremetteur, fut avant-hier fort

venus dix envoyés divers, tous anciens amis de
vostre frère, mais beaucoup plus de l'autre costé
à cause de la grandeur qu'on y croit jointe, qui ont
battu la mesme corde et ont desadvoué madame
Dollu [1] qui avoit porté ses premières demandes
impertinentes, et neantmoins ne s'en sont jamais
departis et en ont voullu disputer la validité et la
raison par tous les artifices imaginables; mais ils
ont trouvé un rocher inespugnable, tellement qu'il
ne s'en parle plus, quoy que je luy aye representé
de luy à moy, ce qui luy peult arriver, mesme soubs
main, de la part de S. E. qui a longue memoire,
mais rien pour cela tant il est clos à ce qu'il veult.

Je vous envoye cy enclos un arrest du parlement de Paris qui fera rumeur [2]. J'apprends qu'il y
a deux autres grandes affaires plus pressans Rome
que celuy cy, qui sont tout prests à esclorre; de
plus on revocque M. d'Estrée et on dit qu'on y

longtemps enfermé avec lui. M. Martin y était aussi. Au sortir de
cette conférence, M. de Mesmes parut fort ému. » (Bibl. nat., fonds
français, 20632, f° 226.)

[1] Sans doute la femme d'un président à la chambre des comptes.
(V. TALLEMANT DES RÉAUX, IV, p. 58.)

[2] Le Parlement avait rendu le 12 déc. 1639 un arrêt ordonnant
que les informations de vie et mœurs des évêques, etc., nommés par
le Roi, ne seraient plus faites par les nonces, mais conformément
aux droits de l'Église gallicane. Ce fut un des nombreux épisodes
de la lutte soutenue par Richelieu contre la cour de Rome.

envoye M. Servient. Voilà ce que vous a servy la
recommandation du Pape par le cardinal Bichy,
car nous tenons pour maxime qu'il fault envoyer
aux princes leurs ennemis seulement, qui me faict
croire que nous ne vallons guerres, puisque nous
nous deffions de ceux qui vivent dans la civilité et
se consilient les esprits des estrangers. Madame
de Savoye est en tel mesestime que la Reyne s'offensa bien fort il y a quelque temps des parolles
qui s'en disoient en sa présence que le papier ne
peult souffrir. Nous croyons que M. de Longueville a tiré le pied en arrière diligemment pour les
forces de Bavière qui s'opposent à luy. Hier Moyne
me rapporta trois de vos lettres latines que je luy
avois prestées il y a un mois, et que j'ay esté contrainct de redemander. Je le trouve un peu esco-
lier pour avoir esté avec vous si longtemps.
M. d'Irval est revenu pour les nopces seulement.
Je ne scay s'il s'en retournera puisqu'elles ne se
font pas. Je luy ay dit ce qui regarde la princesse
Marie, et un valet de chambre, vous donnant le
bon jour, car voilà onze heures qui sonnent, et le
courrier s'en va et moy je demeure,

Votre bon père et meilleur amy.

ROISSY.

12.

XLIV

Allemagne, vol. 15, supp., fol. 407.

De Hambourg, le 27 decembre 1639.

MONSIEUR MON PÈRE,

J'ai receu la lettre qu'il vous a plu m'escrire le 3
de ce mois, qui m'en a fait desirer une autre du
jour precedent puisque vous m'avés fait l'honneur
d'en escrire une page de vostre main ; mais j'auray
bien patience jusqu'au prochain ordinaire et me
contenterois d'avoir laditte lettre dans 15 jours,
soit que le sujet recoive changement ou non,
car je vois que vous en parlés douteusement.
Vous plaist il que je vous dise ma conjecture,
c'est que par lettres de la mesme date, Mr Ogier
me mande qu'on ostoit les seaux à Mr le Chancelier et que le bruit commun les donnoit à Mr Fouquet ou à M. Talon, que cella s'étoit dit chez
Madelle Boitte[1] par des Princes et Seigneurs. Or
j'ay consideré qu'aiant obmis une telle nouvelle
laquelle vous ne pouvés ignorer, c'est possible qu'on

---

[1] V., sur mademoiselle Boitte, TALLEMANT DES RÉAUX, t. VI,
p. 393 et suiv.

regarde Mr de Mesmes pour cet employ, car pour vous je sçais il y a longtemps que vous n'en voulés pas ouir parler. Je ne m'arreste gueres pourtant sur cette conjecture que je vous raporte faute de meilleur entretien, et mesme je veux mal à nostre robe qui me fait assortir mon frère aisné avec le fils de vostre advocat.

Mon jésuiste alleman est bien plus digne de sa nation que de sa societé, c'est un bon homme qui est justement employé icy selon son talent, je recognois encore en luy la bonne conduitte de ses superieurs et leur justice distributive. Au reste, je le protège et les catholiques en cette ville, et sans moy ils souffriroient, car le Resident impérial est sans aucun crédit et fort mal voulu du peuple, ainsy je n'en dois attendre que bien, et neantmoins l'advertissement qu'il vous a plu de me donner me tiendra un peu plus sur la deffensive.

Voicy enfin les trois quittances pour les trois mil escus qui me sont deus cette année acause de l'ordre[1], je vous supplie de les faire envoier à Mr Pepin qui en procurera le paiement.

Mr de Goussencourt m'a envoié des pommes et

---

[1] D'Avaux était depuis la mort du président de Chevry greffier de l'ordre du Saint-Esprit. Voir *Suède*, vol IV, f° 445, et la *Gazette de France*, année 1637.

des poires qui sont belles et bonnes, car nous en avons desja tasté ; c'est une rareté en ces pais icy, et je les fais garder avec grand soin contre les futures gelées qui ne pardonnent à rien. Je l'en remercieray au premier jour à tout hasard, car ces fruits sont venus sans lettre ny adresse, c'est peut estre pour recompenser l'année passée que les lettres arriverent et non pas les pommes.

Nous avons advis de Boheme que Picolomini estoit arrivé à Pilsen avec son armée, laquelle ne fait en tout que sept mil hommes, d'autant que plusieurs se sont desbandés en marchant et les autres demeurés par les chemins. On ne croit pas qu'il aille à Prague, mais plustost à Budveis où les Imperiaux font leur magazin pour se retirer de Prague, y laissant neantmoins quelques regimens en garnison, car ils ny scauroient subsister davantage faute de vivres et de fourage. C'est le jugement que l'on en fait, mais il n'y a encores rien d'assuré.

La prise de Frisen accommode fort les Suédois, et celle de Bautzen les honore ; vous aurés appris ces deux succés la semaine passée dans les lettres que je vous envoiay ouvertes pour Madame de Savoie et pour son agent.

Je prie Dieu qu'il luy plaise vous donner et à ma mère une très bonne nouvelle année, je ne

manqueray pas à son commencement de rendre
mes devoirs accoustumés à maditte dame, et cependant après luy avoir baisé très humblement
les mains je vous supplie me faire l'honneur de
croire que je suis,

  Monsieur mon Père,
  Votre très humble, très obeissant et très
   obligé fils et serviteur.

        Avaux.

XLV

Allemagne, vol. 13, fol. 51.

        Du 5ᵉ jour de 1640.

Mon Fils,

Je n'ay point receu de vos lettres ceste semaine
quoy que le froid ne l'ait point empesché, puisqu'il
faict aussi chaud qu'en may, mais bien peult estre
les longues nuits et les mauvais chemins; quoy
qu'il en soit, je ne laisse de vous escripre trois mots
pour vous dire que graces à Dieu nous sommes
encore et de plus que nous sommes mariés depuis six jours, quoy que ce soit l'année passée.
Je vous diray bien que la mariée est *uxoria forma,*

et plus belle qu'autre, fort doulce et qui ne fera
point d'équipée sur le quant à moy comme jadis [1]. Je n'y ay pas nuy, mais contribué adroicte-
ment ce que j'ay peu, non tant pour cecy que pour
achoper un autre dessein fomenté ou pour mieux
dire violanté par six ou sept levrettes qui voulleient
prendre nostre gibier sur nostre terre à nostre
barbe et sans parler à nous dont elles sont demeuré
fort sottes quand elles ont veu que les choses ont
tourné ailleurs par la soubmission franche que
vostre frère a faicte aux conseils de son père qu'il
a convertis en preceptes. Je ne scay s'il vous en a
escript et aussy peu s'il vous envoyera quelqu'un
exprès pour vous en tenir adverty de sa part, mais
je sçay bien que je ne puis ny vous doibs cacher
les secrets de la famille de laquelle vous estes un
des plus puissans arcsbouttans et *de his hactenus*.
Salces [2] s'est rendu à ce coup par composition fort

[1] Le 28 décembre, Arnauld écrivait au P. Barillon : « On vous
mande exactement tout ce qui regarde le mariage de M. le président
de Mesmes. Il alla samedi à Ruel avec M. de Fontenai et virent Son
Eminence. Avant hier sa future épouse alla chez luy où M. de Roissy
se trouva à ce qu'on m'a dict. Il devoit estre demain marié, mais il
se trouve mal. » Et le 1er janvier 1640 : « M. de Mesmes fut hier
marié quoique l'on dit qu'il ne se portoit pas trop bien. Je laisse à
M. de Mancy et à M. de Morangis à vous faire une ample relation
de toute la cérémonie. »

[2] Salces en Catalogne, dont Condé s'était emparé en juillet 1639,

honorable, ayant faict sortir un canon et toutte munition de guerre, vivres et meubles appartenant aux François; ç'a esté hier ou aujourdhuy comme on croit. Je ne scay comme vont les affaires de Piedmont, mais nous croyons que le Roy dans un mois ira à Lyon. Cependant le chancellier [1] après quinze grands jours qu'il a esté au filet dans Gaillon et autres maisons ça et là avec huict conceliers d'Estat et autant de maistres des requettes, sans oser passer outre qu'il n'eust son capitaine des gardes, le colonel Gassion avec ses troupes, entra dans Rouen le 2 de ce mois; tous les corps le sont venu trouver, lesquels il a tous interdits horsmis la chambre des comptes, que je ne scay pourquoy. Il y veult faire regner justice rigoureuse, comme on dit que fit le chancellier Poyet il y a justement cent ans, y estant entré par une bresche faicte exprès par commandement du Roy François; de

fut reprise par les Espagnols, le 7 janvier 1640, malgré la belle défense du gouverneur d'Espenan.

[1] Le chancelier Séguier avait été envoyé en Normandie avec des pouvoirs extraordinaires pour mettre fin à la révolte des Nu-pieds et punir les corps de Rouen qu'on accusait de connivence avec les révoltés. Parti de Paris le 19 décembre, il s'était arrêté à Gaillon pour attendre que l'armée de Gassion fût prête. (V., sur cette mission de Séguier, le *Diaire* ou *Journal de voyage* du chancelier Séguier en Normandie (1639-1640), publié par FLOQUET, *Rouen*, 1842, in-8°.)

laquelle histoire neantmoins je ne suis pas bien esclaircy et croy que cela ne se trouve que dans les registres dudit parlement. La faveur du sieur de Saint-Mars, à present grand escuier, augmente de jour à autre avec telle petulence en son procedé, qu'il fault croire qu'il sera bientost le maistre ou le valet. Je vous en ferois bien cinq ou six comptes selon qui se disent tous publiquement, dont celuy de Madame vostre bonne amie est le moindre, lequel soupant avec Monsieur et prenant dans sa poche des muscadins dans une petite boette d'or, Monsieur luy demanda que c'estoit et qu'il luy en donna sa part, il respondit que c'estoit de la drogue que sa sœur donnoit à ses galands dont elle avoit toujours sa poche fournie ; de ceste privauté ou liberté comme d'un ongle juge du lion, *sed parcius ista.* Toutte la famille est en santé, Dieu mercy, et moy je suis comme jadis

Vostre bon père et parfait amy.

ROISSY.

XLVI

Allemagne, vol. 13, fol. 53.

Du 6 janvier 1640, à Paris.

J'adjouste à celle que je vous escrivis hier qui est cy enclose, la presente pour vous donner advis qu'hier tout tard me fut rendu vostre pacquet du 13ᵉ du mois passé, où j'ay trouvé que vostre lettre est toutte de vostre main. Elle me satisfaict bien fort en toutte son estendue, horsmis à l'article de vostre santé qui est encores en supend jusques à l'esté prochain, et certes je vous en croyois totalement guery et le disois ainsy à tous ceux qui m'en enqueroient, comme fît encores hier Mʳ de Vantadour [1], chanoine. Peult estre que je me suis trompé entre le Monsieur et le Monseigneur envers S. E., car il y a plus de deux ans que je ne l'ay veu, mais je scay bien que toutte sa famille l'appelle ainsy, et quand on luy veult plaire, on use de ce mot. Si je n'ay pas gousté le latin du Legat, peult estre que ç'a esté par comparaison de

[1] Henri de Lévis, duc de Ventadour, pair de France, n'ayant point eu d'enfants, avait cédé à son frère sa dignité de duc, pour se faire chanoine de l'église de Paris. (Voir MORÉRI, *Dictionnaire historique.*)

vostre response, et Mr Ogier a esté de mon sentiment. Apresent que vous m'en envoyez d'autres
je les luy monstreray à la premiere veue et nous
en jugerons à nostre mode, comme la cour faict
des responses du Nonce extraordinaire Scotti[1],
dont je vous envoyay la semaine passée une
ample relation, laquelle il maintient faulse pour
la plus part, mais il n'a pas le courage d'escrire
ce qu'il dit et je l'ay dit à qui le luy dira. J'ay veu
aussy la lettre en creance du Roy de Dannemarc
à Vostre Eminence, et les tiltres reservés qu'il
employe en vous escrivant. Je veux croire que
c'est un stile des Roys aux ambassadeurs des
autres Roys, sinon j'aurois dequoy me douloir de
son peu de respect de luy qui n'est qu'un Roytelet ;
mais j'ay pris plus de goust à vostre response, specialement aux dernières parolles qui disent que le
Roy fera estime de son interposition officieuse
pour son nepveu[2], *Quæ vel hostes conciliare possit*

---

[1] Sur les difficultés de la cour de France avec le prélat Scoti,
envoyé par Urbain VIII, pour remplacer le nonce Bolognetti, voir
AVENEL, *Papiers de Richelieu*, VI, *passim*.

[2] Le prince Palatin avait été arrêté en France au moment où il
cherchait à aller prendre le commandement des troupes que la mort
de Bernard de Saxe-Weimar laissait sans chef. Les rois d'Angleterre
et de Danemark s'interposèrent en sa faveur. Celui de Danemark,
dit Levassor (t. IX, p. 289-295), fit plus de bruit que les autres et
parla d'un air menaçant.

dum ni hostes esse maluerint, que j'endens bien
frapper plus hault que le Prince Palatin. On tient
icy que vostre pretendu futur bon amy le Duc
de Lunebourg[1] a retourné jaquette, ayant par ses
crialleries quoy qu'allemandes, destourné l'orage
de Picolominy, qui debvoit passer par ses terres
et dont il s'est destourné pour ne l'offenser et ne
luy donner subject d'achever ce qu'il faisoit contenance de mesnager à vostre advantage. Au surplus, vostre mère et moy commençons à croire
que vous debvez vous marier à quelque damoi-
selle allemande, afin de nous envoyer un an après
un petit aisné pour consolation à vostre famille
que vous abandonnez par force et qui en vain
souspire après vous. M^r et Madame de Mesmes
partirent hier pour aller à Mareuil, ce n'est pas
voir leur oncle puisque c'est chés luy qu'ils vont,
et qu'ils sont ensemble, mais c'est pour fuir le
monde qui les accablent icy de visites[2] et ainsy j'en
ay tout le reflus, et mes après disnées y vont jusques au soir tout tard, ne me restant que quelque

[1] Sur le duc de Lunebourg, voir la lettre XLII.

[2] « On ne parle dans Paris que de la satisfaction que M. et
madame de Mesmes témoignent l'un de l'autre, et l'on dit que c'est
le plus beau commencement de mariage que l'on ait jamais vu. »
(Lettre d'Arnauld à Barillon.)

demie heure le matin pour vous asseurer que je
suis jusques au bout

Vostre bon père et meilleur amy.

Roissy.

XLVII

Allemagne, vol. 13, fol. 55.

A Paris le 14ᵉ jour de 1640.

Mon Fils,

Vostre lettre du 20 decembre me fut rendue
mardy 10ᵉ de ce mois, qui me faict voir que les
miennes du 24 de novembre vous ont esté à
goust, mais comme je comprens aisement que vos
sentimens sur ce qui vient de moy « *magis sunt
amoris quam judicii* », je ne m'en esleveray pas
d'avantage, veu mesme que celle la et touttes les
autres me tombent de la manche en dictant et
sans aucun ordre ny premeditation.

Vous m'avez faict grand plaisir de m'envoyer
la coppie de la lettre de Madame de Savoye à
vous avec votre response que j'ay faict cacheter et
celle de Mᵣ Mondin[1], qui luy ont esté rendues sepa-

---

[1] L'abbé Mondain, ou Mondin, mêlé à toutes les négociations
entre Chrétienne de Savoie et la Cour de France.

rement suivant vostre ordre et en sa propre main,
mais on a oublié de luy reprocher qu'il y avoit
eu deux precedens pacquets perdus, de vous à
elle. J'y ay veu combien ceste Princesse affligée
est bonne, et j'advoue que je ne puis supporter
les médisances malheureuses et extravagantes qui
eschappent icy contre elle. Je pense que sa pauvre
citadelle de Thurin est en grand hasard, car ses
ennemis ont levé un cavallier dans la ville qui la
bat de hault à bas, et d'ailleurs le dehors est fos-
soyé en sorte que nul secours n'y peut venir. On
doubte si elle subsistera jusques au dernier jour
du mois prochain. Le Roy faict estat d'y aller,
mais j'ay peur que ce soit à la mode de Venise. Je
suis fort aise que le clergé d'Osnaburg[1] ait son recours et protection vers vous, c'est un œuvre fort
agréable à Dieu que de secourir ceux qui se sont
totalement donnés à son service, et je suis fort
content de voir que le Roy l'a bien agreable. Il est
vray que je fus deux heures chez M^r le Cardinal
qui n'estoit pas au logis, et il l'a sceu par vostre
frère et a tesmoigné m'en sçavoir gré. Je ne sçay

---

[1] Nous avons trouvé plusieurs lettres adressées au comte
d'Avaux par le chapitre d'Osnabruck pour demander sa protection. (19 février 1639. Bibl. nat., *Coll. Baluze*, vol. 169, f° 194;
2 novembre 1642, *Coll. Godefroy*, vol. 272, f° 199.)

si je pourray y retourner, car l'hiver n'est pas plus
de mes amis que peult estre ce monde.

Mr Stella vint hier me voir et dire adieu comme
s'en allant à Brizac avec charge; il me dit seulement que s'estant voullu esclaircir à la cour jusques à quand on faisoit estat de vous tenir où vous
estes, on luy avoit dit que ce seroit jusques au
renouvellement d'alliance qui debvoit estre en
may 1641. Aujourd'hui j'ay appris que M^r de
Choisy [1], intendant de justice audit Brizac, y est
malade de fiebvre, et luy et Mr de Longueville
arrestés pour un milion ou douze cens mil livres
qui sont deubs au Gouverneur que le duc de
Vueimar y a laissé et aux quatre colonels et soldats allemands, et que desja ce Prince faict estat
d'obliger son comté de Neufchastel pour ceste
somme; et moy je fais reflection la dessus pour
vous, non pour craindre un arrest estant en ville
libre, mais pour craindre que les Suedois ne veuil-
lent renouveller l'alliance, acause du peu de foy
que nous leur gardons, ne les payant jamais à jour

---

[1] Jean de Choisy, conseiller au Parlement en 1627 (v. la lettre II),
maître des requétes en 1633, intendant en Champagne, en Roussil-
lon, en Languedoc, et des armées d'Allemagne. Il fut employé à
d'importantes négociations, surtout au moment de la mort de Bernard de Saxe-Weimar. Mort en 1660.

dit et leur faisant mil autres contraventions que vous sçavez mieux que moy et qui partant vous tiendront éternellement là.

Vous avez veu la relation du colloque entre le sieur de Chavigny et le nonce extraordinaire Scotti, c'est aujourdhuy un des grands achopement qui soit en la chrestienté, et si bientost cela ne s'accommode, les remedes par après y seront plus difficiles[1].

On tient que le concistoire a blasmé le Cardinal Barberin pour l'assassinat de l'escuier du marechal d'Estrée par un des suivans de dom Thadé, aquoy on adjouste un affront très insolent contre le Roy, en ce qu'on dit qu'au dessoubs de la teste dudit escuier, on a mis que c'estoit l'escuier de l'ambassadeur du roy de France, tellement que c'est voir le roy de France à la potence, ce que nul homme de bien ne sçauroit supporter s'il est aussy vray qu'on le dit.

Le sieur Mazarini est icy depuis huict jours; quelle charge il a, je n'en sçais rien, aucuns disent qu'il apporte une legation pour S. E., mais par ce qu'elle est trop courte, on ne la veux point

---

[1] La relation de l'entrevue de Chavigny et de Scoti, qui avait eu lieu le 7 décembre dans le cloitre des Cordeliers, est publiée dans les p.èces jointes aux Mémoires de Talon.

publier ny s'en servir, et j'ose croire qu'il n'en est rien du tout.

M^r le chancelier est arrivé à Rouen après 15 jours de chemin d'icy la, le 2 de ce mois avec huict conseillers d'estat et autant de maistres des requestes. Le 3 il a interdit le parlement, cour des aydes et tresoriers de France, par deux huissiers du conseil porteurs des patentes, qui les ont faict sortir de leurs places sur le champ avec commandement absolu de se rendre dans 4 jours aux pieds du Roy pour y recevoir ses commandemens et sa volonté [1].

Le mesme soir du matin il envoya le prevost de l'Isle avec commandement verbal, tirer des prisons cinq prisonniers que ledit Parlement avoit fait emprisonner tost après la sedition, les avoit interrogés et confrontés aux tesmoins qui estoient dans l'information, et par ce que c'estoit une sedition avec vol et ruine de nombre de maisons, sans autre ceremonie, ordonna que l'un d'eux fust roué vif et les autres pendus, ce qui fut faict le jour mesmes [2]. Il travaille continuellement en son

---

[1] Sur le cérémonial de cette interdiction par les huissiers du conseil Tourte et Leguay, v. FLOQUET, *Diaire*, p. 78-85.

[2] Sur l'exécution de Gorrin du Castel, chef des séditieux, et de quatre de ses complices, v. FLOQUET, *Diaire*, p. 112-116.

cabinet pour averer qui sont les complices de ce pernicieux dessein et les traitter selon leurs demerites. Cependant ces conseillers d'estat et maistres des requettes ont ouvert le parlement, et exercent la mesme judicature qu'il feroit s'il n'estoit point interdit. M' d'Ormesson, y preside ainsy que son fils me l'est venu dire, qui en arriva hier en poste. Le colonel Gassion est logé dans ladite ville en garnison avec six mil hommes de pied et douze cens chevaux que les habitans defrayent; et ledit chancelier a eu consideration des conseillers et presidens qui obeissant au Roy sont sortis et viennent trouver Sa Majesté, laissans leurs maisons à leurs femmes et aux soldats de garnison, ce qu'ayant jugé indécent, il a deschargé touttes les maisons des absens et les a logé aillieurs [1], et ceste action est approuvée sans controverse, mais cependant ne l'est pas de tout. Le president Seguier [2] est nommé par le Roy pour s'y rendre à ceste chandeleur avec 25 conseillers du parlement de Paris, pour y rendre justice et juger tous les differends de la province que le Roy a evocqué des mains des interdits et à eux renvoyés.

[1] Sur cette exemption de logement, v. FLOQUET, *Diaire*, p. 88.
[2] Le président Séguier arriva à Rouen le 29 janvier. (V. FLOQUET, p. 228.)

Si je n'avois encores un mot à vous dire, j'eusse finy ma longue et ennuieuse lettre à qui a mieux à passé son temps qu'à lire mes resveries, mais il fault que je vous die pour le dernier, que mardy dernier partit le maistre d'hostel de madame de Mesmes qui vous va trouver de la part de vostre frère et d'elle, et vous porte de leurs lettres et des miennes aussy, pour vous donner part de nostre commun contentement qui veritablement l'est bien fort, car c'est une dame qui merite beaucoup. J'apprens que vostre frère luy a donné mil francs pour son voyage à la charge qu'il ne prendra rien de vous pour quelque pressement que lui faciez, et de faict il en a laissé icy six cens livres et porte seulement le reste pour aller et revenir. Je ne vous donne point de conseil sur ce que vous avez à faire pour vous demesler noblement et sans aucune vanité de ceste affaire, car si vous surpassiez il le prendroit à outrage; si vous esgallez, à compe-tance; si à rien à mespris, si à my chemin vous considererez si vous vous satisfaictes en satisfaisant autruy; vous estes le sage, c'est pourquoy je ne dis mot, et si vous renvoyez quelqu'un des vostres en revanche de leur courtoisie, je ne seray pas marry qu'il m'apporte coppie des lettres des deux amans, en contreschange de celle que je vous en-

voye d'une belle fille et de moy qui nous aimons
parfaictement, car c'est en celuy qui est parfaict
que nos affections sont fondées, aussy bien que
celle qu'a pour vous,

Mon fils,

Votre bon père et fidèle amy.

ROISSY.

XLVIII

Coll. Morrison de Londres.
(Communiquée et copiée par M. A. W. Thibaudeau.)

De Hambourg le 24 janvier 1640.

MONSIEUR MON PÈRE,

Les lettres qu'il vous a pleu m'escrire les 5 et
6 de ce mois, sont des faveurs redoublées dont je
dois aussi continuer mes très humbles remercie-
mens, car je suis sensible au bien que je reçois, et
plus je le cognois et le prise, plus il m'est doux.
C'est en ces lettres que vous dites le bon mot que
mon frère est marié, et Dieu a permis pour la consolation de mon absence que vous aiés répété que
sa femme est belle, fort douce, et qui ne fera point
d'équipée sur le quant à moy comme jadis. Voilla
qui est bien aimable et qui me donnera la liberté
de luy escrire et parler en frère, si ce n'est qu'elle

mesme me traitte en estranger, mais je ne l'espère
pas. Cependant je me trouve bien empesché à
retenir l'affection qui me porte à en tesmoigner
ma joie à mon frère, et d'autre costé je crains de
rompre ses mesures veu qu'il ne m'en a pas
encores escrit. Il ne m'a aussi rien mandé de son
premier dessein, lequel il a heureusement soumis
à vos sages conseils, et je vous dois toute la grâce
de cette communication comme de beaucoup
d'autres qui seroient choses mortes pour un exilé
comme je suis, n'estoit que la charité paternelle
agit hors de soy et autant loin que près[1].

Il est bien vray que le roy de Dannemark est
fort réservé aux tiltres qu'il donne en escrivant, et
il ne m'a donné celuy d'illustrissime depuis que le
Roy m'a qualifié comte dans les lettres que Sa
Majesté luy a escrites. Il disoit auparavant *nobilis-
simo et generoso,* mais à présent *illustri et generoso,*
c'est assez, quoyque la reyne de Suède, j'entens
celle qui règne, me traitte toujours d'illustrissime.

---

[1] Le 18 janvier 1640, d'Avaux écrivait à d'Avaugour : « Il faut
que je vous communique la joie que j'ay d'une nouvelle qui m'est
venue de France depuis peu de jours, que M. de Mesmes se marie.
Vous sçavés avec quelle affection vous me luy avés veu souhaiter des
enfants. J'en espère de la dame qu'il espouse, car c'est une belle
veuve de vingt-deux ans, qui a une petite fille de son premier mari,
lequel estoit Mʳ de Lansac. Elle est fille du marquis de Fossé. »
(*Allemagne,* vol. 16, f⁰ 10.)

C'est une courtoisie particulière, et le roy de Pouloigne ne me l'a fait pas.

Le duc de Lunebourg ne se voiant plus au péril ne s'est plus mis en soin de chercher protection. C'est luy qui s'est laissé cageoller par Picolomini ou du moins par ses émissaires, et par ses lettres pleines de mille asseurances de ce qu'il ne tiendra qu'aussy longtemps que Banier luy donnera de la besoigne.

Puisque vous me parlés des lettres de M^r le légat, vous n'aurés pas désagréable qu'en la première et plus longue que je luy ay escritte, le sieur Henin raie ces mots vers la cinquiesme ligne *eæque sane non infrequentes causæ,* et remette au lieu, *et illa quidem non infrequentia tempora.* Je m'en avisay hier par rencontre en cherchant un autre papier.

S'il vient quelque nouvelle considérable entre cy et ce soir qu'il faut fermer le paquet, je l'adjouteray en la page suivante[1]. Cependant je demeure,

Monsieur mon Père,

Votre très humble, très obeissant et très fidele fils et serviteur.

AVAUX.

[1] La page suivante manque.

XLIX

Allemagne, vol. 13, f° 63.

A Paris le 3ᵉ mars 1640.

MON FILS,

Je responds à la vostre du 7 et 8 febvrier qui
m'apprend ce qui ne me plaist gueres que ceux
qui vous escrivent pour leur debvoir et le vostre
sont si retenus en leurs discours qu'ils n'excedent
jamais l'estendue du pouvoir où le Roy a besoing
de vostre service, et cela m'oblige de vous con-
jurer que si je vous escrits tout au contraire
de la vérité, des choses qui ne vous regardent ny
moy aussy que par contagion, mais par entretien seulement, vous preniez le tout comme une
gazette qui n'a rien de mieux sinon qu'elle n'est
pas commandée, mais telle que le croit celuy qui
les escrit. Je loue vostre prudence d'avoir donné
de l'Altesse à Mʳ de Longueville qui a du souverain en Allemagne ou auprès, à Neufchastel, et est
substitué à un Saxon.

Je ne scay si c'est moy qui vous ayt donné advis
de la chicanerie et mauvais traictement qu'on vous

faict sur le payement des appoinctement du marc
d'or, mais cela s'est trouvé vray ; car le payeur a
dit ces jours cy à Henin que cela avoit esté ainsy
ordonné par arrest du conseil et que ceux qui
payent le marc d'or sont receus à le payer en
telle monnoye, dont je ne croy rien, car en ce
temps cy on ne faict nulle grace à ceux qui doibvent au Roy.

Quant au general Banier, je me resjouy bien fort
qu'il soit toujours en bonne posture et son armée
aussy ; et encores plus que Picolomini soit contrainct d'entrer en la terre saincte s'il y en peult
avoir en Allemagne.

Je suis bien contant aussy que vous ayez
acourcy la frequentation avec le jésuiste alle-
mant.

Et pour fin, j'ay mandé à ma fille de Mesmes que
son courrier estoit arrivé à vous le 8ᵉ et que je
croyois qu'il pouroit estre icy de retour le 8 ou 10
de ce mois.

Nostre ambassadeur polonois est en doubte s'il
ira voir Monsieur, d'autant qu'il ne veult pas luy
donner la main droicte chez soy, disant qu'ils sont
tous deux frères de Roy ; et Monsieur dit que ce
royaulme est successif et Pologne eslectif ; le Polonois replicque que le Roy d'Espagne lors que le

Prince de Gales fut en Espagne luy bailla la main droite, quoy qu'il ne fust que fils de Roy. Je ne scay ce qui en sera[1].

L'on croit que les affaires de Rome s'accommodent, et on propose trois ambassadeurs pour Rome, Fontenay, Liencourt, Believre, fondé peult estre sur ce qu'autrefois le Cardinal Bichy vous a demandé de la part du Pape. Piedmont est mal et Thurin presse tous les jours davantage, mesme on dit qu'il y a quelque fort hors Cazal qui a esté pris par les Espagnols, et que le Prince Thomas et Leganez quand on leur demande de comprendre en la longue tresve qu'ils veullent faire la ville de Cazal et ce qui luy appartient au dehors, ils disent le voulloir bien, pourveu que le Roy en face autant pour le comté de Bourgongne, ce que nous ne voullons faire.

M. de Rorthé est party et Provencher aussy qui vous va servir et seront tous deux demain à Calais, Dieu aydant. Tantost la Valée s'en est aussy allé en

---

[1] « Monsieur ne veut pas donner la main droite au prince chez lui-même, et dit pour raison que si le Roi de Pologne était ici, le Roi ne lui donnerait pas la main droite, et que par conséquent lui ne la doit point donner au prince. On ne sait pas encore comment tout cela s'ajustera (4 mars)..... On ne croit pas qu'ils se voient (11 mars). » (Lettres d'Arnauld à Barillon, Bibl. nat., fonds français, 20632, f° 314, 318 et 319.)

Champagne avec ses lettres de noblesse signées en commandement par Bouthillier.

Je veux vous dire franchement que je me trouvay hier bien mal au retour du Louvre, et fus contrainct me mettre au lict pour une grande fluxion, dont la descharge estoit sur le mal que je porte il y a vingt mois; mais toutte nuict et à present je suis graces à Dieu en santé; et mesme je dicte toutte ceste lettre estant debout à ma table et sans douleur en quelque lieu que ce soit; mais mon mal plus pressant n'ira jamais qu'en pis, qui suis plus près de quatre vingt que de soixante dix-neuf. Le reste de la famille est en bonne santé, et ma fille de Mesmes va tous les jours au sermon à St Nicolas[1]. Je prie Dieu, mon fils, qu'il vous donne toutte sorte de contentement, à quoy j'auray bonne part, qui sera de vous voir à yeux ouvers et que vous puissiez me les fermer soubs la protection de celuy en qui je suis de toutte affection

Vostre bon père et intime amy.

Roissy.

---

[1] Où prêchait M. de Lingendes, évêque de Sarlat. (V. la liste des prédicateurs pour l'année 1639, *Coll. Clairembault*, vol. 383.)

L

Allemagne, vol. 13, fol. 69.

De Hambourg, le 21 mars 1640.

MONSIEUR MON PÈRE,

J'ay appris mal volontiers par vostre derniere du 3 de ce mois que vous vous esliés trouvé fort mal le jour precedent, et neantmoins je vous rens graces très humbles de l'advis qu'il vous a pleu m'en donner, ne desirant rien tant icy que de scavoir en quel estat je me dois representer vostre personne et vostre disposition, qui est le plus ordinaire entretien de mon esprit, avec l'envie du retour. Je loue Dieu de vostre convalescence si prompte; mais je seray pourtant bien aise si le premier ordinaire m'en apporte la confirmation; pour moy, à la veue prés qui n'amande pas dans ces emplois cy, je suis Dieu mercy en très bonne santé pour vous rendre très humble service.

Je ne m'estonne pas de la perte que je reçois sur les pistolles legères du marc d'or, ce sont des fruits de l'absence qui ne sont pas les plus amers. Ainsy l'année passée, on me refusa l'avance promise

et qui est commune aux autres officiers de l'ordre,
c'est pourquoi j'ay prié M. Pepin de dire au rece-
veur dudit marc d'or que je tascheray par tous
moiens de m'en retourner cette année pour eviter
une troisiesme frasque. Il dépend entierement de
M^r le Surintendant Bouthillier auquel il ne man-
quera pas d'en faire raport, et c'est mon intention.

Vous m'avés aussy soulagé beaucoup de me
mander le partement de Mr de Rorté (auquel j'ay
fait aussy tost preparer et tapisser une chambre
ceans), celuy de Provencher qui me vient servir, et
celuy de son noble predecesseur pour Champagne.
Quant au differend du Prince Casimir avec Monsieur, il ny auroit pas de difficulté, si l'on sçavoit
en France, qu'en passant par le Milanois il y a
quelques années, le cardinal Infant qui y estoit, ne
luy donna pas la main droitte chez soy. Comme
aussi dernierement l'Empereur ne la donna pas au
Roy de Pouloigne, son beau frère, qui l'estoit venu
visiter, dont les Polonois aians fait plainte et allegué
l'exemple de Henry troisiesme leur Roy, il fut respondu par les Imperiaux, qu'il estoit aussy Roy de
France avec lesquels les Empereurs traittent d'une
autre sorte.

Je viens presentement de recevoir une lettre du
camp suedois, d'assés fraische date puisquelle est

du 28 fevrier, auquel jour le Mareschal Banier se
mettoit en marche avec toute l'armée pour aller
au devant de Piccolomini, lequel venoit droit à luy.
Celluy qui m'escrit est un Resident que le Roy
tient en laditte armée[1], et il me mande que cella va
sans doute engager l'un et l'autre chef à une bataille, et qu'au raport des prisonniers, les ennemis
avancent avec une grande confience que les Suedois
ne tiendroient pas ferme ; ce qui s'est pris parmy
eux pour un bon augure, et que les Imperiaux les
tiennent plus foibles qu'ils ne sont.

On m'escrit de la cour qu'il est tout à fait necessaire que je tienne correspondance avec M. le Duc
de Longueville, affin qu'il puisse d'autant plus utilement employer les armes du Roi. J'ay ordre aussy
de luy mander mon sentiment sur quelque occur-
rence douteuse, et comme aussy de travailler à
establir un bon concert entre luy et le general
Banier, tellement que voilà nouvelle besongne.

---

[1] La France entretint pendant toute la durée de la guerre de
Trente ans des résidents auprès des différentes armées suédoises.
M. de Miré fut ainsi attaché à l'armée du maréchal Horn, en 1633
(V. *Suède*, vol. 3, f° 125); le baron d'Avaugour à celle de Tors-
tenson, puis de Wrangel. Auprès de Banier résidait M de Beau-
regard. (V. sur Beauregard, *Lettres de Feuquières*, II, 287, et
Allemagne, vol. 13 : « Mémoire et instruction au sieur de Beauregard
s'en allant par commandement du Roy faire séjour près du sieur
Banier en l'armée de Suède qu'il commande, 10 février 1637. »)

Le traitté avec Madame la Landgrave de Hesse est enfin presque conclu, mais pourtant il en faut attendre la conclusion [1] et l'execution, dont je vous donneray compte en son temps.

J'ay eu advis de la cour, conjointement avec celuy qu'il vous a pleu me donner, touchant la liberation du Prince Casimir; j'en escrivis aussy tost en Pouloigne et vous en envoie maintenant la copie, non pour vous en faire parade, veu mesme que je ny ay pas tant cherché la grace du stile, comme celle de la promptitude à faire valoir une si bonne nouvelle; ce sera donc simplement pour contribuer quelque chose à vostre divertissement, qui avés accoustumé par bonté *meas esse aliquid putare nugas.* Je baise très humblement les mains à Madame avec vostre permission, et demeure,

    Monsieur mon Père,

    Vostre très humble, très obeissant et très fidèle fils et serviteur.

AVAUX.

---

[1] Le traité fut conclu par M. d'Amontot, spécialement chargé de la negociation avec la landgravine, et par M. Grosic, représentant de cette princesse. (AVENEL, VI, p 681.)

LI

Allemagne, vol. 13, fol. 80.

Du 30 mars 1640, à Paris.

MON FILS,

Je responds à vostre lettre du 7ᵉ de ce mois,
qui m'a faict rire de la petitesse de ce grand Roy
Gotique, si enflé de tiltres pour recommander un
cheval. Jadis le Roi François se mocquant de pa-
reilles enflures en une response qu'il fist à l'Empereur Charles Quint, il se qualifia Roy de France,
bourgeois de Gonesse; et si, ce Charles de Gant
valloit bien quarente Roys danois; et il est trop
vray que tous les hommes et en touttes nations,
cherchent à s'eslever, quoy que par divers chemins; les petits par faire les grands en touttes
leurs actions; dont les sages se mocquent, et les
vrayment grands par les submissions volontaires
qui les exaltént justement par la recognoissance
qu'en font ceux à qui ils les departent; et ainsy
tous les François en Italie rabaissent les grands de
la France qui y vont, se faisant grands comme ils
croyent par la depression et mespris de ce qui

vaux mieux qu'eux; et les Espagnols tout au contraire, disans qu'un pied deschault espagnol est de los grandes, et par la se sentans au dessus de leur condition, veullent en estre tant plus estimés.

Je vous plains grandement du long exil où vous estes, dont les evenemens douteux me font fremir, mesme quand je considère ces grandes armées qui se regardent, où il ne fault qu'une estincelle d'un cavalier estourdy qui allumera le feu, qui peult traisner après soy une secousse horrible pour la France, et dont le contre coup ira jusques à Hambourg.

Ce que vous tenez pour constant est encores en doubte; scavoir, si vous viendrez à Paris prendre les ordres pour aller à Cologne[1], et Madame la Duchesse d'Aiguillon[2] qui a esté pressée par Mr Pepin de le scavoir, n'a pas encores esclaircy ledit Sieur Pepin, si ouy ou non; quoy qu'elle parroisse très affectueuse envers vous; car elle vous a escrit comme il m'a dit, et sa lettre autant fondée sur

---

[1] C'était à Cologne que devait d'abord se réunir le Congrès, qui se tint plus tard à Münster.

[2] Marie de Vignerod, marquise de Combalet, nièce de Richelieu. La terre d'Aiguillon avait été érigée pour elle en duché-pairie en janvier 1638. Voir sur la duchesse d'Aiguillon le volume de Mr Bonneau-Avenant.

l'estime que S. E. faict de vostre conduite que sur particulier amour qu'elle ait pour vous.

Mr de Bullion me dit avant hier qu'on estoit toujours sur la conclusion d'une tresve de sept ou huict ans, et que les Hollandois et Suedois en estoient d'accord il y a longtemps, ayant donné les mains au Roy pour cet effect.

Mr de Choisy, intendant de justice en l'armée de Mr de Longueville, et qui s'y en retourne dans trois jours, dit que tout y va bien et que ce Prince est tout hors de fiebvre et son desvoyement d'estomach arresté; et hier moy allant au Louvre, je trouvay les carrosses de sa belle mère et de sa fille qui marchoient par la ville avec toutte apparence de contentement et quietude d'esprit[1].

J'ay envoyé trois fois Henin chez l'ambassadeur de Pologne, et à la dernière fois, il fit response qu'il estoit empesché et qu'on revint le lendemain; ce que m'ayant rapporté, je dis qu'un bon sergent prend telle response pour reffus, et ainsy je le dispensay d'y retourner, et me semble que j'ay bien

---

[1] Le duc de Longueville avait épousé Louise de Bourbon, fille du comte de Soissons, morte en 1637, dont il avait eu Marie d'Orléans, mademoiselle de Longueville, qui joua un certain rôle dans la Fronde et épousa le duc de Nemours. Le duc de Longueville se remaria en 1642 à Anne de Bourbon, fille du prince de Condé. (V. COUSIN, *la Jeunesse de mademoiselle de Longueville*.)

faict; veu mesmes qu'un des siens fut nagueres chez le president de Mesmes, disant que son maistre le viendroit visiter l'après disnée, vostre frère l'attendit tout le jour, touttes choses preparées pour cela, et au lieu de venir, un Polonois qui s'estoit eschappé des sergens un peu blessé se vint refugier chez vostre frère pour y attendre ledit ambassadeur, lequel ny estant point venu, et la nuict pressant ledit Polonois de s'en retourner au fauxbourg St Germain d'où il s'estoit sauvé, après que vostre frère l'eust faict soigner et traicter en sa somellerie par ses officiers, le renvoya audit fauxbourg dans son carrosse avec deux ou trois des siens pour sa seureté, et onques puis vostre dit frère, ny moy, n'avons ouy parlé dudit ambassadeur qui partit hier, comme je croy, et le Prince Casimir aussy très satisfaict du Roy et de S. E., mais très mal de Monsieur qui n'a pas voullu luy donner la main droite chez soy. Il a visité cinq fois la Princesse Marie et croy qu'il remporte son portrait, qu'on dit qu'elle luy a donné[1].

Quant à Neufchastel, le vendeur ne veux pas souffrir un decret, et je ne puis pas conseiller de

---

[1] La princesse Marie de Gonzague devait devenir un jour la femme du prince Casimir. Mais elle épousa d'abord le roi de Pologne, son frère.

l'achepter sans cela. Il y a icy quelque voisin du
pais qui a jasé à vostre frère que ceste terre valloit huict mil livres, et c'est un ignorant ou un
meschant, car elle n'en vallut jamais quatre et
demy. Touttefois si vous l'avez, elle en vaudra
cinq et non plus, mais l'acquerir sans decret, c'est
argent perdu.

Quant aux mesintelligences de la maison, elles
continuent plus par caprice et sotte honte de
s'estre emporté sans mesure, que de vérité quelconque qui se soit peu trouver dans les pensées
eteroclites qui ont cuidé tout gaster.

Il a couru ces jours cy un certain petit livret[1]
qui a esté bruslé par arrest du Parlement, dont à
peine j'ay recouvré un exemplaire que j'ay leu,
et puis je l'ay inclus dans ce pacquet pour vous
divertir une couple d'après disnée quand vous
aurez loisir. Je ferois volontiers un veu (?) au
navire qui a charge M. Allego et l'envoyé de Madame de Mesmes, comme fit Horace pour Virgile

---

[1] *Optati Galli de cavendo schismate liber parœneticus*, Parisiis,
1640, in-8° de 39 pages. « C'était, dit BRUNET (*Manuel du libraire*),
une satire contre le cardinal de Richelieu, composée par Charles
Hersent, à l'occasion du bruit répandu que ce prélat allait faire
créer un patriarcat en France. L'édition originale est très-rare et
avait beaucoup de valeur autrefois. Elle doit être suivie de l'arrêt
qui condamne ce livre. »

qu'il disoit estre la moitié de son ame, car je croy
qu'ils ont tant de plaisir à manger du poisson sur
la mer, qu'ils n'en bougeront tout le caresme.
Cependant nostre petitte femme se trouve un peu
incommodée pour une enflure de neuf mois, dont
elle est à my chemin. Le reste de la famille se
porte bien, Dieu mercy, et moi, je suis comme en
tout

Vostre bon père et cordial amy.

ROISSY.

LII

Allemagne, vol. 13, fol. 94.

A Paris, le 15ᵉ may 1640.

Mon Fils,

J'ay doubté bien fort si je debvois vous escrire,
puisque c'est à mon extrème desplaisir que je force
vos yeux malades à lire ma lettre ou bien vous
gehenne de la faire lire par un autre; mais quand
je me suis representé que les trois semaines de
distance de vostre lettre à moy et autant de celle cy
à vous, vous auront selon mon désir restitué vostre
veue entière, je me suis resolu de mettre la main
d'autruy à la plume, craignant que si je vous pri-

vois de ce contentement, quelque mal qu'il vous
puisse procurer, il sera tousjours moindre que la
privation de mes lettres que vous interpretriez à
mauvaise part pour tous deux, quoy qu'apparem-
ment elle ne soit que de vostre costé, et du mien
par contre coup et compassion de celuy qui voudroit bien porter touttes les iniquitées de la famille
en son corps, comme celuy qu'on promenoit un an
à Athenes et qu'on nourrissoit au pritanée et puis
au bout de là, chacun luy jettoit la pierre, ce que
vous autres ne ferez pas; car je m'en iray bien
tout seul avant ce temps là, sans que personne me
pousse, sinon mes ans vieux, qui m'advertissent de
dresser mes comptes et prendre mes houseaux. Or,
mon fils, souffrez que je vous conjure par l'amour
legitime que je vous porte, de desbander un peu
l'esprit et mettre à demain les affaires, et vous souvenir d'Horace, qui dit que mesme *dulce est desi-
pere in loco*. Croyez moy que vostre esprit tue
plus vostre corps, que vostre corps ne se tue soy
mesme, vous asseurant que vostre mère se porte
fort bien graces à Dieu, quelque abstinence qu'elle
aye faict ce caresme et la presente semaine des
rogations, car elle se courouce aussy amoureusement que jamais fist, elle va hault et bas par la
maison *sed gradu anili*, et tout le reste de la famille

est pareillement en bonne santé. Mes belles filles
sont touttes deux grosses, et Madame de Mesmes en
est affolée de joye [1], et moy autant qu'elle, car cela
affermit ce qui estoit disloqué. Je vous ay tousjours
dit que c'estoit une très bonne et vertueuse damoi-
selle, et je le vous dis encores, qui me juroit hier
qu'elle n'aima jamais plus son père qu'elle faict
moy, elle ne m'approche jamais que les bras
ouverts pour m'embrasser et professer qu'elle me
doibt tout son bien, et je sçay qu'elle en parle ainsy
ailleurs; je n'en dis pas autant de son mary envers
moy ni envers vous, car j'y vois tant de reserves
que je dissimule par charité et mesnagement, *ut
nutantem retineam in fide*, que si je n'estois père
je m'en lasserois.

Je suis bien aise que M* de Rorthé soit party
contant d'avec vous, il auroit eu tort d'en sortir
autrement, qui selon vos liberalitées ordinaires,
afin que je ne die point profusion, l'avez regalé en
toutte sorte, et c'est pourquoy l'ayant accepté avec
action de grace vous y avez trouvé vostre mutuelle
satisfaction.

Je sais marry de l'amoindrissement de la fortune
de M* Banier; on ne peult pas tousjours estre vic-

<hr>

[1] La grossesse de madame de Mesmes cause une grande réjouis-
sance à la famille. (*Lettre d'Arnauld à Barillon*. mai 1640.)

torieux, mais il me desplaist davantage que la retraicte qu'il faict soit en deça et non en delà d'autant que s'il luy mesavenoit, par une signalée defection, touttes les armes de l'Empire fondroient sur la France, *quod deus avertat*.

Mais laissons cela là, *et potius sacra cantemus Lodoici trophea,* car à present les compagnies sont à Nostre Dame pour rendre grace à Dieu de la victoire cadmeen du comte de Harcourt qui avec le sang des siens, a percé les troupes des ennemis beaucoup plus fortes en nombre et dans les retranchemens, et a faict lever le siege de Cazal[1] et renvitaillé la ville de touttes munitions nécessaires. Je vous envoye l'imprimé de la relation de ce qui s'y est passé.

Je ne scay où aboutira la mesintelligence qui est entre Rome et nous, car j'y vois une grande mal satisfaction; d'autant que S. M. n'estant aucunement satisfaicte de l'assassinat commis en la personne de l'escuier de son ambassadeur à Rome, il a faict dresser une protestation par Mr Chavigny contre ce reffus et celuy des autres injurieux procedés qui se sont faict par dela au prejudice de la France, voullant que tout le monde scache que s'il

[1] Le siége de Casal fut levé le 29 avril.

arrive cy après quelque chose qui tourne à desgoust
au S' Siege, il ne luy en soit rien imputé, mais à
qui a manqué de satisfaire à la justice qui est deue
à la France, et cet acte a esté signé par M. le Grand,
M. de Gordes capitaine des gardes, et M. de
Sardiny.

J'apprends aussy que l'on a chargé tous les
sçavans qui sont icy, d'extraire curieusement tout
ce qui est en nos histoires concernant les assistances données aux Papes par les Roys de France
pour les restablir, quand ils ont esté oppressés par
leurs ennemis, comme aussy touttes les entreprises
des Papes contre ceste couronne.

Vous me mandez que le Roy d'Espagne veult
joindre l'Anglois contre les Holandois, et je vous dis
deux choses, la première que les Holandois et Dan-
nois ont esté nouvellement accordés par l'entremise de quelque Prince que j'ay oublié, et quant à
l'Anglois il est assez empesché chez luy, car les
Estats sont ouverts en Escosse sans la permission
de leur Roy, lequel mesme a surpris une lettre que
lesdits Escossois escrivoient au Roy, laquelle ouverte il s'est trouvé que c'estoit au Roy de France,
le conviant à les favoriser en leurs justes desseins,
mais à retour les Hirlandois se sont assemblés et
offrent au Roy d'Angleterre huict mil hommes

de pied souldoyés et deux milions de livres.

Ces derniers jours le marquis Daluye a esté à
la Bastille voir son beau père le comte de Cra-
maille [1], et luy representant la longueur de sa
detention luy a proposé de luy bailler une procuration generalle pour regir tout son bien, dont il
a esté extremement indigné, et quoy que sur ce,
un de ses bons amis luy aye conseillé de n'en rien
faire, il a respondu qu'il feroit pis pour soy s'il la
refusoit, tant mesme les miserables apprehendent
en ce temps l'empirement de leur condition. Cela
me faict souvenir du temps de la ligue, que le president Rebours de l'esclat d'un lambris, poussé
ceans d'une balle de canon, ayant les jambes rom-
pues et le cul en terre, oyant siffler les balles qui
passoient sur sa teste, me conjuroit de le tirer de
là de peur qu'elles ne le tuassent, *tantus est timor
maioris maritatis;* finissons là, mon fils, et affermis-
sons nos courages à la vertu et generosité par
l'exemple de la lascheté et foiblesse de ceux qui ne
sont vaillans comme il fault estre, que dans le cours

[1] Adrien de Montluc, prince de Chabanais, comte de Cramail, ne
sortit de la Bastille qu'en 1642, après y être resté plus de sept ans.
On l'y avait enfermé « parce qu'il était de ceux qui, au lieu d'a-
vancer les affaires, en désirent le ralentissement ». **V.** *Mém. du
cardinal de Retz.* — Sa fille avait épousé Charles d'Escoubleau-
Sourdis, marquis d'Alluye.

de leurs prosperitées. Dieu soit avec vous et vous
ayt rendu s'il luy a pleu, comme je l'en supplie, le
moyen de lire ceste mauvaise lettre sans siller les
yeux ny les faire rougir.

Vostre bon père et parfaict amy.

Roissy.

Du 19ᵉ may.

Hier je vous manday par la presente que nous
estions tous en santé, aujourd'huy je suis obligé
pour vous tenir adverty de tout, que vostre frère
d'Irval fut tout hier et ceste nuict affligé bien fort
de son estouffement, fut soigné pour une seconde
fois, et à dix heures au soir il fallut aller querir
Mʳ Guenot[1], medecin vers Sᵗ André, qui y a passé
la nuict. Il a esté travaillé de son mal depuis
minuit jusques à deux heures, et on l'oyoit raaller
dès le pied de la montée. Apresent il est mieux,
et nous croyons que Dieu aydant le mal est passé,
et qu'il sera demain debout; ces recidives me font
peur.

---

[1] Guénaud, le célèbre médecin des eaux de Bourbon, avait deux
fils médecins à Paris. C'est de l'un d'eux que parle M. de Roissy.
Voir sur les Guénaud TALLEMANT DES RÉAUX, *passim*, et *Lettres
de Gui Patin*. Gui Patin était leur ennemi, à cause du traitement
par l'antimoine qu'ils employaient fréquemment.

LIII

Allemagne, vol. 13, fol. 104.

Paris, le premier juin 1640.

Mon Fils,

Je responds à vostre lettre du 9ᵉ may et vous dis que si vous avez honte de l'infirmité de vos yeux, j'en ay tant plus de regret, qui seroit sans consolation, si je ne croyois que la bonté de Dieu ne vous laira longtemps en ceste affliction, de laquelle vous ne prenez pas plaisir qu'on la face scavoir à nos communs amis; et veritablement je confesse que la plus part des choses du monde sont antisthèses, car il serviroit à vous faire venir icy pour y trouver remede à vostre infirmité, comme aussy il semble nuire à l'employ[1] de Cologne de vous sçavoir affligé par une partie sans laquelle vous n'y pouvez servir, et mesme je me desplais de ne sçavoir si c'est le visuel ou la paupiere qui sont incommodés, et ce

---

[1] C'était en effet à Cologne qu'avait d'abord dû se réunir le Congrès, qui plus tard se tint à Münster. Mazarin et d'Avaux devaient y représenter la France, et depuis longtemps déjà le cardinal Ginetti, médiateur du Pape, y attendait les autres plénipotentiaires.

qui m'en faict soubçonner le mal plus grand, c'est
que la douleur y est moindre, comme si ce desordre
estoit desja devenu maistre de la place.

Après cela vous passez à M' Allego, qui à mon
advis est à present avec vous, et qui a esté icy
assez empesché de sa contenance.

Ce qui suit, me met la puce à l'oreille, et ne suis
pas marry de voir un père deffiant combattre son
fils confident, car vous me faictes plaisir sensible
de contester sur la croyance que vous avez de
revoir Paris plustost que Cologne, et moy qui le
desire plus que vous, je ne le croy point du tout;
car M' de Chavigny qui possède, ne souffrira jamais
que vous soyez icy pour peu de temps que ce soit,
où vous donnerez des impressions en taille doulce
dont le contre coup regarde bien fort sa fortune,
et pour cela, il ne parla point à moy chez le Chancelier, aussy peu a-il faict à vous par ses lettres et
peult estre qu'il en destourne les sentimens s'ils
viennent jusques à luy, tesmoing que j'apprends
que M. Mazarin parte au premier jour pour Cologne
où il sera peult estre à bransler ses jambes autant
que le cardinal Ginetti. Et puis de vous faire venir
icy après qu'il sera party, ce seroit vous donner
les ordres à son prejudice, et je croy qu'on mesnage
tout le contraire, quoy qu'il en soit si ce bonheur

nous arrive à tous deux *deponemus in lucro*.

Je suis fort aise du bon naturel du nepveu de Mr de Goussancourt, je croy que vous en serez bien servy, si son oncle me vient voir je le luy diray.

On parle icy fort diversement des armes de Mr Banier, et nous avons grande apprehension qu'il luy succède autrement que bien; car à la suitte d'une victoire de nos ennemis ils pourroient bien nous tomber sur les bras.

Pour fin j'ay veu l'article touchant Cazal quand il fut assiegé lorsque vous estiez à Venise, graces à Dieu il ne l'est plus à present, que M^r le comte de Harcourt sans dire mot par advance, mais frappant rudement dans le combat, les en a desnichés à la honte et fuite du Marquis de Leganés. Je vous en envoye la relation veritable que m'a envoyée le Duc de Montbason, et hier après disné le Marquis de Nangis et Madame de Magnelay asseurèrent Madame d'Elbeuf, où j'estois, que son fils faisoit grand progrès pour forcer les Espagnols qui sont dans Thurin et que desja s'en seroit faict, s'il avoit six mil hommes de pied d'avantage [1].

---

[1] Le comte d'Harcourt, le héros de cette campagne de Piémont, était le fils cadet de Charles de Lorraine, duc d'Elbeuf. Né en 1601, mort en 1666.

Je vous envoye aussy un autre memoire bien
delicat et fort important, qui vous apprendra qu'en
ce monde les plus grands ne font pas tout ce quils
veullent; ce m'eust esté peine de le dicter pour
estre inseré dans ceste lettre, mais vous en excuse-
rez ma paresse, comme je fais vos mauvais yeux.

Le Roy après avoir esté un mois à Soissons et
nostre armée ne s'avanceant point pour des raisons qui me passent, on m'asseure qu'il revient à
Compiegne et qu'on destache de l'armée de M[r] le
grand maistre[1] un peloton de cavallerie et six
mil hommes de pied, qu'on joinct à l'armée du
marechal de Chastillon, qui est en Picardie
avec le Duc de Chaulnes. Nous verrons que cela
deviendra.

Mr de Mesmes est arrivé ce matin de Roissy où
il a laissé sa femme qui en reviendra dimanche,
ils se portent bien tous deux; mais Madame de
Roissy s'est trouvée mal ces jours cy, d'une grande
perte de sang par le nés qui a esté cause qu'on l'a
saignée deux fois à trois jours l'un de l'autre; cela
est sans péril, mais non pas sans affaiblissement
après quatre vingts deux ans passés.

M[r] le President de Boulancourt est decedé il y

---

[1] Le maréchal de la Meilleraie, grand maitre de l'artillerie.

a trois jours, aagé de quatre vingts neuf ans[1], tellement que meshuy, vostre père et mère sont les
plus vieuls de la ville, qui voudroient bien vous
voir et estre veus de vous, avant que faire la grande
retraicte, mais leurs ans vieuls et vos envieux s'y
opposent bien fort et seulement leur permettent
de vous donner le bonjour, comme presentement
vostre mère m'a prié de vous l'escrire, qui vous
asseure que je seray sans reserve jusques au bout

Vostre bon père et perfaict amy.

Roissy.

LIV

Allemagne, vol. 13, fol. 106.

A Paris, le 16 juin 1610.

Mon Fils,

Ces deux mots payeront les trois de la vostre
du 23 du passé. J'ay pris plaisir neantmoins à voir
quelque diminution à vostre mal, je prie Dieu
qu'il s'en aille bien tost de vous, et vous de Hambourg pour Paris, et non pour Coloigne qui est

---

[1] « M. de Boulancourt est toujours extrèmement malade. Sa plus
grande maladie, c'est 85 ans. » *Lettre d'Arnauld à Barillon.*
C'était un président en la chambre des comptes.

mal pour vous et pour moy. Le Mazarin, quoy que
je vous aye mandé, estoit à Paris il y a trois jours,
mais il fut commandé d'aller trouver le Roy, ce
qu'il a faict. Je ne sçay si et quand il partira, mais
je sçay bien que Mr de Vilsavin me visitant il y a
trois jours, et luy parlant de vostre sortie de Hambourg pour Coloigne, et luy demeurant sec, je luy
dis la necessité apparente que j'avois que ce fut
par icy que se fist vostre voyage, aquoy il me dit
qu'il en feroit sentir quelque chose à Mr de Chavigny dont je creu rien, veu les termes ausquels
il parla, plus froids que si nous eussions esté au
solstice brumal, nonobstant le colloque qu'avoit
eu, sur cela mesme, M^r d'Irval quinze jours auparavant avec Madame de Vilsavin [1] qui le venoit
prier pour un affaire du conseil; ce qui me faict
croire très asseurement que c'est ledit Sieur Chavigny qui s'y oppose pour ses interests, ne voullant
souffrir que S. E. par une douzaine de collocques
forcés qu'il auroit avec vous passant par icy, il ne
prist goust dans les ouvertures importantes que
vous luy feriez dont il se ressouviendroit en autre
saison à son prejudice. L'histoire de M^r d'Herbi-

---

[1] « Elle fait des compliments à tout le monde, on l'appelle la
servante très-humble du genre humain. » TALLEMANT DES RÉAUX,
VI, p. 67.

gny n'amende point, il est en son pais dans la mesme frenesie qu'il estoit icy, ayant dit à son père qu'il est resolu d'espouser ceste fille et ses enfants qui sont les miens travaillent à luy donner un autre mary.

Quant au grand affaire d'Allemagne touchant ces puissantes armées qui se regardent, on en parle fort diversement. Je vous envoye la gasette pour me descharger de tout ce discours.

Mais pour Piedmont je vous diray en un mot que jusques icy tout y succède bien, car outre tout ce qui s'est passé au levé du siege de Cazal, quatre jours après, les ennemis firent effort de ravitailler Thurin, et le vicomte de Turenne avec des troupes françoises passa l'eaue jusques aux espaulles et deffit à platte cousture ce pretendu secours, où nous perdismes autant qu'eux, car Mr de Turenne y fut blessé en deux endroits, et la Motte Odencourt et nombre d'autres officiers d'importance ; après quoy Leganés mettant son reste a composé trois attacques pour forcer nos retranchemens devant Thurin, qui ont esté espaullés par six mil hommes que M^r le Prince Thomas a faict sortir de Thurin, qui estoient se faisant vingt quatre mil hommes ennemis dont six de cheval, et toutesfois par la grace de Dieu et valleur des armes du

Roy, ils ont esté repoussés de touttes parts, et tout l'avantage nous est demeuré. Vous aurez cy joint l'advis que Madame la Duchesse d'Elbeuf m'en a envoyé. J'adjousteray seulement que dans la chancellerie de Leganés on a trouvé coppie d'une despesche par luy faicte en Espagne, qui promettoit à son maistre[1] en un mesme jour la deffaicte de tous les François, la prise de Cazal et l'assubjetissement de dix souverainetées d'Italie, ne restant que le Pape qui se sentiroit assez heureux d'estre conservé soubs l'authorité de celuy qui pourroit quand il voudroit l'y faire changer de condition. Pour les armes de France elles ne font rien à present, M{^r} le Grand Maistre[2] s'en va aux eaues, l'armée qu'il commandoit passe entre les mains de M{^r} de Chastillon[3], on dit qu'il assiège Arras, mais qu'il l'ait pris j'en loueray le succès, et cependant je vous diray que vos deux belles sœurs continuent d'estre grosses et se bien porter, et le reste de la famille comme il peult. Et pour moy je prie Dieu

---

[1] Ce passage est cité par le P. BOUGEANT, *Hist. des traités de Westphalie,* 6 vol. in-12, tome II, p. 75.

[2] Charles de la Porte, duc de la Meilleraie, grand maitre de l'artillerie et maréchal de France. Il était cousin germain du cardinal. Né en 1602, mort en 1664.

[3] Le maréchal de Châtillon, petit-fils de l'amiral de Coligny. Né en 1584, mort en 1646.

15.

qu'il vous donne ses graces et de me croire jusques au bout qui n'est pas loing

Vostre bon père et plus cordial amy.

ROISSY.

LV

Allemagne, vol. 13, fol. 107.

A Paris, le 23ᵉ juin 1640.

MON FILS,

J'ay receu vostre lettre du 30 du passé. Je suis
bien aise que l'Allemagne tienne en hault estime
l'action du comte de Harcourt, car elle mérite tout
ce qu'ils en disent[1], mais comme depuis vous
avez veu par mes lettres ses deux suivans dont le
dernier est de plus grand effect, mais le precedent
d'une generosité du vicomte de Turenne grandement estimable, je croy qu'a present l'Allemagne
sera contraincte de confesser que leur bon amy
le Roy d'Espagne ne sera Roy d'Italie de plus de
trois semaines; et si les coyons de Venise et autres

[1] « J'aimerais mieux être général Harcourt qu'empereur! » s'écrie
le fameux Jean de Wert, en apprenant la conquête de Turin.
(H. MARTIN, XI, p. 521 ; GRIFFET, III, 266.)

principions italiens avoient quelque cœur, ils ont beau jeu pour secouer le joug de la tyrannie espagnolle, aquoy mesme le chemin leur est tracé par les Barcelonois qu'on asseure avoir tué six mil Castillans qui tenoient prisonniers les marchands françois et empeschoient le trafficq qu'ils veullent continuer nonobstant la guerre, et de faict ils ont ouvert touttes les prisons, et nous avons icy des François qui sont eschappés desdites prisons et qui font la relation de toutte ceste révolte [1].

Je suis très aise que Mr de Longueville et le general Banier ayent rencoigné l'orgueil de l'aigle. On veult icy qu'il y ait eu combat et perte pour Banier, mais je n'en croy rien, car il nous seroit trop dommageable et il y a peu d'apparence que cela puisse estre vray.

Je me resjouis de vostre satisfaction en papier, dont nous sommes icy fort liberauls et rien du reste, qui vous ramenera par deçà les mains vuides *quia virtus laudatur et alget,* et puis on ne peult souffrir que vous approchiez le tribunal de la faveur, crainte que l'importance de vos jugemens sur les affaires du temps ne forceassent nos maistres à vous faire justice.

---

[1] Ce terrible massacre des Castillans eut lieu le 7 juin 1640.

Apresent nous tenons le Roy à Amiens qui est à sept lieues du siege qu'a faict M^r le Grand maistre de la ville d'Arras. Mr de Chastillon l'a investie par l'autre costé, on y travaille puissamment pour s'y mettre à couvert, avant que l'ennemy se presente pour la secourir. Nous y avons trente quatre mil hommes effectifs, tant de pied que de cheval, et six mil pietons que le Marquis de Gesvres maine, lesquels apresent y doibvent estre ; si elle se trouve prenable, M^r le grand Maistre n'en bougera ; si autrement, il laira Mr de Chastillon pour y commander. Outre lesdits quarente mil hommes il y a encores six mil chevauls en trois trouppes qui battent les avenues, commandées par le Duc de Chaulnes et deux autres que j'ay oubliés. Voila aquoy nous en sommes ; je vous envoye trois petittes gazettes que vostre frère m'a envoyées, je croy que vous les avez d'ailleurs.

La famille se porte assez bien apresent, Dieu mercy, vostre frère aisné se purge et faict estat de se baigner huict ou dix jours. Sa femme grossit à vue d'œil, et Madame d'Irval se dispose à crever à la my aoust et moi à demeurer cependant

Vostre bon pere et plus cordial amy.

ROISSY.

Je vous envoyay il y a huict jours un petit memoire d'un certain Marquis de Savoye, portant que le comte d'Harcourt avoit esté attacqué à trois endroicts de ses retranchemens par le Marquis de Leganés et qu'en mesme temps le Prince Thomas estoit sorty de Thurin avec 6 mil hommes; ceste nouvelle s'est trouvée faulse, et je vous le mande afin que vous n'y preniez aucun fondement. Le comte d'Harcourt est toujours devant Thurin, on espere qu'il en aura bon succès, son armée grossit tous les jours.

LVI

Allemagne, vol. 13, fol. 112.

Ce 10 de juillet 1640, à Hambourg.

MONSIEUR MON PÈRE,

Je vous remercie pour la plus grande partie de vostre lettre du 23 juin qui contient les nouvelles du temps, mais pour le petit article qui dit que vostre famille se porte assés bien et que Madame de Mesmes grossit à veue d'œil j'en rens graces à Dieu et de tout mon cœur.

L'estat de l'armée des confederés est tel qu'il

est porté par ma dernière, hormis qu'elle a esté prevenue par la diligence de Picolomini qui s'est rendu à Newstadt un jour auparavant que les nostres en aient approché, tellement qu'ils ont esté obligés de changer leur route et marchent apresent vers le pais de Hesse pour en tirer les vivres et refaire un peu la soldatesque. Les ennemis sont campés autour de ladite ville de Newstadt en Franconie, où ils taschent de se remettre des travaux soufferts à Saalfeldt qui les ont affoiblis de trois à quatre mille hommes.

Les ambassadeurs d'Hollande sont partis d'icy pour continuer leur voiage en Suede, ils n'ont pas rejetté les ouvertures d'accommodement qui leur ont esté faittes par le Duc d'Holstein, mais n'ont pas voulu pourtant interrompre leur ordre qui est d'establir une liaison avec la couronne de Suede affin d'arrester pour toujours les saillies du Roy de Dannemarck, sans avoir à recommencer autant de fois que l'humeur luy en prendra.

Le train de vie que je mène assés regulier parmy des peuples où vous n'avez nul interest, me reduit à vous entretenir de petites choses domestiques qui seroient meilleures pour ma mère que pour vous. J'ay pris ceans depuis peu un jeune gentilhomme de Boheme à la recommandasion du Prince Chris-

tian d'Anhalt; c'est une nouvelle charge, car il
est pauvre, mais j'estime aussy que c'est quelque
charité encores qu'il soit lutherien; je suis en
cella d'advis contraire à nos eclesiastiques et fais
tous les jours donner l'aumosne à la porte sans
qu'on s'informe de la religion de ceux qui la demandent. Peu auparavant la reception de ce nouvel hoste, j'ay mis dehors un de mes gens quoy
qu'avec regret, parce qu'il est fort serviable et
propre à plusieurs offices, c'estoit le pourvoieur de
la maison nommé Ruel, qui fit l'an passé un voiage
a la cour; il a engrossé la nièce du maistre de
ceans qui avoit desja passé par là du temps de
M^r de St Chamont, à raison de quoy je me suis
contenté de chasser mon homme qui n'en auroit
pas esté quitte à si bon marché, s'il l'avoit desbau-
chée. S'il y eust eu moien d'ignorer l'affaire, je
l'aurois fait volontiers; mais aiant esclatté par la
retraitte de la fille qui a disparu un beau matin,
j'ay esté contraint de me punir moy mesme pour
conserver l'ordre et la discipline dans la famille.
Maintenant je suis fasché contre le maistre d'hostel
et autres qui ne m'ont pas averti de ce que j'ay
sceu trop tard, ils auroient procuré le bien de
celuy qu'ils ont pensé couvrir et m'auroient faict
aussy service.

Je suis après à traverser les levées que Christian Ulrich, fils naturel du Roy de Dannemarck, veut faire en ces quartiers cy pour le service du cardinal Infant. M' l'ambassadeur de Suede ne s'espargne pas non plus à s'y opposer, nous avons desja fait en sorte que cette ville de Hambourg luy a refusé de laisser loger aucunes trouppes icy à l'entour, quelque ordre et paiement qu'il aie offert, et mesme elle y a envoié des gens de guerre pour empescher le passage, tellement que s'il n'est assisté de l'amour paternel, l'argent qu'il a receu d'Espagne sera mal emploié. Je m'en vais escrire pour cet effet audit Roy et au Duc d'Holstein, desquels j'ay desja parole qu'ils ne se mesleront de cette affaire en façon quelconque, mais je ne sçais encores ce que j'en dois croire, l'on m'en a escrit cy devant de la cour avec soin et l'on y sera bien aise de la resolution que cette ville a prise.

Je baise très humblement les mains à Madame et suis,

Monsieur mon Père,

Vostre très humble, très fidel et très obéissant serviteur.

Avaux.

LVII

Allemagne, vol. 13, fol. 125.

Du 14ᵉ aoust 1640, à Hambourg.

MONSIEUR MON PÈRE,

J'ay receu la lettre qu'il vous a pleu m'escrire le
27 du passé, j'ay grand desir de comparoir à l'as-
signation que vous me donnés au mois de janvier
prochain pour recevoir l'enfant; j'espère encores
de venir à terme quoy qu'il y ait plusieurs raisons
de douter, mais en attendant la decision, j'ayme
mieux me donner le plaisir de la croire bonne.
Mes craintes ont esté plus souvent trompées que
mes esperances, et c'est pourquoy je me persuade à
cette heure que tout ira bien. C'est par cette raison
à mon avis que je suis bien aise de la grande
faveur de Mr Mazarin, je conclus qu'il m'en reviendra quelque chose aiant à me frotter si souvent à
sa robe. Je vous rens graces particulières des nouvelles que vous m'en avés mandées, cella est du
cabinet et je les applique toutes à mon usage.

Je crois que vos premières lettres m'apprendront
encores de meilleures nouvelles de Thurin et d'Ar-

ras, car il y a icy des bruits precurseurs qui sont à
nostre avantage et me font souhaitter d'estre plus
vieux de huit jours.

M⁰ de Longueville, Banier et Piccolomini sont
en marche, mais vers Cassel pais de nos alliés, cella
ne me plaist point; on dit qu'à ce coup les Imperiaux veullent combattre. Un bon succés nous
seroit fort utile pour avancer la paix en la diette
de Ratisbonne, autrement il n'y en sera parlé que
par manière d'acquit et pour faire contribuer plus
largement les peuples à la faveur d'un si beau mot.
Si nos generaux ont receu un nouveau secours de
Hesse et de Lunebourg, comme ils esperoient par
les dernières que j'ay receues de leur camp, ils
auront de quoy s'opposer aux ennemis.

Le Roy de Dannemarck a levé le masque, non pas
encores à mon avis en faveur des Espagnols, mais
de son fils, luy aiant permis de loger ses trouppes
en paiant à Krempen, Odeslaw, Segberg et autres
terres qui luy appartiennent. J'en ay escrit au
chancelier Rowenclau avant que la chose fust faite,
et l'ay prié de se souvenir de la parole du Roy son
maistre, portée par luy mesme à Mr le Baron de
Rorté, mais point de response. Ledit Roy est parti
de Gluckstadt à l'improviste et est allé à Cop-
penhague, on escrit que c'est pour expedier un

ambassadeur en Espagne et un Resident en Suede,
affin qu'il s'y trouve en mesme temps que les
ambassadeurs d'Hollande y seront.

Le Duc de Veymar a envoié de rechef un trom-
pette au camp de M' Banier, c'est pour continuer
encores sa negotiation de paix ou plustost d'une
surseance d'armes, mais je ne crois pas qu'il rencontre mieux que la première fois.

L'ambassadeur d'Espagne qui estoit à Ratisbonne a fait revendre toutes les provisions de sa
maison, et s'en est retourné à Vienne sous couleur
d'estre rappelé. L'opinion commune est qu'il s'est
retiré à l'instance des Electeurs, qui ont fait des
remonstrances fort libres au Roy d'Hongrie contre
le conseil d'Espagne.

Les Suedois ont encores eu advantage en Silesie
où ils ont fait lever le siege de Ruischberg, et un
autre en la Marche de Brandebourg. Ils vont estre
fortifiés de quatre mil hommes que la Suede a fait
passer en Pomeranie, et ainsy pouront ils former
en ces quartiers là un corps d'armée de huit à dix
mil hommes.

Vous trouverrés cy joint la lettre que le Grand
Seigneur escrit au Roy par le chaoux Mustafa qui
doibt estre maintenant arrivé a la cour [1], estant

---

[1] Le 29 juillet, Arnauld écrivait à Barillon : « Il est arrivé à

parti de Constantinople dans un vaisseau de Marseil au commencement de juin; il a charge de dire à sa Majesté qu'on luy donnera tout contentement pour la restitution des Saints Lieux entre les mains des Francs. Ce sont les dernières nouvelles que j'ay de Mr de la Haie, mais je suis plus promptement averti par une autre voie des affaires du Levant.

Je m'en vais escrire à mon nouveau correspondant dont j'ay receu l'invitation pour commandement, je luy donneray un advis d'importance quoy que peu agreable, mais nous y pourrons remedier. Cependant je baise très humblement les mains à ma mère, et demeure,

Monsieur mon Père,

Vostre très humble, très obéissant et très obligé fils et serviteur.

Avaux.

Marseille un chaous qui vient icy ambassadeur de la part du nouveau Grand Seigneur. C'est un Juif renommé fort habile. Il a vingt Turcs avec lui. »

LVIII

Allemagne, vol. 13, fol. 127.

Du 18ᵉ aoust 1640, à Paris.

Mon Fils,

Voila ma sœur qui a beaucoup de peine de sortir d'icy quoy qu'il soit onze heures, et moy obligé de vous escrire en haste, car le messager part à midy; il fault donc vous dire qu'absolument Arras est retourné à la France comme il y estoit il y a deux cens ans et moins, avec tout applaudissement des habitans qui souhaittent de n'estre jamais autres que François. Il est donc vrai que le 10 de ce mois on a chanté le *Te Deum* dans Arras pour la reduction de la ville[1], où l'Evesque d'Auxerre qui fut l'abbé de Sᵗ Mars[2], camerier de S. E., a officié. Les ennemis estoient sortis deux heures avant des fos-

---

[1] « Nous sommes entrés aujourd'hui dans la place et y avons chanté un *Te Deum*. Les habitans tesmoigne esᵗre assés contans » *Lettre du duc d'Anguien à son père,* 10 août 1640. (Duc D'Aumale, III, p. 631)

[2] Pierre de Broc, abbé de Cinq-Mars et camérier de Richelieu, avait été nommé évèque d'Auxerre en septembre 1637, mais il n'avait eu ses bulles qu'en janvier 1639.

sés de la ville où ils ont toujours esté durant le siege, sçavoir quatre cens chevaux et douze cens hommes de pied. Il ont eu une capitulation fort avantageuse et les habitans telle qu'ils l'ont desiré. Les regimens des gardes françoises, suisses, Piedmont, Champagne, Navarre et la Marne y sont entrés et ensuitte les trois Marechaux de France, Chaulnes, Chastillon et Melleraye. Ceste prise touche si avant au cœur des ennemis et que elle a esté faicte à la barbe de trente mil hommes effectifs et du Cardinal Infant en personne, que les Espagnols naturels en ont pleuré de rage. Il est encores bien vray que la veille à quatre heures du matin, ladite armée ennemie se presenta devant nos lignes à desseing de perir ou de les forcer, mais nostre armée toutte la nuict fut en bataille, et Gassion voyant le front de l'infanterie ennemie fondre sur nous, voullant estre esclaircy s'il n'y en avoit point quelque partie qui par un autre costé fist une diversion, prit trente chevaux d'eslite et s'advança hors des lignes attacquant leurs couleurs à l'escarmouche qui estoient des Croates, desquels il en prit un prisonnier, qui l'esclaircit que tout estoit là pour faire l'effort et qu'il n'y avoit aucune autre attacque; lequel Gassion luy dit qu'il s'esbahissoit de la temerité de leur chef qui attentoit une chose impos-

sible et luy donnant sa liberté le chargea d'aller dire
au Cardinal Infant que s'il passoit outre, il l'asseu-
roit sur son honneur que nous avions cinquante mil
combattans derrière leur retranchement tout prest
à le recevoir et toutte son armée qui n'y feroit que
le sang tout clair, adjoustant quoy que fauls, que
la ville estoit rendue dès le jour precédent. Ce que
cela eust d'effect on ne scait, mais tout à coup
l'armée ennemie estant au poinct de venir aux
mains, fist halte un quart d'heure durant et faisant
une contremarche, s'en retourna à son campement,
en sorte que quelques prisonniers des nostres pris
par eux et retourné vers nous, rapportèrent la
haulte consternation de toutte ceste armée ennemie. On dit que touttes les villes voisines branslent
au manche, et si celuy qui commandera ceste place
pour nous est un bon politique et grand homme de
guerre, nos progrès ne seront pas petits, mais si
nous en usons à l'accoustumée nous ne la garde-
rons guerres.

Je vous envoye des petits vers dont l'autheur
n'a point de nom escrit de la main de Mr Ogier
qui me les a donnés. J'oubliois à vous dire qu'on
a faict icy de grands feux de joye et avec raison.

Quant à vostre lettre du 24 juillet, je vous y
respondray sommairement. Je suis bien aise que

vous ayez encores l'imagination d'une paix generalle, gardez la pour nous deux; car je n'en ay
point pour touttes raisons très veritables et cer-
taines, mais très mauvaises puisqu'elles nous lai-
ront eternellement en guerre. Je voudrois bien que
Mr Banier et nos armes fussent dans les terres
d'Autriche et non si proches de nous, vous remerciant de tous les advis que vous m'en donnez; et
j'advoue que vous descrivez excellentement la vie
inquiète du pauvre Aubery, qui estoit fils de Madame la Chancellière de Belièvre, qui avoit porté
sur son prunier autant de mauvaises prunes que
de bonnes [1]. Je n'ay peu faire rendre aux mains du

[1] Pomponne Aubery était le fils du conseiller d'État Jean Aubery
et de Catherine de Bellièvre, fille de Pomponne, chancelier de
France, et de Marie Prunier. Nous avons vu plus haut qu'il avait
abandonné d'Avaux à Hambourg pour entrer dans le service mili-
taire, qui convenait mieux à son esprit un peu exalté. (V. AUBERY DU
MAURIER, *Mémoires de Hambourg, etc.*) Il fut tué au siége d'Arras.
« Le fils de M. Aubery, le conseiller d'État, s'est bien signalé au
combat d'Arras, où il tua un officier ennemy qui luy donna un coup
de pistolet à la cuisse d'où il est très mal et l'on vient de me dire
sans espérance... La nouvelle de la mort de M. Aubery est arrivée,
voilà sa sœur un bon party. » (ARNAULD à Barillon, *Lettre du
4 juillet.*) « Il n'y a pas de grands seigneurs qu'on ne marie maintenant à mademoiselle Aubery. On va jusques aux ducs. » (*Lettre
du 8 juillet.*) — « Le bruit court que M. le cardinal songe à
faire épouser mademoiselle Aubery à la Motte Oudencourt. On lui
donne bien des maris. » (*Lettre du 5 septembre.*) — Elle avait été
en effet recherchée aussi par Saint-Preuil, et épousa en définitive

père vostre lettre, car il est tousjours à Suresne
avec sa fille, laquelle pour estre estimée trop riche
tout le monde croit que les superieurs la baillent
au fils de la Motte Odencourt, qui est en Piedmont
avec Mr de Harcourt, marechal de camp, et ne voullant pas obeir à ses ordres disant qu'il en a d'autres,
ce qui nous faict esperer que Thurin et Arras font
deux. Je diray volontiers que je vous plains de lire
touttes ces fadaises, mais il vous en fault entretenir,
puisque les secretaires d'Estat sont trop haults sur
leurs armes pour se demettre jusques à l'instruction des pauvres ambassadeurs. Enfin je loue
vostre resolution escrite de vostre main au bout
de vostre lettre n'estant aucunement porté à vous
convier au contraire.

Quant à ce que je vous ay escript par la diverse
prière de Henin et Bruneau, vous scaurés que le
premier n'est plus céans ny à moy et qu'il est en
son mesnage, et que je l'ay bien traité et qu'il est
content de moy, et pour l'autre il me sert de tout
et fort bien aultant qu'il peult, je le soulage d'un
aultre nouveau que j'ay pris à qui je donne bon
appointement. A présent Mr Henin est un petit
Mr Hannier, mais pourtant je n'entens pas luy

Louis de la Trémoille, duc de Noirmoutiers. Elle était d'un second
lit; son père s'était remarié à Françoise le Breton de Vilandry.

escrire, come vous faictes d'un beau Monsieur tout du long et sans adjection de son nom. Nous sommes fort en soin de l'aisnée de Fouxolle [1] qui est à l'extremité et sa mère absente. Dieu y pourvoira. Je suis

Vostre bon père et très assuré amy. Tout debout ne pouvant masseoir.

ROISSY.

LIX

Allemagne, vol. 13, fol. 129.

A Paris, le 25 aoust 1640.

MON FILS,

Si je n'avois receu votre lettre du dernier du passé qui me donne quelque subject de parler, je serois tout aride à ce coup, n'ayant dequoy vous escrire. Neantmoins avant y respondre et pour n'oublier ce peu que j'apprends des affaires du monde, l'on met dans Arras pour y commander le Sieur de St Preuil que nous cognoissons trop; j'y eusse desiré le Hallier, par ce qu'il est retenu,

---

[1] Jeanne-Angélique Lambert d'Herbigny avait, comme nous l'avons vu dans les lettres XVIII et XIX, épousé Charles de Rune, marquis de Fouquesolles.

ou tout autre de sa trempe; mais j'ay peur que
celuy qu'on y prepose ne face comme l'autre à
Tresve, et qu'au lieu de tirer bonne odeur d'une
prise si cherement acquise, pensant la trop presser
pour en avoir plus de jus, nous n'en tirions que
des scorpions [1]. Le cardinal Infant faict un puissant fort entre Arras et Douay, et tient là sur pied
toutte son armée, qui oblige le Roy d'y tenir toutte
la sienne et l'employe à faire quatre forts autour
de Bapaume, ensorte qu'il y a apparence que ce
sera le quartier d'hiver des forces de la France,
que l'Artois desfrayera.

Pour response à vostre lettre, je loue vostre
resolution et y soubcrits très volontiers en vostre
seulle faveur, voyant bien d'ailleurs que le train de

[1] Les craintes de M. de Roissy étaient fondées. Saint-Preuil gou-
verna mal cette nouvelle conquête, et les exactions qu'on lui repro-
chait furent cause qu'il ne put se tirer d'affaire après la malheu-
reuse échauffourée où il massacra par méprise la garnison espagnole
qui sortait de Bapaume avec un sauf-conduit. Traduit devant un
conseil de guerre, il fut sacrifié non point au droit des gens, ni,
comme on l'a dit, à des haines particulières (car il avait eu des riva-
lités de guerre et d'amour avec la Meilleraie et Cinq-Mars, et avait,
chose plus grave, bâtonné un neveu de Sublet des Noyers), mais aux
intérêts de la conquête française. On voulait prouver que la France
entendait protéger ses nouveaux sujets. Saint-Preuil fut condamné à
mort et décapité le 9 novembre 1641, à l'âge de quarante ans, pour
concussions, exactions, oppressions, violences et outrages envers les
sujets et les officiers du Roi. (V. H. MARTIN, XI, 549; — duc D'AU-
MALE, III, 446; — GRIFFET, III, 333; — LEVASSOR, VI, 347.)

vie que vous tenez depuis 13 ans, ne vous permet
pas une surcharge beaucoup plus pesante que tout
le reste. Je croy que sans m'explicquer davantage vous m'entendez bien, quoy qu'il me pèse de
souffrir que vous vous teniez pour vieulx, scachant
que ce n'est que de mœurs seulement, qui d'aage
n'estes qu'un enfant à my chemin de celuy que
j'ay passé, vous restant plus à faire que vous
n'avez accomply de temps jusques icy.

Tout présentement Barrois part d'icy et nous
avons parlé de Neufchastel; je n'y dors point, mais
il fault avoir trois yeux pour y bien veiller, car ce
seroit argent perdu et une grande beveue que de
s'y mesconter. M' Pepin me promet tout soing,
mais la belle Duchesse tire plus avec un poil de
teste que nous ne sçaurions faire avec tous les
chables de navire de la mer Baltique. Vous avez
pris plaisir au livre de Chanvalon [1], je vous eusse
presque surchargé des articles de la capitulation
d'Arras, mais quand par la lecture j'ay cogneu
qu'on leur a tout accordé pour avoir la place, j'ay
creu qu'en disant que nous en sommes maistres, le
reste est inutile.

[1] Sans doute Harlay de Chanvallon, archevêque de Rouen,
auteur de nombreux ouvrages religieux, mort en 1653. (V. sur lui
l'*Historiette* de TALLEMANT DES RÉAUX, t. IV, p. 78 et suiv.)

Les nouvelles d'Italie sont tousjours assez bonnes, qui disent que Thurin continue d'estre fort pressé et que le comte d'Harcourt s'en promet tout succès dans la fin de ce mois. On dit aussy que l'on retire Lamotte Odencourt, l'un de ses trois marechaulx de camp, qu'on faict revenir de decà pour estre gouverneur de Corbie; il a eu quelque rumeur avec ledit Sieur comte, se disant general d'armée en son poste et ne se recognoissant obligé aux ordres dudit Sieur comte, ains en avoir d'autres qu'il scaura bien suivre; et nous avons peur qu'outre que cela seroit capable de gaster tout, qu'on ne trouve pas bon que ledit comte soit si vaillant. Il me souvient qu'en 1587, le Roy Henry 3ᵉ, offensé contre la maison de Guise qui commançoit à esclore sa ligue, fist venir 20,000 raitres et faisant contenance qu'ils venoient contre la France, envoya à Vimory Mʳ de Guise avec peu de troupes pour s'y opposer, et luy, mesnagea si bien son imparité fortifiée de ses particuliers amis qu'il les deffit à Aulneau à platte cousture; et ainsy fut le vallet du diable faisant plus qu'on ne pensoit luy commander, mais cela n'est qu'un bruit que je ne veux pas croire.

Vostre pauvre niepce de Fouxolles est oultrée de douleur, car à son retour de Champagne où elle a mis sa sœur[1] relligieuse vestue aux cordellières de Reims, elle a trouvé icy sa fille aisnée et seulle qui promettoit vie, fort malade; elle l'a veillée et assistée jusque à l'extremité; laquelle pauvrette enfin est morte, suivant le grand precepte des medecins de tuer par art et guérir par fortune. Elle est apresent chez Mr de Mesmes reffugiée pour quelques jours. Laditte dame de Mesmes fut à St Germain en carrosse il y a quatre jours, et en revint le landemain, quoy que la Royne la voullust retenir; elle luy a donné le portraict de Monsieur le Dauphin et rendu cent mil bontés et courtoisies. Le reste de la famille se porte autant bien que l'aage le peult permettre, se trouvant vray ce que dit vostre frère aisné que vostre mère convertie touttes choses en tristesse et vostre père en gayeté, et touttesfois esgalement ils allongent leur vie au delà de touttes imaginations, ne me restant graces à Dieu autre attache au monde pour le présent, que de donner ma benediction à mon fils d'Avaux, m'ayant faict manger de sa chasse depuis 13 ans, avant que je part pour aller plus loing, l'asseurant cependant que meshuy sans reserve

Son bon père et parfaict amy.   ROISSY.

[1] Antoinette Lambert d'Herbigny, la dernière fille de M. d'Herbigny et de Jeanne de Mesmes.

LX

Allemagne, vol. 13, fol. 134.

A Paris, le 7ᵉ septembre 1640.

Mon Fils,

Voici response à vostre lettre du 14 du passé, et
quoy que je vous aye mandé que vous n'auriez
point de nepveu de vostre aisné ceste année, je
ne croy pas pourtant que vous le voyez l'année
qui vient, sinon par lettres, car remettant vostre
retour après la paix c'est dire aux calendes
grecques, puisque les professies nous disent qu'elle
ne sera que 1666. Je voudrois bien seulement que
puisque Mʳ de Beliepvre [1] est si bon Allemand qui
boit 28 verres de vin à un disné avec l'Evesque
de Chartres [2] qui me l'a dit, et le tout à la santé
d'autruy et ruine de la sienne, eust envié vostre

---

[1] Nous voyons, par les lettres d'Arnauld à Barillon, qu'il avait été
un moment question d'envoyer M. de Bellièvre à Hambourg. Il était
le fils du président de Bellièvre, et venait d'être ambassadeur en
Angleterre. Il devint président à mortier en 1642 ; premier président
en 1653. Il mourut en 1657.

[2] L'évêque de Chartres était alors Jacques Lescot, longtemps doc-
teur en Sorbonne, confesseur de la duchesse d'Aiguillon, et très-lié
avec Richelieu.

employ et vous allast relever de sentinelle, où il pourroit bien reussir, du moins à la table.

Je croy que vous me mandrez au premier jour que vous aurez faict quelque brinde maior pour la prise d'Arras, vous conviant de vous reserver pour celuy de Thurin que nous croyons debvoir arriver avant le 20ᵉ de ce mois; en passant vous scaurez que le Roy est aujourd'huy à Sᵗ Germain, et demain s'en retourne à Amiens, d'autant que S. E. ne se sent pas assez fort pour retenir les officiers de l'armée, qui tous viennent à Paris à l'exemple du Roy [1].

Après cela je crains grandement le heurt en Allemagne qui nous apporteroit plus de mal qu'Arras et Thurin de bien.

Je croyois bien que le Roy de Dannemarck ne feroit que vetilles et qu'il est vray Allemand; et vueille Dieu que le Duc de Lunebourg et la Lansgrave de Hesse ne facent point comme luy. L'on nous faict icy peur des Suedois et on tient qu'ils ont des oreilles pour nos ennemis.

J'ay veu avec plaisir les tiltres enflés du Turc dans sa lettre au Roy, qui sont comme un balon plein de vent, car il n'y a rien du tout dedans. Je

---

[1] Sur ce retour du Roi à Saint-Germain, et sur les désertions d'officiers, voir AVENEL, VI, p. 720 et suiv.

ne sçay s'il en a autant mandé en Espagne et à
Venise et en Pologne, vostre correspondant ne
s'amuse pas à vous en mander des particularités,
tenez vous bien avec luy, *saltem ne noceat*.

Madame de Mesmes a esté seignée ce matin, et
m'a semblé moins vigoureuse que je ne voudrois,
et mesme je crains qu'elle ne devienne malade. Le
reste de la famille est assez bien graces à Dieu, et
moy je suis

Vostre bon père et plus fidèle amy.

Roissy.

LXI

Allemagne, vol. 13, fol. 135.

Du 20e octobre 1640, à Paris.

Mon Fils,

Je ne doubte pas que vous ne soyez beaucoup
en peine de moy, vous n'estes pas seul aussy qui a
eu ce mesme soing ; mais à présent que je travaille
au restablissement de mes forces vous estes obligé
de prendre consolation, puisque je vous mande
successivement que je va de bien en mieulx, Dieu
mercy ; je ne vois point de peril pour moy en ceste

maladie, et les medecins respondent de ma vie de
la leur mesme. Il y eust lundi dernier trois semaines, que j'estois à la mercy des operateurs [1], et
depuis ce temps jusques à présent je n'ay eu aucun
accès de fiebvre, et à l'heure que je parle à vous
je n'en ay point du tout. S'il y eust eu du péril,
c'eust esté plustost au commancement de la taille
qu'apresent. Je me lève presque tous les jours et
mange à mon ordinaire, comme je faisois il y a
deux mois, par le moyen de quoy j'espère au
moins rentrer en la mesme disposition que j'avois
il y a un an; ce qui me faict espérer, mon fils, de
vous revoir encores un coup avec toutte ma
famille, laquelle graces à Dieu est en bonne santé,
et madame de Mesmes, dont le mal que je vous
avois mandé par la mienne du 7ᵉ septembre s'est
bientost passé et elle nous faict espérer un heureux accouchement. Dieu vueille que vos esperances de revenir icy l'année prochaine ne soient
point frustrées. Mais je ne scay si l'apprehension
que j'en ay, me faict voir que l'on vous taillera

[1] « Vous saurez d'ailleurs des nouvelles de la taille de M. de
Roissy. Jamais personne, comme je crois, n'a été taillé à cet âge. »
Arnauld à Barillon. Lettre du 26 septembre. Dans les lettres sui-
vantes Arnauld donne quelques détails sur les suites de cette opération. Le 10 octobre, il annonce que M. de Roissy est guéri, mais
que pourtant « il a de grandes douleurs ».

toujours de la besogne successivement l'une à l'autre, et si vous avez veu cinq ambassadeurs ordinaires revenir en France depuis que vous en estes dehors; souvenez vous qu'ils ne se lasseront pas sitost de vous tenir là, non plus que vous de bien faire.

Le bruit a courru icy bien grand de la maladie de Mr de Longueville, mais apresent on le tient mieux et hors de tout péril[1].

On a nouvelles asseurées de la mort de Mr de Guise, et ainsy le Prince Anne devient duc ; ce que l'on faict de ses benefices, cela ne se dit point.

Tout le monde et les officiers principallement, est en allarme des nouveaux edits que l'on publiera au premier jour ; l'on prend sur les ecclesiastiques un tiers de leur revenu en deux ans, l'on faict les tailles réelles et mil autres choses pires que celles là[2]. Voila, mon fils, tout ce que je vous puis dire

[1] Le duc de Longueville, qui commandait un corps d'armée en Allemagne, était tombé malade le 1er septembre d'une fièvre continue qui l'obligea de « se faire porter à Cassel, où la fièvre qui l'avait quitté le reprit le 26 bien plus violemment ». GRIFFET, III, p. 277. Il dut rentrer en France au mois de décembre.

[2] Sur l'extrème pénurie du Trésor à la fin de 1640 et sur les moyens que Richelieu employa pour y remédier, v. AVENEL, t. VI, p. 742 et suiv. La Gazette annonça le 24 novembre une déclaration du Roi qui avait été publiée la semaine d'auparavant, portant que tous les bénéficiers de France devaient payer un dixième de leur revenu.

pour ce coup. Je prie Dieu qu'il vous tienne en sa sainte garde. C'est

Vostre bon père et amy sans pair.

ROISSY.

—— ————

LXII

Allemagne, vol. 13, fol. 174.

A Paris, le 27ᵉ octobre 1640.

MON FILS,

A l'heure que j'escris, vous sçavez la resolution que j'ay prise pour obeir à la loy que m'ont donnée les medecins et opérateurs. J'en suis satisfaict autant qu'il a pleu à Dieu me donner des forces d'endurer tout en une telle extremité; j'espère par la grace de sa toutte puissance, recouvrer une aussy bonne santé que j'avois il y a six mois, si en mon aage on peult dire en avoir. Je voudrois bien adjouster un restablissement entier, et faire mes functions naturellement comme il y a trois ans; je n'en espère, ny ne m'en desespère pas, cela est en ses mains et tel que je seray, je luy doibs tout. La saison où nous sommes, contraire aux gens de mon aage et la nouveauté des douleurs que j'ay suppor-

tées, m'en laissent encores quelques unes qui ne
sont pas entierement hors de moy, et qui sont desi-
rables à l'esgal de celles que j'ay souffertes, tant y
a que je les endure avec patience. Si vous aviez
esté icy avec vos frères, vous m'auriez rendu
autant d'assistances pendant le fort de mon mal
et encores à présent, qu'ils ont faict, dont je suis
très contant. J'accuse maintenant vostre lettre du
2 du courant qui marque vostre indisposition et
la mienne, puisque je ne puis plus vous escrire
comme je faisois encores le 14 du mois passé. Le
bon Mr de Guise[1], plus jeune que moy, est passé
en une meilleure vie. Sa veuve a escrit au Roy et
à S. E. et leur mande qu'ayant esté trouver
M^r son mary par l'ordre de S. M. maintenant qu'il
n'est plus, elle les supplie de luy faire sçavoir ce
qu'il leur plaist qu'elle devienne[2]; sa lettre à M^r le
Cardinal est toutte plaine de respect et de soubs-

---

[1] Charles de Lorraine, duc de Guise, l'ancien roi de la Ligue,
mourut à Florence, âgé de soixante-neuf ans. Il s'était retiré en Italie
en 1631, car il s'était rendu suspect à Richelieu par son attachement
à Marie de Médicis et ses relations avec le parti de Monsieur. Il avait
épousé la fille du duc de Joyeuse, veuve du dernier duc de Montpensier.

[2] Nous avons retrouvé cette lettre de la duchesse de Guise au Roi.
dans le vol. 384 du fonds Clairambault à la Bibliothèque nationale.
Ce fonds contient un grand nombre de papiers relatifs à la famille
de Guise.

mission, l'on croit qu'elle poura revenir en France, mais non pas à Paris.

Je ne sçay pas pour certain que Mr Meliand[1] face place à Saint-Preuil, mais l'opinion commune est que s'il y avoit rencontre où ils feussent obligés d'estre tous deux ensemble en public, que le gouverneur le précèdera, parce que c'est en sa personne que réside la principalle authorité.

L'on nous menace aujourd'huy qu'il n'y aura point de pain au marché, par ce que le decry de la monnoye met une telle confusion qu'il n'y a plus moyen d'achepter ny de vendre, les boulangers ont protesté de n'apporter point de pain ; il semble que l'on cherche tous les jours de nouveaux moyens d'affliger le peuple.

Vostre mère se porte bien et se recommande à vous et moy qui suis de tout mon cœur

 Vostre bon père et plus asseuré amy.

Roissy.

---

[1] M. Méliand, ancien ambassadeur en Suisse, venait d'être envoyé comme intendant de la justice à Arras. Il fut quelques mois après nommé procureur général, en remplacement de Mathieu Molé, devenu premier président.

LXIII

Allemagne, vol. 13, fol. 179.

A Paris, le 10ᵉ novembre 1649.

Mon Fils,

Si j'avois peu vous céler l'opération qui fut
faicte sur moy, il y eust lundy dernier six semaines, avec asseurance qu'aucun ne vous l'eust pas
faict sçavoir, je me serois bien donné de garde de
vous en escrire, sçachant bien que la nouvelle ne
pouvoit vous estre que sensible, et j'aurois volontiers espargné la douleur que vous en avez eu;
mais la crainte que j'avois que vous ne l'eussiez
appris d'ailleurs que de moy et qu'on ne vous fist
le mal plus dangereux qu'il n'a esté, m'a faict
estimer qu'il estoit meilleur de vous mander moy
mesme, comme tout s'estoit heureusement passé,
afin que cela vous tournast à moins de desplaisir [1].
J'ay licencié les médecins et opérateurs, desquels
je suis plainement satisfaict et croy qu'ils le sont

---

[1] Nous avons cru devoir supprimer ici un passage où Mʳ de Roissy
donne à son fils des détails un peu trop précis sur la maladie dont
il était affligé.

17

de moy, au moins en ont ils tout subject. Mr du Val est à ma porte si j'en ay besoing ; il sera à moy touttes fois et quantes que je voudroy. Je seray obligé de garder la chambre une bonne partie de l'hiver en attendant que le printemps vienne pour restablir mes forces.

Pour nouvelles, je vous diray qu'il y a quelque apparence d'accommodement en l'affaire de Mr de Soyecourt ; vostre frère aisné est celuy auquel on s'est addressé pour la negocier ; mais les choses sont si eslognées qu'il n'y a pas subject d'en former une esperance asseurée, et neantmoins pour peu qu'il y ait d'avancé, il le fault tenir secret. Je ne doubte point que si Dieu faict prospérer ceste proposition et la conduise à bonne fin que vous n'en ayez autant de contentement que nous[1].

---

[1] Nous avons vu plus haut qu'à la suite de l'affaire de Corbie (v. p. 196), M. de Soyecourt, le beau-frère de d'Avaux, avait été exécuté en effigie et s'était réfugié en Angleterre. Le catalogue du Fonds Colbert, publié dans le cabinet historique, indique comme se trouvant dans le vol. 169 des « Lettres de relief du 24 juillet 1643 en faveur du s^r de Soyecourt, pour se représenter, quoique après les cinq années de contumace expirées, sur l'accusation du crime de lèse majesté, intentée contre lui ». Nous n'avons pu retrouver ce document. Mais nous savons qu'en 1645, Mr de Soyecourt commençait à reconstruire son château de Tilloloy. Peut-être faut-il faire rapporter à ce que dit M. de Roissy cette lettre de d'Avaux à Richelieu de Hambourg, du 8 mars 1641, citée dans un catalogue d'une vente d'autographes du 3 février 1845. Elle est ainsi résumée : « Sur une

Toutte la famille est en bonne santé, Dieu
mercy, je le prie qu'il en soit ainsy de vous à qui
je suis

    Vostre bon père et parfaict amy
        jusques au bout.

ROISSY.

J'ay receu vostre lettre du 15 du mois passé,
et vous envoye un pacquet de Madame de Savoye,
que Juif[1] m'apporta il y a deux ou trois jours.

LXIV

Allemagne, vol. 16, supp., fol. 325.

Du 3 octobre 1642 à Paris.

MON TRÈS CHER FILS,

Je ne faicts response à vostre lettre du 16e du
passé, que pour vous dire que je l'ay receue. Elle
me resjouit d'un costé, à cause de vostre retour et

grâce qui vient d'être accordée à son frère... Il faut avouer, Monseigneur, que vostre bonté est extrème à l'endroit de vos serviteurs. Je
me tourne de tous costés et ne trouve rien en moy qui ne soit trop
au-dessous de cette grâce dont j'ay receu tant de consolation. »

[1] Juif était un célèbre chirurgien que Richelieu consultait souvent.
Il venait de soigner la duchesse de Savoie. (*Lettre d'Arnauld à
Barillon.*)

17.

du jour pris, et de l'autre elle m'afflige pour la migraine que vous avez; je croy neantmoins que vous en estes apresent bien guéry; vous ne pouviez me mander rien de plus à mon goust que la nouvelle que vous m'annoncez. Je vous attends à bras ouverts pour vous recevoir et embrasser comme mon bon fils[1]. Dieu vous acconduise icy à bon port et après qu'il dispose de moy quand il luy plaira, je seray contant lors de vous avoir veu.

J'ay faict baillier à Mr Ogier touttes les lettres latines[2] contenues en vostre memoire dès mercredy au soir, il travaille à les faire imprimer tant qu'il peult, pour les distribuer aussy tost et s'il se peult, avant que vous soyez arrivé icy, à ceux qui ont eu le manifeste[3]. J'y tiendray la main et le

[1] Le comte d'Avaux avait obtenu au mois d'août un congé pour rentrer en France (Bibl. nat., f. français, vol. 15935, f⁰ 432). Mais il ne quitta Hambourg que le 1ᵉʳ octobre (*ibid.*, f⁰ 445). Son père mourut le 30 octobre, à l'âge de quatre-vingt-trois ans. (*Gazette de France*, 1642, n⁰ 145.)

[2] Le 28 juin 1642 (Bibl. nat., f. français, vol. 15935, f⁰ 422), d'Avaux écrivait à M. de Rorté : Je ne manqueray pas de vous envoyer des exemplaires de ce que j'ai écrit au roi de Danemark. Mais ce ne pourra pas être encore de sitôt, d'autant qu'il ne s'est trouvé aucun imprimeur de cette ville qui l'aie voulu mettre sous sa presse, et ainsi il m'a fallu envoyer les pièces à Amsterdam. — Le 26 juillet (f⁰ 430), d'Avaux envoyait ces pièces à Rorté.

[3] Sans doute : *Exemplum litterarum ad seren. Daniæ regem script.*, Paris, 1642, in-fol.

presseray afin qu'il n'y ait point tant de longueur qu'à l'autre impression.

J'ay appris que vous avez faict faire un carrosse par Madame de Fouxolles[1], qui en a pris le soing, sans m'en parler aucunement. Je croy que vous avés jetté les yeux sur elle comme à celle qui y pouvoit vacquer plus diligemment que personne.

Je n'ay aucune nouvelle à vous mander, toutte la famille se porte assez bien horsmis moy, qui suis et seray jusques au bout,

Mon très cher fils,

Vostre très affectionné bon père

et cordial amy.

ROISSY.

[1] Le comte d'Avaux s'occupait en effet déjà de tous les préparatifs pour le congrès de la paix. « Il dressait son équipage. »

APPENDICE

_____

I

Venise, vol. 49, f° 22

D'AVAUX A LA REINE [1].

20 janvier 1630.

Madame, voicy enfin la Relique de saint Roch, que j'envoie à Vostre Majesté, à qui je voudrois bien avoir pu rendre plus tost ce petit service; mais les diverses difficultés et oppositions qui s'y sont rencontrées avec l'humeur tardive de ces Messieurs, eussent ruiné l'affaire absolument s'il n'eust esté question de vous complaire, et que la République n'y eust emploié tout son soing. Je l'ay eue, Madame, par les mains du patriarche de Venise, en présence du cavalier Sorzi, d'un secrétaire du Sénat, et autres officiers de Saint-Marc, à ce commis, et des prestres et ministres de l'esglise de Saint-Roch, de ceux de la Confrairie qu'on appelle icy une Escole, et des cinq notables bourgeois qui en ont cinq clefs différentes; et j'ay eu l'honneur de veoir de mes yeux et révérer cette sainte relique, qui est

[1] Voir la lettre de M. de Roissy, page 11.

toute entière, mais rompue en plusieurs endroits, et spécialement aux mains, qui a esté cause qu'au lieu d'un doigt que le Sénat avoit ordonné, on a pris d'une coste ce qu'il a fallu pour remplir la place qui avoit esté laissée dans le reliquaire, que ces Messieurs ont fait préparer fort dignement, comme vous verrés, avec les armes du Roy, celles de Vostre Majesté, et celles de Saint-Marc. Mais m'estant imaginé, Madame, que vostre dévotion vous feroit désirer d'en porter sur vous, et que ce seroit dommage de toucher à cette relique, j'ay obtenu d'en avoir encores une parcele, et Dieu mercy, cella a esté interprété si favorablement par les commissaires susdits, qu'ils m'ont baillé un muscle tout entier, lequel fust plus estimé par M^r le Patriarche, que tout le reste, parce que cette partie du corps est bien plus corruptible et qu'elle ne se peut conserver que par miracle; toutes deux ont esté mises devant moy, l'une dans ledit reliquaire, et l'austre dans un tafetas cramoisy, et cachetées du sceau de Saint-Marc, de celluy de l'Escole et du mien, et ainsy je les envoye à Vostre Majesté par ce porteur, qui est de mes domestiques, ne pouvant m'assurer sur la fidélité, ny sur le soing d'un courier, principalement en ce temps de troubles, que tout est plein de voleurs, et de soldats. Il vous porte aussy, Madame, un acte authentique en la meilleure forme qu'il puisse estre, lequel fait foy de tout ce que dessus pour tesmoignage de la vérité à l'advenir, et pour vostre plus grande satisfaction.

Je sçais que l'intention de Vostre Majesté est de faire recepvoir ces reliques avec la vénération qui s'y doibt apporter; et partant, il ne me reste que de prier Dieu comme je fais de toute mon âme, qu'il permette que

la France se ressente du bien que vous lui procurés,
et que la contagion y diminue par l'intercession de ce
grand sainct, qui est François, et surtout que vostre
personne si nécessaire à l'Estat soit préservée de toutes
sortes de mauvais rencontres, mesmement ce voyage
que vous entreprenés au milieu de l'hiver, et de tant
d'incommodités pour le salut publicq.

Pour moy, Madame, si je pouvois contribuer autre
chose que mes souhaits et mes vœus, ce seroit de très
bon cueur que j'emploirais tout ce que j'ay au monde
pour vous tesmoigner, Madame, que je suis de Vostre
Majesté, etc.

II

Venise, vol. 49, fol. 273.

NOYER A M. DE ROISSY.

A l'Isle de Saint-Seconde, près Venise le 5 octobre 1630.

MONSEIGNEUR,

J'ay veu cette semaine par vostre lettre à Monseigneur l'Ambassadeur la plainte que vous faittes de
moy de ce que je ne vous ay pas informé entierement de sa maladie et specialement de son mal d'œil.
Je vous supplie très humblement, Monseigneur, de ne
m'en blasmer pas davantage, ne m'estant tu que sur la
cognoissance que j'avois (aiant l'honneur d'escrire
soubsluy) qu'il vous mandoit exactement tout ce qui
en estoit, partant mes lettres vous eussent plus esté
importunes qu'aggreables, neantmoins puisque vous

me commandés absolument de vous en escrire quelque
chose, je me ressouviens qu'il a oublié de vous en
mander une grande particularité, ou qu'il ne l'a pas
voulu faire de crainte de vous fascher, c'est pourquoy
je vous supplie ne luy point tesmoigner ny à qui que
ce soit que je vous en aie rien fait scavoir, c'est donc
que son œil se porte bien en l'estat qu'il est, ny parois-
sant aucun deffault, si ce n'est qu'on le regarde de bien
près, il est beau comme l'autre, debile pourtant et ne
pouvant qu'apeine suporter la lumiere, mais la verité
est qu'il n'en voit presque point et qu'il n'en scauroit
rien dicerner et pour moy je crois qu'il le perdra tout
à fait, Dieu veuille que non; mais avant qu'il fust guery
il en voioit mieux qu'apresent ou il ny a aucune in-
flammation ny apparence de mal quelconque. Ce qui
l'afflige pour le moins autant que ce grand accident
nouvellement survenu chez luy qui est veritablement
digne de compassion, estant tel qu'on n'y sauroit remedier que par l'abandonnement de toute chose, tout
ce que nous avons pu faire ça esté de mener avec nous
la vaiselle d'argent et le reste est à l'abandon, soubs la
garde pourtant de Pierre, de Madame de Mancy et
de Henry qui estoit à Mr de Courcelles vostre voisin,
lesquels veullent mourir dans ce logis, je me suis par
plusieurs fois offert de faire le semblable, mais Mon-
seigueur ne l'a pas voulu, dont je suis bien mary craignant de luy apporter plus d'incommodité que de service, non que j'appréhende le mal Dieu mercy, mais
je suis assez malheureux pour l'y apporter, j'espere
pourtant tant en la grace de Dieu qu'il garantira cette
petite famille qui ne consiste qu'en cinq personnes,
lesquels jusques icy n'ont eu aucun signe de mal depuis que nous y sommes et c'est aujourd'huy le xe jour,

ce qui nous fait bien esperer, nous sommes pourtant
tous bien resolus à la volonté de Dieu et le louons à
tous momans de la grace qu'il nous a faitte de nous
avoir donné le temps de nous repentir de nos fautes
avant que partir de ce monde où je vous assure, Monseigneur, que nous y vivons plustost par contrainte
que plaisir.

J'ay crainte que ce desordre n'empesche la conclusion de l'affaire de Mr de Patience[1] et que cella ne le
porte à estre de la qualité que vous luy donnés par
celle dont il vous a pleu m'honorer du 24 aoust, l'y
voiant fort porté, car par la dernière lettre que j'ay
eue de luy, se pleignant du peu de commodités qu'on
luy donne pour vivre où il est, il m'escript ces mots
(que s'il vouloit blesser sa conscience et tourner le dos
à Dieu pour ce qui est de l'honneur qu'il luy doibt,
quantité d'Anglois extremement riches qui sont où il
se trouve, le sollicitent assez d'aller en Angleterre avec
des avantages non pareils, mais que graces à nostre
Seigneur il se sent autant esloigné de telle perfidie
que la necessité extrême semble l'y convier avec cette
maxime qu'elle n'a point de loy. Toutefois qu'il apprehende que les orreurs d'une faim enragée ne l'emporte à la fin et ne luy persuade que partout il aura
quelque excuse, si trouvant la charité du tout esteinte
aussy bien que la justice dans l'Eglise Romaine, il la
recherche autre part. Dieu pourtant luy envoie plustost mille morts que de l'oublier jusques la, mais qu'il
est homme, et lisant dans l'histoire que l'ambition, les
femmes et la liberté ont tant arraché d'estoilles du
firmament pour les precipiter dans le puis de l'abisme,

---

[1] Voir sur le père Lucian, dit de Pat'ence, la lettre IV, 19.

qu'il a crainte que la passion de la faim plus puissante
sans comparaison que les autres, ne le face tomber luy
qui n'est pas seulement du nombre de ces astres si
brillants, mais plustost un nuage obscur et terrestre
gaité il y a si longtemps par toute sorte de tempestes
et de vents les plus impetueux que l'enfer excite en ce
monde). Cette lettre est du 26 aoust et Dieu scait ce
qu'il aura fait depuis, je prie Dieu qu'il le vueille mieux
conseiller, mais ses actions, sa vie et ses paroles ne
me promettent rien de bon de luy, et de tant plus
qu'il n'a pas subjet d'aprehender la fin comme il fait,
puisque depuis le premier jour de juin jusqu'à celuy
cy il a eu de Monseigneur quarante escus de France,
mais je m'imagine que c'est qu'il le veut forcer à luy
bailler autant qu'il faisoit estant icy, et qu'il croit que
le contenu en ses lettres auront la vertu de faire ouvrir la bource de Monseigneur contre son gré et intention, aquoy il se trompe, mais je ne m'apperçois
pas, Monseigneur, que je vous ennuie et que la longueur
de mes lettres vous donneront plus de subjet de vous
plaindre autant de mon incivilité comme vous en
aviez lors que je ne vous escrivois point, c'est pourquoy il vaut mieux que je finisse et garde quelque
chose pour vous dire une autre fois, comme je fais
apresent, que je suis,

     Monseigneur,

Vostre très humble, très obéissant et très obligé
    serviteur.

                  Noyer.

III

Venise, vol. 50, f. 144.

Estat sommaire des advances faictes par l'ambassadeur du roy à Venise depuis quatre années selon les ordres exprès de Sa Majesté ou à l'urgente nécessité de son service (1631).

Prm¹ pour le *te deum* de la prise de la Rochelle, avec la musique de S¹ Marc; pour parer l'église de S¹ Jérémie où il fut chanté avec la grand messe, pour les cires, pour le sallaire du curé et des prestres qui officièrent, pour les haultsboys, tambours et trompettes, pour les canons et boistes, qui tirèrent trois foys durant ledit office, neuf cent livres, cy . . . . . 900 ₶

Pour le festin donné ensuicte à toutte la nation et à quelques prélats et gentilhommes italiens qui avoient assisté au susdit office, passans en effet trois cent personnes, treize cent cinquante livres, cy . . . 1350 ₶

Pour une aumone générale à tous les pauvres qui se présentèrent, lesquels eurent chacun deux sols, deux pains, et un bocal de vin, quinze cent livres, cy. . . . . 1500 ₶

Pour les feux de joye pendant trois jours consécutifs a esté débourcé six mille livres, cy . . . 6000 ₶

Pour trois festins et collations de confitures données lesdits trois jours à M⁹ les Ambassadeurs et aux Ministres des Princes avec toutte leurs familles, deux mil cent livres, cy . . . . 2100 ₶

Pour vingt violons qui servirent au bal pendant trois jours, cy. . . . . 300 ₶

Le tout à la veüe de la République et de Mon^r de La
Saludie envoyé du roy pour cet effet, avec une despesche de Sa Majesté qui porte commandement particulier de faire les dites festes et touttes autres démonstrations possibles pour un si grand succès. Et affin
que cette dépense de trois jours ne soit pas jugée su-
perflüe, l'on sçaura qu'elle est ordinaire icy, en bien
moindre occasion; qu'à la création d'un procurateur
cella s'observe, que l'ambassadeur d'Espagne en a usé
ainsy à la naissance du Prince d'Espagne et qu'en un
mot nulle démonstration publique de joye ne se fait à
Venise qu'en cette forme.

...*item* dépenses de courriers et argent prêté à ne
jamais rendre...

IV

Venise, vol. 46, f° 129.

M. DE ROISSY AU GARDE DES SCEAUX[1].

13 octobre 1632.

Les lettres qu'il vous a plu m'escrire, m'ont apris
la grâce que mon fils d'Avaux a receue du roy par
vostre bon advis et considération, dont nous vous
sommes tous deux grandement obligés. Mais come par
la mesme lettre vous me témoignés du desplaisir que
notre espérance n'a réussy qu'à demy, j'ose me promettre suivant ce qu'il vous plaist m'en faire espérer,
qu'en peu de temps il recepvra son entière satisfac-

---

[1] Voir la lettre de Mr de Roissy, page 34.

tion; à quoy je vous supplie très humblement de contribuer les effects de vostre affection promise à celuy qui est Monseigneur...

(C'est copie de ma lettre à M. L. G. D. S. du 13 octobre 1632 touchant le semestre.)

V

Suède, vol. 3. p 193.

Aujourd'hui 4 décembre 1633, le roy estant à Saint-Germain en Laye voulant recognoistre les services très utiles que le sr d'Avaux, conseiller en ses conseils, luy a rendus six ans entiers en l'ambassade de Venise pendant les mouvemens et les guerres qui ont agité l'Italie, et en considération aussy des grandes et extraordinaires despenses qu'il a soustenues en plusieurs rencontres, mesme à l'occasion du passage que Sa Majesté s'est ouvert en la dite province et des armées qu'elle y a menées par deux diverses fois pour la délivrer d'oppression, Sa Majesté veut et ordonne qu'outre et pardessus les appointemens pour lesquels il est à présent et pourra estre cy après employé sur l'Estat comme conseiller en ses conseils, il luy soit paié chacun an par le trésorier de son espargne, et par forme de pension la somme de trois mil livres de deniers tant ordinaires qu'extraordinaires du dit espargne, et qu'à cette fin toutes lettres et acquits nécessaires luy en soient délivrées, en vertu du présent brevet qu'elle a pour asseurance de sa volonté signé de sa main, et fait contresigner par moy.

VI

Bibl. de l'Arsenal, 4119, f. 1025.

LE PRIEUR OGIER A M. DE BALZAC[1].

...Croiriez vous bien que l'on se pique d'elo-
quence au Pays des Goths, que l'on y connoit Balzac
et qu'il y treuve des admirateurs et des envieux
aussi bien qu'en France. Comme l'envie accompagne
toujours la vertu, Phillarque vous a suivy jusques en
Dannemarc où il a corrompu quelques esprits qui se
sont laissé tromper une seconde fois à l'hérésie d'un
moine. Mais elle n'y prendra pas de si fortes ra-
cines que celles de Luther, car il perdit sa cause il
y a quelques mois en présence du roy dans la chambre de ses filles. Ce sont des pricesses dont l'état et
l'humeur, et la langue sont toute françoise et qui
font leurs délices de vos ouvrages. M^r l'Ambassadeur
leur faisoit visite, elles luy montrèrent leur bibliothèque, vostre livre s'y treuva et vous futes la matière
de l'entretien. Un évèque luthérien entreprit le party
du feuillan; mon frère fut commandé de répondre
aux objections, ce qu'il fit avec un tel succès que s'il
eut esté aussi bon théologien qu'il fut heureux avocat,
le Pasteur et le trouppeau seroyent maintenant convertis, et il n'y auroit plus d'hérétiques aujourd'huy
dedans Copenagen. Le roy prononça que le moine seroit renvoyé dans son cloître que vous demureriez en

---

[1] Cette lettre a déjà été publiée en partie dans l'édit. de Tallemant des
Réaux, t. IV, p. 112.

paisible possession du cabinet, et comme le portrait
de Mad. de Monbazon sert de patron aux princesses
pour se bien coiffer, que vos œuvres pareillement
serviroyent de modèle pour bien parler. Une d'elles
qui est redevable de sa noblesse à la faute de sa mère
et qui répare le défaut de sa naissance par une incom-
parable beauté de corps et d'esprit ajouta que Phillarque pourroit néantmoins demeurer dans les estats
de son père, à la charge qu'on l'envoyeroit estre ministre en quelque village de la Norvége. Elle ne savoit
pas que ce grand orateur n'osa jamais parler en public. Cela ne fut pas oublié par notre avocat. Vous me
demanderez peut estre quelle tempête l'a porté en ce
pays là, s'il n'est point allé rechercher les titres de
notre noblesse et les restes de la succession d'Ogier le
Danois; ou bien s'il espère trouver un ciel plus doux
en la Scandie que non pas en France. Rien de tout cela.
Mr Davaux, Amb. du Roy en Dannemark, Suède et
Pologne, l'a tiré de son étude pour l'emmener avec
luy jugeant qu'il savoit assez de latin pour négocier
avec tous ces peuples du septentrion sans estre obligé
d'apprendre tant de langues qui font mal à la gorge.
Je vous dirois des nouvelles plus particulieres de cette
ambassade, si Mr le secrétaire n'avoit commencé
l'exercice de sa charge en refusant de me dire le secret de son instruction. Je vous diray seulement ce
que tout le monde en scait. Ils vont pour continuer la
trève entre Dannemarc Suède et Pologne. Je ne say
pas quel sera le succès de leur negociation, mais je
s'ay bien que mon frère aura beaucoup avancé s'il fai
la paix avec soy mesme et s'il treuve quelque repos
d'esprit en ce voyage. Son mal toutefois n'est pas des
plus incurables. Il n'emporte à mon avis avec luy ni

l'ambition, ni l'amour, ni aucune de ces autres maladies invétérées qui nen guérissent pas pour changer d'air. Quelque facherie qu'il a de n'estre pas employé et de veiller inutilement, est la cause de son inquiétude, tellement qu'estant à cette heure occupé aux affaires de paix et de guerre il y a quelqu'apparence qu'il tirera le fruit qu'il espère de son entreprise. Quant à moy j'estime qu'il a déjà beaucoup fait puisqu'ayant quitté le barreau où par aventure il n'avoit pas tout l'employ qu'il eut bien mérité, il a treuvé occasion de plaider la plus illustre cause qui ayt este debattue de plusieurs siècles [1].

———

VII

CLARISSIMO VIRO N. BORBONIO

C. MEMMIUS S. [2]

Mai, 1635.

Festinanti calamo pauca rescribam at si brevis est epistola, proficiscitur certe a prolixo affectu qui inter graves et multiplices curas tui non modo oblivionem,

[1] *Voir* Balzac, *Lettres,* éd. in-fol., 1687, p. 210, la réponse de Balzac à cette lettre du prieur Ogier.

[2] D'Avaux échangea avec Nicolas Bourbon de nombreuses lettres latines. Plusieurs ont été publiées par François Ogier, à la suite des *Éphémérides* de son frère. Voir *Caroli Ogerii Ephemerides sive iter danicum,* etc., p. 453-486. Il en existe d'autres à la Bibliothèque nationale dans la collection Baluze. Celles que nous publions ici sont tirées des Archives des Affaires étrangères. *Pologne,* vol. 2, f⁰ˢ 205 et 237.

sed ne praeteritionem quidem patitur : legi summa
cum voluptate litteras tuas et conjunctum panegyricum de quo si vellem dicere quid sentio, alterum me
tibi panegyricum scribere oporteret. Hoc unum et ex
animi sententia proferam te materiae dignitati prae-
clares omni ex parte respondisse et heroicas virtutes
vere heroico carmine illustrasse, adeo ut qui hodie
omnium fortasse mortalium faelicissimus certe sapien-
tissimus est cardinalis tanto praecone fœlicicorem dicere non verear. Caeterum annuit Deus votis tuis,
negae antehac Balticum mare qua in longum est emen-
sum, nunc ejusdem latitudinem tragicere innoxium
voluit, magna tamen sex dies fuit jactatio et in ipsa
navium statione ubi nox transacta est vix ferenda, id
non prohibuit cùm primam heri Gedanum appulimus
quin omnes incredibili gaudio Ecclesiam dominicano-
rum et catholicus ritus a decem fere mensibus junsi-
tatos (nisi intra privatos parietes) repetierimus. Non
longe, ut video ab eodem portu aberant Belgii ordi-
num legati tres qui hac ipsa hora urbem ingrediuntur,
praeiere legati Regis magnae Britanniae et Electoris
Brandenburgici, nec non marchio Sigismundus, ejus
agnatus, quem mox in se sequuturus est Elector *sci*
jam aliquoties cum Poloniae et Succiae commissariis,
sed frustra congressi sunt; ego vero in Sarmatiam
tendo, unde rursus properato in has Borussiae partes
reditu cum tot legatis et principibus et deputatis cele-
berrimo sane conventu non jam de stillicidio aut
pariete communi sed de tegno lis erit quam ut tan-
dem diremi patiatur in cujus manu corda regum
sunt fusis ad eum precibus me adjuves velim : Simul
ad hanc epistolam uno impetu incuriosius scriptam
ne attendas rogo, et si quid non latine dictum vide-

bitur cum barbaris me jampridem esse memineris.
Gedano postridie ascensionis, 1635.

Plane ante discessum habui orationem Stocholmoae
in generalibus regni comitiis, ejus tibi si vacat, le-
gendae potestatem faciet parens meus.

VIII

3 d'aoust, 1635.

ILLUSTRISSIMO ET EXCELLENTISSIMO VIRO D. DOMINO CLAUDIO
    MEMMIO CHRISTIANISSIMI REGIS AD POLONIAE, DANIAE,
    SUECIAE REGES LEGATO EX. S.

Excellentia vestra propitio numine Gedanum ap-
pulsa, cum jam citra mare sit, transmarinas veneres
ad nos misit, quae illam potius Atticis Athenis aut ve-
tere Roma, quam ab ultima Septentrione et Gotthia
reducem testentur, Orationem in regni Sueciae comitiis habitam et litteras illustrissimus parens qui mihi
manu reddidit, idem fere ex dimidia parte merum
cepit, oculis vividis et nullo loco haerentibus, ex
certa characteris notitia : deinde quod lectio illa pauco
longioris spiritus et temporis esset, ab amanuensi
excriptam, altero post die, totam mihi possidendam
tradi jussit. Sane mihi perhonorificum est, atque
adeo supra sortem meam a viris eo dignitatis parente
et filio, tantum thesaurum mecum communicari,
quam celare domi at doctis invidere nequeo. Itaque
primum in media hujus familiae corona semel at iterum perlecta est, lectissimo quoque ambigente, quid
potissimum in ea laudaret, verborum ne lumina, an

rerum pondera : quando omnia ibi tam graviter,
acute et copiose disputata, tamque ad persuadendum
apposita sunt, ut nihil addi, nihil detrahi possit :
certe nullus unquam orator magnitudini suae lega-
tionis dicendo magis responderit. Atque non paucos
huius meae sive sententiae, sive admirationis socios
habeo, etiam non infimae classis viros. Legatione Ba-
tava functus Faïus Spessaeus qui ad me ventitare solet,
cum attentus, et mirabundus legisset postridie mane
adducto amanuensi ejus describendae copiam sibi
fieri postulavit, cui hoc gratiae negare non potui, ut
nec Theodorico Sevino tuo quondam in magno con-
silio assessori, praesertim cum virtus operis, meo ju-
dicio, omnem cuentum satis praestet, par et idonea
hominum opiniones mereri non vereri. Utinam novus
exoriatur Jovius, qui res his viginti annis, toto orbe
gestas narrare aggrediatur, certe cum ad Suecos ven-
tum fuerit, et habitas de pacificatione Sarmatiae at
Sueciae deliberationes, facile superse debit labore fin-
gindae concionis, tamque luculentam orationem suae
historiae, cum ad religionem veritatis, tum ad in-
signe ornamentum inserendam judicabit. De litteris
porro tuis et earum elegantia, primum vereor, ne
apud multos invidiosum mihi sit istud velut cum Diis
colloquium, deinde ne ludibrium debeam homo pro-
fessorius et litterator tribatissimus, qui tamen in eo
genere, ab excellentia vestra, tanto intervallo relin-
quar. Quave nisi me juberet officii ratio, istas tam
impares quasi commissionnes verecunde refugerem :
tum excusabit me, opinor imbecilla senectus, et senec-
tuti comes omnium rerum praeterquam tuorum erga
me meritorum oblivio, quorum memoriam non modo
dicendi rudis, sed si vel mutus fiam, verbo mentis

colere tenear. Caeterum occasionem apperior legendi
per otium E. V. orationem et litteras admodum Reve-
rendo Macloviensium Episcopo, quod nondum nan-
cisci potui, usque adeo negotiis immersus est, cum
ipse sit magna pars comitiorum sacri ordinis quae
nunc habentur, et semper adeuntium multaque ro-
gantium turbis circumseptus, nequaquam commo-
dus mihi ad id pateat aditus, tua vero ejusmodi sint,
ut a minus attentis aut aliud agentibus minime ins-
piri legique oporteat. A haec saepe illi res est cum
podagra, quo tempore aut lectica infertur comitiis,
aut abest, tum que nec jucundis colloquiis operam
dare, nec ejusmodi delitias, egro palato animoque
gustare potest. Cum nostri essent in procinctu ad
expeditionem Flandricam, ego aliquot versibus ad
declarationem regiam supremi senatus decreto ratam
alludere volui, et postulare Belgio vindicias secundum
libertatem, inducta ultimi Burgundiae ducis persona.
Hoc genus scholasticas exercitationes sapit, qualecum-
que tamen est, pro litteris tuis mihi redditis eodem
die et momento reposui illustrissimo parenti tuo. Qui
dixit se illud e vestigio fasciculo litterarum insertum
ad te transmissurum, nec dubito quin jam satis fas-
tidii attulerit, ne quid tamen a me desit iterum ab-
trudo, dignum hercle mitti, nisi favore tuo sublevetur,
non jam Ilerdam Hispaniae quae longius abest, sed
Gedanum clarissimum totius septentrionis Emporium,
ut mercibus, piperi etiam at salsamento pro veste sit.
Mirifico vero gaudio affecti sumus, quod ex quo isthuc
applicuisti, in orbe cognito jam nobis esse videaris, et
magnam partem itineris ad reditum confecisse. Non
enim defuere qui dicerent Stocolmo te Narvam aut
Reveliam aut denique Rigam trajecturum, unde per

Livoniam et ipsa confinia Moscoviae ad regem Sarmatiae Vilnam tenderes, quod quidem tuis amicis curam
injecerat, ne iter nimis laboriosum etiam periculo
non careret. Deus opt. max. Excellentiam vestram
votorum suorum quae non nisi è republica sunt, in
hoc delegatorum conventu compotem faciat, ut Sar-
matia et Suecia [cuis] consiliis paciliis pacem debeant
ac demum quae, cum amicis, tui desiderium aegre
[erunt] tibi salvo et incolumi patria gratuletur. Vale.
Lutetiae. 4. nonas sex[ta die] anno salutis 1635.
　　Excellentiae vestrae addicti-[simus]
　　　　　　　　　　　N. Borbonius.

IX

Mariembourg, 25 septembre 1635.

Suède, vol. 3, fol. 435.

D'AVAUGOUR AU CARDINAL DE RICHELIEU[1].

Monseigneur,

Je vous escrivis la dernière fois comme si desja les
traictés de Prusse eussent esté conclus, et pense qu'un
chacun fit le mesme partout, voyant les cincq articles
principaux adjustés; mais depuis ce temps là, nous
n'avons pas eu certes petite apprehention d'avoir trop
tost mandé une telle nouvelle; car l'on a voulu rompre
par trois fois différentes mesme au lieu des traictés.

[1] Voir page 89, la lettre de d'Avaux à son père.

le premier subject fut un poinct bien chatouilleux
regardant les pauvres catholicques qui sont en Lyvonnie
ausquels les poulonnois vouloient absolument faire
avoir l'exercysse de leur religion libre pendant la
tresve, à quoy les Suèdois s'opposans fortement, dirent
qu'il iroit de leurs vies de conséder une chose sy contraire aux loix et status de leur pays. Plusieurs discours en suitte furent tenus de part et d'autre avec
grand chaleur, lesquels concluoint a faire entendre
que comme du passé la Religion avoit esté seul motif
de leur première guerre, encore maintenant n'en sau-
roint ils avoir de pretexte plus juste et qu'estant ob-
servé par quelques soldats impatians de la voir commancer l'alarme en fut incontinant donner aux trouppes
qui accompagnoint ordinairement Messrs les commissaires dans les presants traictés, dont s'ensuivit apprès
un tel desordre que tous les ambassadeurs et commissaires pensèrent estre assommés, se trouvant justement au milieu des dittes trouppes qui furent à deux
longueurs de piegne prestes de se charger, n'ayans
pu estre retenues par leurs officiers; mesmes, quelques
coups se donnèrent de part et d'autre, mais le mal
n'en a esté senty que de 10 ou douze personnes seulement, il est vray que sy les Ambassadeurs n'eussent
fort aydé à mettre le hola plus de quatre cents autres
leur tiendroint aujourdhuy compagnie.

La Lyvonnie fut encore le second poinct d'accroche,
les Poulonnois ne voulans point qu'elle fust comprise
dans les prolongations de trève comme la Prusse, fon-
dés sur l'esperance de quelques heureux succès et
prise de place qu'on leur mandoit de l'armée qu'ils
ont en ces cartiers, dont ils s'enorgueillirent fort;
mais les mediateurs et commissaires Suédois souste-

noient au contraire que toutes les prolongations de
Tresve des traictés de deça n'avoient esté faictes que
sur le piedt de la dernière de six ans (laquelle comprenoit toutes ces deux provinces) et sy quelque place
en Lyvonnie avoit esté occupée d'une ou d'autre partie
le fleuve d'Enest n'en pourroit plus estre les bornes
(comme il avoit esté stipulé) qui seroit autrement ouvrir la porte aux cources des parties qui fomante-
roient une guerre continuelle entre les voisins. Cette
question ayant été débattue en plusieurs conferences
sans resolution fut enfin prise des Poulonnois *ad re-
ferendum* au Roy qui en envoya puis sa resolution
d'une place au dela de Dantzic où il estoit allé pour la
fortifier et recognoistre divers passages contre les
Suédois.

Le troisiesme comprenoit deux articles qu'on traicta
à la fois; touchant le traicté de paix perpetuelle entre
les deux couronnes dans le temps de la tresve, que le
Roy de Poulongne affectionnoit particulièrement, et le
passage libre par terre de l'armée Suédoise en Allemagne desiré de ceux cy, lesquels furent reiglés avec
beaucoup de peine pour M^r l'Ambassadeur specialle-
ment qui seul l'a obtenu affin que les trouppes en-
trassent en Pomeranie d'autant plus promptement et
plus comodement.

Quand aux autres poincts et articles restans les parties en tombèrent d'accordt un peu après ceux cy,
reservé quelques uns remis à l'entreveue et decision
de Mes^{rs} les generaux, qui fut le lendemain grandement solemnelle; estants chacun suivis de cent gentilshommes de marque, fort leste et bien montés. Le
rencontre s'en fit au lieu des traictés mesmes. Chaque
general estant accompagné de ses commissaires et de

la moitié des Ambassadeurs. Asprès quoy la tresve fut conclue au grand contantement de toutes les parties; presents mille personnes qui vinrent faire des remerciements sans nombre à M^r l'Ambassadeur tel que s'il en eust esté le mediateur seul. Aussy ne peut on assez exprimer l'honneur et la reputation que la France a acquise par luy dans ces presents traictés ausquels il a tousjours sy genereusement conservé la dignité du Roy que tant s'en fault qu'il s'y soit en rien relasché avec l'Ambassadeur d'Angleterre de ce que fit en mesme rencontre (il y a six ans) Mr de Charnacé que de plus il en remporte encore sur celuy cy trois advantages signalés, qui sont la nomination du Roy première aux prefaces des deux traictés quoy quil soit arrivé le dernier auprès des Poulonnois (qui ont dit n'avoir advantagé mon dit Sieur Charnacé en ce point qu'à cause de sa venue première avant l'Anglois). Le second d'avoir forcé l'Anglois qui vouloit prendre le tiltre de France avec tous ceux de son maistre, à se contenter simplement de celuy de la Grande Bretagne et un *etc.*, et pour ceux du Roy ils y soient tout au long.

Le troisiesme a esté la signature du traicté devant le Roy de Poulongne et toute sa cour d'un costé, et pour celuy des Suédois presents les commissaires et le general la Garde avec force noblesse, lesquelles prerogatives il n'eust pu recepvoir par son addresse mesme (quoy quelle soit extreme), s'il n'y eust joinct une resolution de mourir en la peine, car tous les commissaires (principalement ceux de Suède) tenoient le party de ses competiteurs, soustenans que les Roys sont esgaux et ne doivent cèder les uns aux autres. Les Poulonnois furent assez raisonnables en ce poinct, mais quand bien M^r l'Ambassadeur eust eu cent hommes contre luy, il n'eust pas couru risque de recepvoir affront, estant autant resolu qu'habille homme en telles occurrances. Cette dispute des competances n'a pas esté seulement entre nous et l'Anglois; car les Electoraulx n'ont jamais voulu souffrir la parité avec les Hollandois qui d'autre costé ne leur vouloient cèder. Ceux cy avec l'Anglois et tous les commissaires avoient faict une ligue pour empescher qu'aucun mediateur ne signast leur traicté (pour raison des dittes competances) ou que sils le devoient estre il falloit absolument qu'il y eust deux exemplaires chascun, lesquels devroit estre signé par deux Ambassadeurs qui n'eussent poinct disputé. Contre quoy M^r l'Ambassadeur c'est absolument roidy pour la parité de luy avec l'Anglois qui eust paru toute evidante et le remporta aussy fort hautement. Que s'il a rencontré diverses difficultés en cette mattière delicate de précéance (ainsy qu'en toute la suitte du traicté) ses peines n'ont pas certes esté moindres sur la fin d'iceluy, où il sembloit que les parties eussent reservé tout ce qu'elles avoient de mauvaise humeur, et apprehandoient la conclusion de l'affaire au lieu de la souhaitter; c'est pourquoy il ne s'en est jamais esloigné (comme les autres médiateurs qui chasque jour retournoient à la ville); demeurant plus de quatre semaines soubs des tentes où se trouvoit tousjours quelqu'un des commissaires, car le vilage estoit sy ruyné qu'on n'y eust pas trouvé le couvert autrement. Tout le monde a admiré son soing et sa solicitude par le moyen dequoy il se rendit sy absolument maistre de toutes les affaires que les autres mediateurs (sur la fin) ne paroissoint plus rien auprès de luy que comme son escorte. Aussy vous puisje dire

avec quelque verité que depuis fort long temps Ministre du Roy n'a esté plus honoré ny estimé que luy
en la cour de Poulongne, où le Roy et principaux
d'icelle (par beaucoup de civilités et courtoisies) se
sont en tout efforcée de monstrer combien la France
les a obligés en leur envoyant un sy digne Ministre;
ce qui a paru mesme jusqu'asprès son congé, où le
Roy voulut luy faire voir son armée en bataille devant qu'il s'en allast; à quoy fut employée toute une
après disnée, dans laquelle Monsieur l'Ambassadeur
jouit à plein souhait de l'entretien du Roy, qui ne le
quitta poinct tant qu'il y eust un seul escadron à
monstrer. Après cette pourmenade, sa Majesté c'enquit
s'il ne vouloit point voir les ceremonies d'un ambassadeur de Moscovie nouvellement venu, auquel il alloit
donner sa première audiance, laquelle estant finie,
asprès que le Roy luy eust faict mille contes pour rire
de ces nations barbares, mon dit Sieur l'Ambassadeur
se retira en luy baisant les mains pour la dernière
fois. Le lendemain il revint à l'armée auprès du général et Palatin de Russye, qui le festoyèrent à l'envy
extraordinairement; où le general luy dit comme il
avoit trompé toute la Cour à son abordt dans la pen-
sée où elle avoit esté qu'il fust un Suedois vestu à la
française, sur quoy M^r d'Avaux prenant congé de luy,
prit subject de luy dire qu'il estoit passé françois en
Prusse, mais qu'il en sortoit vray poulonnois. Quand
au dit Palatin de Russye il l'asseura fort qu'il vouloit
vivre et mourir françois et ne seroit jamais impéria-
liste comme on le soupçonnoit, convyant au surplus
M^r l'Ambassadeur d'en asseurer le Roy (ce qui n'est
pas de petite importance veu le grand credit qu'a ce
seigneur là et l'ancienne affection à la maison d'Au-

triche). Le Palatin de Belze (commissaire) homme de
grand mérite, s'est aussy déclaré par tout en faveur de
la France, comme ont faict plusieurs autres de telle
qualité, dont il a sceu gaigner les inclinations et affections par son addresse, avec laquelle aussy il a tant
optenu sur l'esprit de ce Roy qu'aujourd'huy il souhaitte d'entretenir correspondanse estroicte avec sa
Majesté.

C'est tout ce que je vous diray, Monsieur, sur l'estat
des presantes affaires.....

Je suis, Monseigneur, vostre très humble, très
obeissant et fidèle serviteur,

D'Avaugour.

X

Collect. Godefroy, v. 272, f. 97.

ROISSY AU CHANCELIER SEGUIER.

5 novembre 1636.

Une indisposition m'ostant le moyen de vous escrire
de ma main, selon mon debvoir, me force d'emprunter cellecy pour vous asseurer que la maison de Tilloloy appartient à ma fille, pour son douaire et habitation pendant sa vie et à ses enfants en propriété ; à quoy
leur père n'a peu préjudicier, ny mesmes l'hypothe-
quer pour quelque cause que ce soit, d'autant aussy
que j'ay tousjours appris que feue Madame de Mailly
sa mère, l'avoit donnée par contrat aux masles à
naistre de son fils et de madite fille; vous suppliant
de tout mon cœur de considérer cette justice pour une

femme et petits enfants qui n'ont point peché, a par
ce que je ne veulx aucunement m'opposer à l'exécution de l'arrest du Roy, ni empescher l'exemple pour
lequel on veult procéder au razement d'une place.
Mon Gendre a trois ou quatre autres maisons dans la
mesme province, ausquelles madite fille n'a point un
intérest si sensible, ne s'opposant pas à ce que sy une
d'icelles ne suffit, on n'en face plustost razer deux et
qu'on laisse celle qui seulle appartient justement à
une pauvre femme désolée et à ses petits enfants non
coupables. J'espère cela de la bonté du Roy et de Monseigneur le Cardinal par vostre entremise, s'il vous
plaist me faire l'honneur de représenter à son Eminence, que n'ayant faict jusques icy aucune chose
pour l'absent, l'affection paternelle appuyée de la
justice et de la raison me contraint d'aider à présent ma fille unicque dans l'extrémité de son affliction...

Sy l'on considère la proximité de Corbie pour
l'exemple d'un razement de chasteau, celuy de Soyecourt en est plus proche de 7 grandes lieues et presque à sa vue et mesme porte le nom du condamné [1]...

Roissy.

---

[1] Voir page 96 la lettre de M. de Roissy à son fils. Malgré les
prières de M. de Roissy, Tilloloy fut rasé. Voir à la *Bibl. nat* f. français, vol. 17370, f. 120 et 140, les lettres adressées au chancelier
Séguier les 11 et 12 novembre 1636, par un nommé Sézilles, qui présida
à cette opération. Tilloloy fut rebâti en 1645.

XI

Coll. Baluze, vol. 167, f. 54.

PASSE-PORT DU Cte D'AVAUX.

De par le Roy

A tous nos lieutenants généraux en nos armées,
gouverneurs et nos lieutenants généraux de provinces,
capitaines et gouverneurs de nos villes et places, baillis,
séneschaux, prévost, juges, ou leurs lieutenants,
maires et eschevins de nos villes, gardes des portes
d'iscelles, et de nos ponts, ports, péages et passages,
et à tous autres nos officiers et sujects qu'il appar-
tiendra, salut : Le S^r d'Avaux, Cons^{er} en nos conseils,
secrétaire et commandeur de nos ordres, s'en allant
nostre ambassadeur extraordinaire en Allemagne,
nous vous mandons et ordonnons que vous aiés à laisser passer seurement et librement par tous les endroicts de vos pouvoirs et jurisdictions, son train,
équipage et bagage, avec ceux qui en auront la con-
duicte sans y faire mettre ou donner ny souffrir y
estre faict, mis, ou donné aucun arrest, trouble ou
empeschement, ains, toute aide, faveur et assistance.
Deffendons très expressement aux fermiers de nos
douannes ou à leurs commis de faire ouverture des
coffres, malles ou bahuts dudit bagage et équipage
ny exiger aucune chose pour raison du passage et
transport d'iceux. Car tel est nostre plaisir. Prions et
requérons, tous Rois, Princes, Estats, Républiques et
autres nos bons amis alliés, et confœdérés, d'y donner
tout bon, seur et libre passage dans les pais, terres

et seigneuries de leur obéissance, offrant de faire le
semblable pour ceux qui nous seront recommandés
de leur part. Donné à Versailles le quinziesme jour
d'avril mil six cent trente sept.

Louis.

Par le Roy,
Bouthillier.

XII

Biblioth. nat., fonds français, vol. 15935, f. 81.

Hambourg, 30 janvier 1638.

LE Sʳ DE MEULLES AU Bᵒⁿ DE RORTÉ[1].

Je ne vous escrivis pas la sepmaine passée, affin de
vous rendre meilleur conte et de m'informer plus am-
plement de ce dont vous m'aviés escrit. J'en ay premièrement parlé à Monseigneur l'ambassadeur qui me
dist qu'il seroit bien aise de vous pouvoir servir en
cella et en toute autre chose, mais que l'aumosnier
allemand ne luy estoit guère moins nécessaire que
celluy qu'il a fait venir de France, accause d'un grand
nombre de catholiques qui viennent céans, les festes
et dimanches, ausquels et à toute la famille qui est
assés nombreuse comme vous scavés une messe ne
pourroit pas suffire. C'est pourquoy mondit Seigneur
l'a aussy arresté à son service, et lui mesme m'a dit
que quand il ne seroit pas attaché icy, que pour cer-

---

[1] Voir la lettre de M. de Roissy, page 129.

taines considérations qui l'arrètent en ces quartiers, il vous prieroit de l'excuser. Je l'ay donc prié de s'enquêster de quelque homme de bien (quoiqu'il n'y ait pas beaucoup icy à choisir) et de scavoir aussy s'il aura les choses nécessaires pour célébrer la messe, ce qu'il m'a promis de faire très volontiers pour l'amour de vous et moy je ne manqueray à vous advertir de ce qu'il fera sur ce subjet. Mais il me semble, Monsieur, que si vous vous adressiez directement en France, vous y trouveriez mieux vostre fait tant pour vous que pour le soulagement de vostre famille où il ne se peut que la plupart ne soient françois, et là il s'en trouverroit qui auroient tous les ornemens nécessaires et qui seroient ravis de vous aller trouver en Suède et dont le voyage ne vous coûteroit guères plus que d'icy, le faisant embarquer à Dieppe ou au Hâvre de Grâce. L'advis que je vous donne n'est pas pour m'excuser de vous servir icy, car je ne lairray pas de solliciter le dit S^r aumosnier de s'enquester soigneusement de quelque personne de bien.

Monseigneur l'Ambassadeur est extrêmement affligé de la perte qu'il a faite de Madame sa belle seur Madame la présidente de Mesmes qui mourut le 3me de ce mois; il y avoit une amitié bien estroitte entre eux deux; c'est pourquoy il la regrette encore davantage et crains bien avec quantité d'affaires qu'il a qu'il ne devienne malade. Toute sa famille sera vestue de deuil aux premiers jours et Monsieur Allego partira cette sepmaine exprès pour s'aller condouloir de sa part avec M^r le Président de Mesmes de la perte qu'il a faitte. Elle est regrettée généralement de toutte la Cour et de tout Paris et horsmis le Roy et Monsieur le Cardinal il n'y a personne qui n'ait visité Mr de Roissy et M^r le P. de Mesme; Son Eminence s'estant contentée de les envoyer visiter. Mais ceux qui ne sont pas si fort dans l'affliction remarient desjà M. le Prés. de Mesme et il n'y a ny fille ny veuve, depuis dix jusques à cinquante ans, qu'on ne luy donne.

MEULLES.

INDEX

A

Aiguillon (Marie - Madeleine de Vignerod, duchesse d'), 209, 249.

Aligre (M. d'), ambassadeur à Venise, 11.

Allego (Jacques), de la suite de d'Avaux, 81. 107, 110, 118, 121, 122, 165, 212, 221, 289.

Alluye (le marquis d'), 218.

Amontot (M. d'), résident en Hollande, 140, 207.

Angleterre (Charles Ier, roi d'), 17, 85, 188, 202, 217.

Angleterre (l'ambassadeur d'), 82, 86, 136, 169.

Angoulème (le duc d'), 5, 10.

Anne d'Autriche (voir Reine de France).

Ardier (Louis), sieur de Vineuil, commis aux affaires étrangères, 18, 20, 28.

Ardier (Paul), trésorier de l'Epargne, 18.

Arnauld (Henri), 134.

Asfeld (François Bidal, marquis d'), 152.

Aubery (Jean), conseiller d'État. 12, 19, 108, 114. 128, 242.

Aubery (fils du précédent), de la suite de d'Avaux. 107, 108, 242.

Aubery (Benjamin), ambassadeur en Hollande, 107.

Aubery du Maurier (Louis). fils du précédent, 107.

Avaucour (baron d'), résident à Danzig, 82. 84. 89, 119. 155, 167, 198, 206, 279.

Avaux (Claude de Mesmes, comte d'), 53, 76, 82, 83, 89, 90, 94, 95, 96, 116, 117, 118, 131, 136, 138. 142, 143, 146, 148, 155, 161, 169, 220, 248, 263. 270, 273, 284, 287.

Avaux (le fief d'), 152.

B

Balzac (Jean-Louis Guez de), 272.

Banier (Jean), général suédois, 110, 112, 156, 172. 199, 201, 206, 215, 222, 229, 236, 247.

Baradat (François de), 12.

Barberini (cardinal), 50, 120, 193.

Barde (M. de la). Voir La Barde.

Barillon (le président), 134.

Barrois (le sieur), secrétaire de d'Avaux, 106, 120, 148, 159, 165.

Barrois, père du précédent, 62, 159, 246.

Bazinière (la), trésorier de l'épargne, 48, 49.

Beaumont (l'abbé de), 141.

Beauregard (le sieur de), résident de France, 206.

Bellièvre (M. de), ambassadeur, 202, 249.

Belz (le palatin de), 83, 84.

Berg (Henri de), 34.

Bérulle (le cardinal de), 10.

Béthune (M. de), ambassadeur à Rome, 108.

Bichi (le cardinal), 179, 202.

Billé (René de), secrétaire de M. de Boissy, 14.

Billot, apothicaire de d'Avaux, 153.

Boisrobert (l'abbé de), 141, 144, 147.

Boitel (le sieur), 39.

Boitte (Mlle), 180.

Bolognetti (le nonce), 188.

Bouillon (Mme de), 24.

Boulancourt (le président de), 223, 224.

Bourbon (Nicolas), de l'Académie française, 52, 62, 68, 78, 80, 86, 94, 129, 134, 135, 274, 276.

Bourbonne (le chevalier de), 2.

Boursier, huissier des requêtes, 51.

Bouthillier (Claude), surintendant des finances, 4, 17, 20, 28, 33, 44, 45, 57, 61, 86, 97, 104, 114, 140, 143, 153, 203, 205.

Bouthillier (voir Chavigny).

Boutteville(François de Montmorency, comte de), 13.

Brandebourg (l'électeur de), 90, 170.

Brasset, résident en Hollande, 15.

Briois, fermier général des aides, 9, 10, 11.

Brissac, lieutenant général de Bretagne, 12.

Bruille (le sieur du), 121.

Brulart (prieur de Léon). Voir Léon.

Bruneau (le sieur), 243.

Bullion (M. de), surintendant des finances, 45, 48, 104, 114, 118, 148, 210.

Bussy d'Amboise, 13.

C

Canazilhes (Henri de), consul à Danzig, 91.

Caqué (Louis), marchand linger, 51, 52, 60, 62.

Casimir (le prince), frère du roi de Pologne, 155, 168, 205, 207, 211.

Caussin (le Père), confesseur de Louis XIII, 130.

Chalais (Mme de), 47.

Champigny (Bochart de), conseiller d'État, 5, 7, 27.

Champion (le sieur), 159.

Chancelier (le). Voir Séguier.

Chanvallon, 246.

CHAPELAIN (Jean), de l'Académie française, 161.
CHARLES Ier (voir Angleterre).
CHARLES IV (voir Lorraine).
CHARLES-EMMANUEL (voir Savoie).
CHARLES-QUINT, empereur, 208.
CHARNACÉ (M. DE), ambassa-
deur, 282.
CHARROST (Louis DE), 96, 104,
140.
CHATEAUNEUF, garde des sceaux,
7, 18, 19, 32, 34, 35, 80.
CHATILLON (le maréchal DE),
223, 227, 230, 240.
CHAULNES (le duc DE), 223, 230,
240.
CHAVIGNY (Léon Bouthillier,
comte DE), ministre des af-
faires étrangères, 103, 104,
105, 108, 110, 118, 128,
140, 141, 154, 155, 193,
216, 221, 225.
CHEVREUSE (Mme DE), 6.
CHEVRY (le président DE), 61,
181.
CHOISY (Jean DE), 9, 192, 210.
CHRÉTIENNE, duchesse de Sa-
voie (voir Savoie).
CHRISTIAN D'ANHALT, 233.
CHRISTIAN (Ulrich), 234.
CHRISTINE, reine de Suède, 117,
198.
CINQ-MARS (Henri DE), grand
écuyer, 186, 217, 245.
CINQ-MARS (l'abbé DE), évêque
d'Auxerre, 239.
CITOIS (François), médecin de
Richelieu, 141, 142, 144,
147, 148, 155.

COIGNEUX (M. LE). Voir LE
COIGNEUX.
COINTEL, marchand drapier, 51.
COLBERT (le sieur), 103, 115.
CONDÉ (M. le prince DE), 11,
26, 184.
CONTI (la princesse DE), 7.
CORNUEL (le sieur), 48.
COULON (Jean), conseiller au
Parlement, 9.
COURTIN (François), conseiller
d'État, 13.
COUVONGES (le sieur DE), 23.
CRAMAIL (le comte DE), 218.
CRAMOYAU, 49, 68.
CRÉMONOIS, 5.
CRÉQUI (le maréchal DE), 25.

D

DANEMARK (Christian IV, roi
de), 41, 42, 65, 75, 148,
159, 165, 166, 173, 188,
198, 232, 234, 236, 250.
DAUPHIN (Louis) de France,
138, 147, 175, 248.
DOLLU (Mme), 178.
DOUGLAS (voir Ambassadeur
d'Angleterre).
DUBREUIL (le sieur), 115.
DUNKERQUOIS, 36, 37, 86, 91.
DUQUESNE (Abraham), 45, 50,
52, 62.
DUVAL, médecin, 152, 258.

E

EDMOND (le chevalier Thomas),
19.
EFFIAT (le maréchal D'), 7, 8,
10, 28, 45.

ELBÈNE (Guy D'), 55.
ELBEUF (Charles de Lorraine, duc D'), 10, 222.
ELBEUF (la duchesse D'), 222. 227.
EMPEREUR (l'). Voir FERDINAND II et FERDINAND III.
ESPAGNE (Philippe IV, roi d'). 29, 201, 217, 228.
ESPENAN (M. D'), maréchal de camp, 185.
ESPESSE (Charles Faye, sieur D'), conseiller d'État, 8, 277.
ESTRADES (Godefroy, comte D'). 140.
ESTRÉES (François - Annibal, maréchal D'), 178, 193.
EXCIDEUIL (le marquis D'), 47.
EZÉCHIEL (surnom du Père Joseph. Voir ce nom).

F

FACARDIN (l'émir), 6, 20.
FAYETTE (Mlle DE LA), 130.
FERDINAND II, empereur d'Allemagne, 29, 89, 161.
FERDINAND III, empereur d'Allemagne, 205.
FEUQUIÈRES (Manassès de Pas, marquis DE), 82, 157, 158.
FLEURY, aumônier de d'Avaux, 74, 76.
FLEUTOT, secrétaire de M. de Rorté, 90.
FOISSE (le sieur), 160.
FONTENAY-MAREUIL (Madeleine du Val DE), 174.
FONTENAY-MAREUIL (François du Val, marquis DE), 202.

FORCE (le maréchal DE LA), 5, 10, 20, 25.
FOUQUESOLLES (Charles de Rune, marquis DE), 72, 244.
FOUQUESOLLES (Mme DE). Voir Mlle D'HERRIGNY.
FOUQUET (M.), 180.
FRANÇOIS Ier, roi de France, 208.
FRIZON (Pierre), 134.

G

GALAS (le général), 172.
GALLICHÉ, courrier, 1.
GAMBIER, secrétaire de d'Avaux, 78, 120, 148.
GARDE DES SCEAUX (voir MARILLAC, CHATEAUNEUF et SÉGUIER).
GASSION (le colonel DE), 185, 195.
GASTON DE FRANCE, duc D'ORLÉANS (voir ORLÉANS).
GÉDOYN (Denis), commis de l'épargne, 49.
GÉDOYN (Louis), sieur de Bellan, résident à Alep, 6, 19, 20, 49.
GESVRES (le marquis DE), 230.
GINETTI (le cardinal), 220, 221.
GONSCHOFFSKY, ambassadeur de Pologne, 167.
GORDES, capitaine des gardes de Louis XIII, 217.
GORRIN DE CASTEL, 194.
GOUSSENCOURT (l'abbé DE), de la suite de d'Avaux, 108, 109, 181, 222.
GRIGNON, procureur général, 32.

Grossaine (Nicolle), 7.

Grossaine (M. de), père de Mme de Roissy, 159.

Grosic, envoyé de la landgravine de Hesse, 207.

Groussi, domestique de d'Avaux, 18, 76.

Gueffier, agent de France à Rome, 19.

Guénaud, médecin, 219.

Guet (le chevalier du), 3.

Guiche (le comte de), 68.

Guise (Charles de Lorraine, duc de), 253, 255.

H

Hallier (François, marquis du), 25, 244.

Halligre (voir Aligre).

Hamyer (M.), 11.

Hannier (M.), 243.

Harcourt (Henri de Lorraine, comte d'), 216, 222, 228, 231, 247.

Hauterive (M. d'), 7.

Henin (M.), secrétaire de M. de Roissy, 58, 59, 68, 80, 110, 122, 123, 125, 128, 134, 150, 199, 201, 210, 243.

Henri III, roi de France et de Pologne, 83, 205, 247.

Herbault (Phelipeaux d'), 4, 5, 10, 11, 105.

Herbigny (famille Lambert d'), 13.

Herbigny (M. Lambert d'), maître des requêtes, 13, 44, 49, 72, 131, 225.

Herbigny (Mme Lambert d'),

Jeanne de Mesmes, sœur de d'Avaux, 9, 13.

Herbigny (Mlle Lambert d'), épouse de M. de Fouquesolles, 44, 52, 63, 71, 72, 75, 244, 247, 261.

Herbigny (François Lambert d'), 13, 62.

Hersent (Charles), 212.

Hesse (la landgravine de), 109, 112, 207, 250.

Hoeufft, banquier hollandais, 117, 118.

Hollande (ambassadeurs de), 82.

Holstein (le duc de), 53, 65, 232, 234.

Horn, maréchal suédois, 158, 206.

I

Impériaux, 53, 205, 236.

Infant (le cardinal), 205, 241, 245.

Irval (Jean-Antoine de Mesmes, sieur d'), 13, 19, 39, 40, 44, 49, 54, 59, 68, 74, 85, 97, 113, 137, 155, 156, 171, 172, 179, 230.

Irval (Mme d'), Anne Courtin, femme du précédent, 13, 19, 39, 44, 49, 54, 85, 113, 137, 225.

J

Joseph (François le Clerc du Tremblay, dit le Père), Capucin, 11, 17, 21, 26, 40,

42, 44, 45, 58, 61, 70, 79,
87, 89, 97, 104, 111, 112,
113, 115, 116, 118, 119,
124, 128, 130, 151.
Juif, chirurgien, 259.

L

La Barde (Jean de), 111, 113,
114, 119, 140, 144, 154,
156.
La Force (maréchal de). Voir
Force.
La Haye-Ventelet (M. de),
ambassadeur à Constanti-
nople, 121, 129.
La Meilleraie, grand maître
de l'artillerie, 140, 223, 227,
230, 240, 245.
Lansac (Gilles de Saint-Gelais,
marquis de), 174, 198.
Lansac (Mme de), mère du pré-
cédent, gouvernante du Dau-
phin, 175.
La Thuillerie (Gaspard Coignet
de), ambassadeur à Venise,
34.
La Vallée-Fossez (Marie de).
Voir Mme de Mesmes.
Le Clerc (M.), 159.
Le Coigneux (le président), 23.
Leganez (le marquis de), 202,
222, 226, 227, 231.
Legras (M.), secrétaire d'Anne
d'Autriche, 8, 137, 138.
Léon (Brûlart, prieur de), am-
bassadeur à Venise, 11.
Lescot (Jacques), évêque de
Chartres, 61, 249.
Liancourt (M. de), 202.

Lingendes (le Père), 171.
Lingendes (M. de), évêque de
Sarlat, 203.
Lipski, archevêque de Gnesne,
primat de Pologne, 155,
170.
Longueville (le duc de), 25,
88, 179, 192, 200, 206, 210,
229, 236, 253.
Longueville (la duchesse de),
5, 6.
Longueville (Mlle de), 210.
Lorraine (Charles IV, duc de),
2, 20, 23.
Louis XIII, roi de France, 2,
4, 5, 6, 7, 8, 10, 12, 20,
22, 25, 26, 30, 31, 34, 50,
55, 57, 81, 90, 92, 99, 104,
111, 115, 120, 138, 140,
143, 146, 147, 155, 156,
158, 169, 191, 193, 198,
202, 211, 217, 222, 223,
230, 245, 250.
Lucien (le Père), Capucin,
19, 20, 267.
Lumague (ou Lumacue), banquier, 28, 47, 50, 51, 60,
71, 76, 78, 118, 120, 127,
150.
Lunebourg (le duc de Bruns-
wick), 173, 179, 199, 250.

M

Magnan (le Père), 59, 61.
Magnelay (Mme de), 222.
Mancy (Mme de), Judith de
Mesmes, sœur de M. de
Roissy, 44, 50, 132, 133.
Mantegna, peintre, 17.

MANTOUE (Charles de Gonzague. duc DE). 5. 6. 122.

MARGUERITE (la princesse), seconde femme de Gaston d'Orléans. 32. 46. 55. 61.

MARIE (la princesse) de Gonzague. 5. 6. 13. 32. 179. 211.

MARIE DE MÉDICIS (voir Reine mère).

MARILLAC (Michel DE), garde des sceaux. 7.

MARILLAC (Louis DE). maréchal de France. 10. 25.

MASURIER (le président). 163.

MAZARIN (le cardinal). 143. 193. 220. 221. 225. 235.

MÉLIAND (M.). intendant de justice. 256.

MESMES (Jean-Jacques de M.. sieur de Roissy). Voir Roissy.

MESMES (Judith de M.. Voir Mme DE MANCY.

MESMES (M. DE). Henri de M.. président au Parlement. frère de d'Avaux. 38, 39. 44. 49. 56. 57. 74. 83. 95. 113. 121. 128. 142. 174. 177. 178. 181. 184. 189. 198. 203. 211. 223. 248. 289, 290.

MESMES (Mme DE). Jeanne de Montluc-Balagny. première femme du précédent. 3. 12. 13. 44. 49. 97. 113. 126. 129. 174. 289.

MESMES (Mme DE). Marie de la Vallée-Fossez. veuve du marquis de Lansac. seconde femme du précédent. 174.

MESMES (Claude DE). Voir D'AVAUX.

MESMES (Jean-Antoine DE). Voir IRVAL.

MESMIN. ambassadeur en Suisse. 26.

MEULLES (M. DE), secrétaire de d'Avaux. 8, 14. 15. 90. 104, 109. 110, 116, 120, 121. 122, 123, 124. 128. 129. 130. 136. 148. 288.

MILANDRE ou MÉLANDER. général de la Landgravine. 112.

MIRÉ (le chevalier DE). 206.

MIRON. ambassadeur en Suisse. 8.

MOGNEVILLE (marquisat DE). 49. 56. 57.

MOLÉ (président), 32. 256.

MONDIN (l'abbé). 190.

MONSIEUR. frère de Louis XIII. Voir Orléans.

MONTAIGU (lord), 2.

MONTBAZON (le duc DE). 222.

MONTBAZON (la duchesse DE). 273.

MONTLUC (Mlle DE). Voir Mme DE MESMES.

MONTMAUR (Pierre DE), 9.

MONTMOR (Habert de M. de Cérisy), 8, 9.

MORANGIS (M. DE). fils de Mme de Mancy. 44. 49. 50. 56. 133. 184.

MOREL (le sieur. gentilhomme de la chambre du Roi. 138.

MOTHE-HOUDANCOURT (le maréchal DE LA). 226. 247.

MUSTAPHA (le chaoux). 237.

N

Nangis (le marquis de), 222.

Nauve (M. de la), 56.

Neufchatel - sur - Aisne, 105, 246.

Nizze (Daniel), marchand de tableaux, 17.

Nordlingen (bataille de), 53.

Noyer (M.), secrétaire de d'A-vaux, 14, 15, 19, 32, 47, 63, 68, 79, 81, 91, 92, 96, 265.

Noyers (Sublet de), secrétaire d'État, 115, 141, 144, 147, 148, 154, 245.

O

Ocquerre (Potier d'), secré-taire d'État aux affaires étran-gères, 4.

Ogier (Charles), 37, 38, 39, 51, 52, 62, 69, 78, 94, 119, 135, 136, 156, 165, 185, 188, 205, 211, 241, 260, 272.

Ogier (le prieur François), frère du précédent, 38, 94, 119, 136, 272.

Oignon (Jean L'Écuyer sieur d'), maître des requêtes, 2, 9.

Orange (le prince d'), 140, 141.

Orléans (Gaston de France, duc d'), 6, 23, 30, 31, 32, 46, 55, 59, 61, 201, 202.

Ormesson (MM. d'), 195.

Oxenstiern, chancelier de Suède, 90.

P

Palatin (le prince), 188, 189.

Pepin (le sieur). Intendant en France de d'Avaux, 84, 103, 109, 122, 124, 125, 128, 150, 153, 181, 205, 209, 246.

Philippe IV (voir Espagne).

Piccolomini (général de l'Em-pereur), 157, 172, 182, 189, 199, 201, 206, 233, 236.

Plessy de Chivray (Mlle du), 68.

Pologne (Vladislas IV, roi de), 83, 84, 138, 167, 169, 199, 202, 205.

Pologne (l'ambassadeur de). Voir Zawacki et Gonchoff-sky, 47, 97, 201, 210.

Pologne (les commissaires de), 84.

Pologne (chancelier de). Voir Zadich.

Polonais, 170.

Pontchateau (Mlle de), 68.

Potoski (noble polonais), 93.

Poyet (le chancelier), 185.

Priandi (résident de Mantoue), 50.

Prince (Monsieur le). Voir Condé.

Provancher, domestique de d'Avaux, 202, 205.

Puylaurens (Antoine de l'A-age duc de), 23, 32.

R

Rambouillet (Nicolas de R., sieur du Plessis), secrétaire du Roi, 3.

RAMBURES (le sieur DE), mestre de camp. 125. 131.

RANTZAU (Josias, comte DE). colonel, 112.

RAVIGNAN (les DE MESMES RA-VIGNAN . 20.

REBOURS (le président). 218.

REGNAULT. apothicaire, 152. 153.

REINE DE FRANCE (ANNE D'AU-TRICHE). 8. 22. 130, 137. 138, 179. 248.

REINE MÈRE (Marie DE MÉDI-CIS). 5. 11. 16, 17, 22, 23. 105. 136. 263. 265.

RICHELIEU le cardinal DE), 2. 4, 16. 17, 22, 23. 27. 30, 31. 32, 50. 61. 68. 71, 87, 89. 97. 104, 109, 111, 113. 115, 116, 117, 118, 119, 124. 125. 130. 131. 141, 143, 144. 145. 146. 150, 155, 156, 158, 161, 178, 184. 185. 187. 191, 211. 225. 250, 253. 279.

ROCHES (M. DES), 142.

ROHAN (Henri duc DE), 12, 17. 18.

ROISSY (Jean-Jacques de Mesmes, sieur DE). 50, 52. 76, 94. 96, 113, 115, 119, 126, 131, 133, 142. 152, 177, 219, 245, 252, 258. 265. 286. 289.

ROISSY (Mᵐᵉ DE), Antoinette Grossaine, femme du précé-dent, 3, 19, 44, 58, 59, 62, 63, 80, 85. 100, 111, 133, 152, 156, 159, 182. 183, 189, 207, 234.

ROISSY (le château de). 97.

ROBTÉ (le baron DE). 88, 90, 96. 102, 129. 136. 149, 166. 202, 205, 215. 236, 260. 288.

ROSSIGNOL. secrétaire de Ri-chelieu. 109, 142, 144, 147. 163.

ROUSSI (le comte DE). 24.

ROY (M. LE). premier commis de Des Noyers à la guerre. 148, 154.

RUEL (M.). pourvoyeur de la maison de d'Avaux, 233.

RUES (Charles-Emmanuel DES). conseiller d'État, 108, 109.

RUES (M. DES). fils du précé-dent, de la suite de d'Avaux, 108, 109.

S

SAINT-CHAMOND, Melchior, mar-quis DE). ambassadeur, 90, 98, 99, 100, 102, 121, 129. 143, 233.

SAINT-ESTIENNE (le sieur DE), 7, 17.

SAINT-ESTIENNE (madame DE). 17.

SAINT-LUC (le maréchal DE , 7.

SAINT-PAUL. (le comte DE), 25.

SAINT-PAUL (la comtesse DE). 3.

SAINT-PREUIL (Jussac d'Am-bleville, sieur DE). 242, 244. 245, 246.

SAINT-ROCH (reliques de), 11. 263.

SAINT-ROMAIN (M. DE). agent diplomatique. 98. 100.

SALVIUS. ambassadeur suédois. 111, 112, 117.

Sardiny (M. de), 217.

Savoie (Charles-Emmanuel Ier duc de), 2, 25.

Savoie (Chrétienne de France, duchesse de), 168, 179, 182, 190, 191, 259.

Scoti, nonce extraordinaire en France, 188, 193.

Séguier, garde des sceaux, puis chancelier, 46, 48, 80, 81, 87, 93, 104, 142, 180, 185, 193, 221.

Séguier, le président, 195.

Seguin (M.), médecin, 59, 129.

Servien (Abel), 94, 95, 179.

Silhon (Jean de), de l'Académie française, 10, 21, 22.

Sillery, chancelier de France, 83, 163.

Sirmond (le Père), confesseur de Louis XIII, 130, 143, 147.

Smalz, agent suédois, 112, 119.

Soissons (Louis de Bourbon, comte de), 27, 30, 88.

Soyecourt (Maximilien de Belleforière, marquis de), 21, 44, 49, 96, 257, 286.

Soyecourt (Mme de), sœur de d'Avaux, 97, 125.

Soyecourt (Mlle de), 131.

Stella (le sieur Stella de Morimont), secrétaire de d'Avaux, 109, 139, 143, 148, 161, 162, 163, 192.

Suède (la reine de). Voir Christine.

Suédois, 141, 146, 182, 192.

Suffren (le Père), confesseur de Louis XIII, 28.

Suze (Louis de Champagne, comte de la), 24.

T

Tadée (dom), neveu du Pape, 193.

Talon (Omer), 164, 180.

Téveré (don Balthazar de), ambassadeur d'Espagne, 53, 65.

Thelier (Albin), moine, 46.

Thémines (le maréchal de), 3, 12.

Thémines (Susanne de Lauzières de), 3.

Thomas (le prince) de Savoie, 202, 226, 231.

Thuillerie (M. de la). Voir la Thuillerie.

Tilloloy (le château de), 49, 96, 258, 285.

Toiras (le maréchal de), 25, 30.

Torstenson, général suédois, 206.

Tour (M. de la), courrier, 88.

Tremblay (François Le Clerc du). Voir Joseph.

Tremblay (du), frère du Père Joseph, gouverneur de la Bastille, 58.

Tubeuf, secrétaire de Bullion, 46, 48, 114, 148.

Turenne (le vicomte de), 226, 228.

U

Urbain VIII, pape, 50, 85, 179, 188.

V

Vair (M. du), 171.
Valée (le sieur de la), domestique de d'Avaux, 78, 79, 81, 85, 86, 130, 174, 202.
Valens (Pierre), professeur au Collége de France, 135.
Valette (Bernard de Nogaret, duc de la), 18, 22, 30, 68.
Valette (Louis de Nogaret, cardinal de la), 30.
Vaussemain (M. de), 105.
Vendôme (M. de), grand prieur, 23.
Venise (le patriarche de), 263, 264.
Ventadour (Henri de Lévis, duc de), 187.
Verdun (M. de), président, 163.
Vert (Jean de). Voir Wert.
Vialart (le président), ambassadeur, 58.
Vibes (Pierre), agent danois, 42.

Vignoles (Jacques de), 20.
Vignory (la comtesse de), 12.
Villesavin (Jean-Phélipeaux, sieur de), 105, 226.
Villesavin (Mme de), 225.
Vrangel, général suédois, 110, 112, 206.
Vrillière (Louis Phélipeaux, sieur de la), 18.

W

Weimar (Bernard, duc de Saxe-Weimar), 158, 162, 188, 192, 237.
Wert (Jean de), 158, 228.

Z

Zadich, chancelier de Pologne, 82, 83.
Zany, 155.
Zawacki (Jean), ambassadeur extraordinaire de Pologne, 97.